सामाजिक समूह कार्य: समूहों के साथ कार्य करना

(एम.एस.डब्ल्यू.-08)

समाज कार्य में स्नातकोत्तर हेतु [एम.एस.डब्ल्यू.]
तथा
समाज कार्य में स्नातकोत्तर (परामर्श) हेतु [एम.एस.डब्ल्यू.सी.]

For Master of Social Work [MSW]
&
Master of Social Work (Counselling) [MSWC]

By
Expert Panel of GPH

विशेष विश्वविद्यालयों के लिए महत्त्वपूर्ण नोट्स

इंदिरा गाँधी राष्ट्रीय मुक्त विश्वविद्यालय (इग्नू), नालंदा विश्वविद्यालय, कुरुक्षेत्र विश्वविद्यालय, मिथिला विश्वविद्यालय, आंध्रा विश्वविद्यालय, अन्नामलाई विश्वविद्यालय, बैंगलोर विश्वविद्यालय, भारतीयर विश्वविद्यालय, भारतीदशन विश्वविद्यालय, हिमाचल प्रदेश विश्वविद्यालय, जामिया मिलिया विश्वविद्यालय, काकाटिया विश्वविद्यालय (आंध्र प्रदेश), के.एस.ओ.यू. (कर्नाटका), के.ओ.यू. (राजस्थान), एम.पी. बी.ओ.यू.(एम.पी.), एम.डी.यू. (हरियाणा), पंजाब विश्वविद्यालय, तमिलनाडु मुक्त विश्वविद्यालय, श्री पद्मावती महिला विश्वविद्यालयम् (आंध्र प्रदेश), जम्मू विश्वविद्यालय, वाई.सी.एम.ओ.यू., राजस्थान विश्वविद्यालय, उत्तर प्रदेश राजर्षि टण्डन मुक्त विश्वविद्यालय (यू.पी.) और अन्य भारतीय विश्वविद्यालय।

GPH BOOK®

GULLYBABA PUBLISHING HOUSE PVT. LTD.
ISO 9001 & ISO 14001 CERTIFIED CO.

Published by:
GullyBaba Publishing House Pvt. Ltd.

Regd. Office:	Branch Office:
2525/193, 1st Floor, Onkar Nagar-A, Tri Nagar, Delhi-110035 (From Kanhaiya Nagar Metro Station Towards Old Bus Stand) Ph. 011-27387998, 27384836, 27385249 011-45794768	1A/2A, 20, Hari Sadan, Ansari Road, Daryaganj, New Delhi-110002 Ph. 011-23289034

E-mail: hello@gullybaba.com, **Website:** GullyBaba.com

Copyright© with Publisher

Author: GullyBaba.Com Panel

All rights are reserved. No part of this publication may be reproduced or stored in a retrieval system or transmitted in any form or by any means; electronic, mechanical, photocopying, recording or otherwise, without the written permission of the copyright holder.

Disclaimer: This notes is based on syllabus of IGNOU course. This is only a sample. The notes/author/publisher does not impose any guarantee or claim for full marks or to be passed in exam. You are advised only to understand the contents with the help of this notes and answer in your words.

Gullybaba Publishing House Pvt. Ltd. is not connected to any university/board/institution in any way.

All disputes with respect to this publication shall be subject to the jurisdiction of the Courts, Tribunals and Forums of New Delhi, India only.

Free Home Delivery of GPH Books/Notes

You can get books/notes by VPP/COD/Speed Post/Courier.
You can order books/notes by Email/SMS/WhatsApp/Call.
For more details, visit gullybaba.com/faq-books.html

Note: Selling this notes on any online platform like Amazon, Flipkart, Shopclues, Rediff, etc. without prior written permission of the publisher is prohibited and hence any sales by the SELLER will be termed as ILLEGAL SALE of GPH notes which will attract strict legal action against the offender.

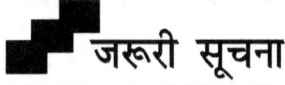# जरूरी सूचना

यद्यपि हम पूरी कोशिश करते हैं कि नोट्स में किसी भी प्रकार की कोई गलती न रहे। फिर भी यदि आप किसी भी प्रकार की कोई गलती या सुझाव बताना चाहते हैं, तो कृपया हमें जरूर सूचित करें, ताकि हम अपनी भूल को जल्दी से जल्दी सुधार सकें। आपका बताना, दूसरे छात्रों को उलझनों में समय गवाने से बचा सकता है। साथ ही साथ छात्रों को उच्च गुणवत्ता वाली अध्ययन सामग्री प्राप्त करने में आप उनकी मदद कर सकते हैं।

गलतियाँ बताने पर आपको नया edition और ₹500 के voucher/letter of appreciation दिया जाएगा।

आगामी संस्करण में आपके सुझावों को यथास्थान साभार सम्मिलित भी किया जाएगा। अतः अपने सुझाव निःसंकोच हमें हमारी Email : feedback@gullybaba.com पर या सीधे प्रकाशन के पते पर लिखें और हमें अपने सुझावों से अनुग्रहित करें।

TOPICS COVERED

अध्याय-1 सामाजिक समूह कार्य का परिचय
            Concepts of Development

अध्याय- 2 समूह कार्य सक्रियता
            Concepts of Development

अध्याय- 3 सामाजिक समूह कार्य में नेतृत्व और कौशल विकास
            Concepts of Development

अध्याय- 4 विभिन्न स्थापनों में सामाजिक समूह कार्य
            Concepts of Development

प्रश्न पत्र

दिसम्बर 2015 (हल सहित)	154
जून 2016 (हल सहित)	159
दिसम्बर 2016 (हल सहित)	162
जून 2017 (हल सहित)	165
दिसम्बर 2017 (हल सहित)	168
जून 2018	171
दिसम्बर 2018	173
जून 2019	175
दिसम्बर 2019	177

अध्याय 1
सामाजिक समूह कार्य का परिचय
(CONCEPTS OF DEVELOPMENT)

प्रश्न 1. समूह की परिभाषा एवं विशेषताएँ बताइए।

अथवा

एक समूह की विशेषताओं को सूचीबद्ध कीजिए।

उत्तर– समूह–परिभाषा और विशेषताएँ–हम जाने अनजाने अपनी प्रतिदिन की दिनचर्या में कई बार समूहों से क्रिया-कलाप करते हैं। मनुष्य जन्म लेता है और एक परिवार (समूह) में उसकी परवरिश होती है। कुछ समय पश्चात् वह विद्यालय जाता है तो कक्षा (समूह) में शिक्षा प्राप्त करता है। इसी प्रकार युवावस्था में अपनी नौकरी अथवा काम करने की जगह पर भी वह समूह में ही कार्य करता है। इस प्रकार हम कह सकते हैं कि समूह एक व्यक्ति के जन्म से लेकर मृत्यु तक प्रासंगिक होता है।

ऑक्सफोर्ड अंग्रेजी शब्दकोश में समूह को इस प्रकार परिभाषित किया गया है कि "व्यक्तियों की संख्या या वे वस्तुएँ जिनके माध्यम से एक इकाई का निर्माण होता है, जब वे किसी भी प्रकार परस्पर या सामान्य संबंध या समानता के सामान्य स्तर के आधार पर विशिष्ट रूप से एकत्रित होते हैं, उसे समूह कहते हैं।"

पॉल हारे समूह की परिभाषा देते हुए विशेषताओं, सामाजिक पारस्परिक क्रियाओं को समूह का नाम देते हैं। एक वास्तविक समूह सामाजिक संसर्ग या सम्मेलन को प्रकट करता है जो कि लोगों के सामान्य एकत्रीकरण से कुछ अधिक होता है या औसत लोगों का संकलन जैसे कि बस स्टेंड पर खड़े लोगों को समूह की संज्ञा नहीं दी जा सकती है। एक समूह के सदस्यों में कुछ विशेषताएँ, जैसे परस्पर लाभ, मूल्य, नृजातियता या सामाजिक पृष्ठभूमि और नातेदारी के संबंधों की बाध्यता जैसे मूल तत्त्व शामिल होने चाहिए। कुछ व्यक्तियों का समूह एक ही स्थान और एक ही समय में एक साथ एकत्रित हों या खड़े हों परंतु वे आवश्यक इकाई की शर्तों को पूरा नहीं करते हैं अथवा उनमें समानता की सामान्य स्थिति या स्तर भी मौजूद नहीं है, इन्हें समूह नहीं कहा जा सकता है। कुछ व्यक्ति एकत्रित होकर एक गली के नुक्कड़ पर खड़े हों अथवा किसी संगीत

कार्यक्रम में दर्शकों के सदस्यों के रूप में भाग ले रहे हों अथवा संगीत का आनंद ले रहे हों, यह लोगों का एकत्रित होना तो सिद्ध करता है किंतु यह एक समूह की परिभाषा के अंतर्गत नहीं आते हैं।

मुज्जफर शरीफ (1916-1982) ने समूह को और अधिक तकनीकी परिभाषा के रूप में सूत्रबद्ध किया है। उनके अनुसार कुछ तत्त्वों पर आधारित होते हुए व्यक्तियों की संख्या द्वारा निर्मित सामाजिक इकाई के परस्पर क्रियाकलाप को समूह कहते हैं। ये तत्त्व निम्न प्रकार हैं–

- समान प्रेरणा और लक्ष्य।
- श्रम का एक स्वीकृत प्रभाव अर्थात् भूमिकाएँ।
- स्तरी (सामाजिक पद, प्राधिकार) संबंधों की स्थापना।
- समूह के प्रासंगिक मामलों के संदर्भ सहित स्वीकृत मानक और मूल्य।
- स्वीकृत अनुमोदनों का विकास (प्रशंसा और सजा) यदि जब मानकों का आदर किया जाए या फिर उनका उल्लंघन किया जाए।

उपर्युक्त परिभाषाओं के आधार पर कोई भी व्यक्ति एक समूह को समूह मानने के लिए कुछ सीमाओं या क्षेत्रों का निर्धारण कर सकता है–

- व्यक्तियों की संख्या–एक से अधिक व्यक्ति।
- अंतर निर्भरता या एक-दूसरे पर आश्रित रहना।
- भूमिकाओं और स्तरों की स्वीकृति।
- लक्ष्यों और प्रेरणाओं में समानता।
- साझे मानक और मूल्य।

एक समूह में मूल रूप से निम्नलिखित विशेषताएँ होनी चाहिए–

- **अंवैयक्तिक अंतःक्रिया (Interpersonal Interaction)**–एक समूह को परस्पर अंतःक्रिया करने वाले व्यक्तियों के एकत्रीकरण के रूप में परिभाषित किया गया है, कोई व्यक्ति समूह नहीं हो सकता है जब तक वह किसी दूसरे व्यक्तियों के साथ अंतःक्रिया न करे। (बॉनर, स्टागडिल तथा होमंस)।

- **सदस्यता की स्पष्ट संख्या (Perceptions of Membership)**–दो या अधिक व्यक्तियों से बनी सामाजिक इकाई को एक समूह के रूप में परिभाषित किया जा सकता है। जो अपने आपको एक समूह से संबंधित स्वीकार करते हैं। इसको इसके सदस्यों द्वारा स्वयं परिभाषित किया जाना चाहिए और समूह से संबंधित अन्य लोगों द्वारा परिभाषित किया जाना चाहिए। इसके अनुसार व्यक्तियों का समूह तब तक समूह नहीं कहलाता जब तक कि वे किसी समूह के भाग न हों या उसके हिस्से अथवा सदस्य न हों (बैल्स और स्मीथ)।

- **परस्पर निर्भरता (Interdependency)**–व्यक्तियों की संख्या को समूह के रूप में परिभाषित किया जा सकता है जो एक-दूसरे पर आपस में निर्भर करते हों। प्रायः ऐसे व्यक्तियों को समूह की संज्ञा नहीं दी जा सकती है जब किसी एक घटना के माध्यम से एक व्यक्ति के प्रभावित होने पर समूह के सभी सदस्य प्रभावित न हों।

यह भी प्रश्नवाचक विषय है कि सदस्यों के परस्पर निर्भर हुए बिना कोई समूह स्थापित हो सकेगा? (काटराईट तथा जैंडर, फिडलर और लेविन)।

- **लक्ष्य (Goals)**—व्यक्तियों की उस एकत्रित संख्या को समूह के रूप में परिभाषित किया जा सकता है जो एक लक्ष्य प्राप्त करने के लिए इकट्ठा हुए हों। इस परिभाषा के अनुसार, व्यक्ति समूह नहीं बन सकते हैं जब तक वे आपसी लक्ष्य को प्राप्त करने के लिए प्रयास नहीं करते हैं। एक समूह की विशेषताओं की प्राथमिक परिभाषा यह है कि पारस्परिक लक्ष्य प्राप्त करने के लिए इसके सदस्यों की लालसा हो अर्थात् समूह के लिए लक्ष्य प्राप्त करने की सामूहिक इच्छा या लालसा होना आवश्यक है (डूरस्क तथा फ्रीमैन)।
- **प्रेरणा (Motivation)**—व्यक्तियों के एकत्रित होने को समूह के रूप में परिभाषित किया जा सकता है यदि सब लोग अपनी संयुक्त संस्था के माध्यम से अपनी व्यक्तिगत आवश्यकताओं की पूर्ति के लिए प्रयास कर रहे हों। अतः व्यक्ति तब तक समूह नहीं बन सकते हैं जब तक कुछ व्यक्तिगत कारणों से उन्हें प्रेरणा न मिली हो और वे किसी समूह के सदस्य न बने हों (बास तथा कैटल)।
- **संरचनात्मक संबंध (Structured Relationships)**—एकत्रित व्यक्ति समूह हो सकते हैं यदि वे कुछ भूमिकाओं और मानकों की स्थापना के द्वारा संचरित अंत:क्रिया में संलग्न हों। आपसी संबंध भूमिकाओं की प्रणाली में भागीदारी और सामान्य हित के संबंधित मामलों के मानकों में साझीदार हों। इसलिए, व्यक्ति तब तक समूह नहीं बन सकते हैं जब तक उनकी परस्पर क्रिया भूमिका के सेट की परिभाषा और मानकों द्वारा परस्पर संरचित न हो (मैक डेविड तथा हैरारी, और सेल एवं शेरीफ)
- **परस्पर प्रभाव (Mutual Influence)**—व्यक्तियों के संचयन को एक समूह के रूप में परिभाषित किया जा सकता है यदि वे एक-दूसरे को प्रभावित करते हैं। इसके अनुसार व्यक्तियों के द्वारा समूह नहीं बन सकता है जब तक वे एक-दूसरे से प्रभावित न हों और एक-दूसरे को प्रभावित न करें (शाह)।

प्रश्न 2. समूहों के निर्माण को कौन-कौन से कारक प्रभावित करते हैं?

अथवा

समूह निर्माण के कौन से कारक प्रभावित करते हैं?

उत्तर— जो समूह निर्माण को प्रभावित करते है। उसके मुख्य रूप से चार कारक हैं ये कारक हैं—(1) क्रियाकलाप, (2) लक्ष्य या समूह के कार्य, (3) समूह के अंदर लोगों का साजो-सामान या संबंध्यता, (4) बैठकों की आवश्यकता या समूह के बाहरी लक्ष्य।

(1) समूह के प्रति आकर्षण उसकी निकटता तथा लगातार अंत:क्रिया के माध्यम से विकसित

होता है। आपके पड़ोसी, सहपाठी, रूममेट और मित्रता का निर्धारण अंत:क्रिया के द्वारा होता है। बहरहाल, एक व्यक्ति को यह याद रखना चाहिए कि निकटता बनाना आकर्षण संभावनाओं से परिपूर्ण होता है। वैसे जब संबंध स्थापित होते हैं तो प्राय: उसमें और अनेक कारक भी अपनी भूमिका निभाते हैं। इसी प्रकार विशेष व्यवहारात्मक समानता या भावात्मकता को भी अंतर्वैयक्तिक आकर्षण के रूप में, समूह निर्माण में एक मजबूत कड़ी के रूप में देखा जा सकता है। समूह के अनेकानेक लक्षण हैं जो अग्रमुखि सदस्यों को अधिक आकर्षित करते हैं और समूह निर्माण में सहयोग प्रदान करते हैं।

(क) समूह की प्रतिष्ठा, जैसे इसके सदस्य जो उच्च प्राधिकारिक स्थिति में हैं। अभिजात और कुलीन वर्ग से हैं, इससे भी समूह की प्रतिष्ठा निश्चित रूप से आगे बढ़ती है।

(ख) सहयोगात्मक संबंधों की संभावना तथा संयुक्त पुरस्कार समूह के आकर्षण को ऊँचाईयों पर ले जाती है।

(ग) सदस्यों के अंदर सकारात्मक अंत:क्रिया के एक स्तर पर व्यक्ति और समाज की आवश्यकताओं को विस्तार देने में सहयोग करती है और उनकी पूर्ति में सहयोग भी करती है।

(घ) समूह का आकार, सबसे छोटा समूह अंत:क्रिया के लिए ऊँची संभावनाएँ देते हैं, इसमें समानताओं की संभावनाएँ हैं और व्यक्ति की आवश्यकता के अनुरूप व्यक्ति की बैठकें कराई जाती हैं।

(2) समूह का कार्य, अपनी गतिविधियों तथा अपने लक्ष्य के रूप में यह दूसरा कारक है जो समूह संबंध को प्रभावित करता है। आप फोटोग्राफी क्लब में शामिल होते हैं, क्योंकि आप चित्र लेने में आनंद अनुभव करते हैं, इस तरह से आप दूसरे लोगों की गतिविधियों में भाग लेंगे तथा चर्चा करेंगे। आप किसी विरोध समूह में शामिल हो सकते हैं जो आपके आदर्शों के विरुद्ध है और आप आदर्शों को बनाए रखना चाहते हैं। अर्थात् हम ग्रीन पीस में शामिल हो सकते हैं जो निगम द्वारा पर्यावरण को नष्ट किए जाने का विरोध कर रहे हैं, या आप विद्यार्थी आंदोलन में शामिल हो सकते हैं जो फीस बढ़ाने के मामले के विरुद्ध अपना संघर्ष छेड़े हुए हैं अथवा परिवहन का किराया बढ़ा दिया गया है जिसे आप भुगतान करने में असफल हैं। अत: आप समूह सदस्यता के माध्यम से सीधे पुरस्कार ले रहे हैं। समूह निर्माण का सामाजिक परिवर्तन सिद्धांत (होमैंस 1959, गौलडनर, 1960) घोषणा करता है कि हम समूह में शामिल होते हैं, और उसमें बने रहना चाहते हैं जिसमें लागत के मुकाबले पुरस्कार भारी हो, अत: लाभ का सूचक हो।

(3) समूह निर्माण का तीसरा सामान्य कारक है, उस समूह में लोगों के समूह बनाने के साथ संबंध बनाने की हमारी इच्छा। लोगों के साथ अंत:क्रिया के माध्यम से हम अपनी जुड़े रहने की आवश्यकताओं को संतुष्ट करते हैं, जिस प्रकार हम समूह की गतिविधियों और लक्ष्यों के माध्यम से अपनी उपलब्धि की आवश्यकताओं की पूर्ति करते हैं। तथ्य यह है कि हम अपनी कठिनाइयों को कम करने की दिशा में सामाजिक तुलना के कारण संबद्ध होना चाहते हैं अथवा

हम अपनी आंतरिक लालसाओं की संतुष्टि के लिए हमें संभावना चाहिए कि हमारी मूल सामाजिक आवश्यकताओं की पूर्ति के लिए समूह एक शक्तिशाली मंच है साथ ही साथ यह हमारे व्यवहार पर एक शक्तिशाली प्रभाव डाल सकता है।

(4) समूह की सदस्यता हमारी समूह से बाहर की आवश्यकताओं की पूर्ति में सहायता कर सकती है। अतः सीधे ही संतुष्टी के स्रोत के स्थान पर सदस्यता प्राप्त करना एक बाहरी लक्ष्य को प्राप्त करने का प्रारंभिक कदम है। एक कालेज का प्राध्यापक व्यावसायिक एसोसिएशन की बैठकों में नियमित रूप से भाग लेता है ताकि वह अपनी पदोन्नति की संभावनाओं को पुष्ट कर सके, उनका विकास कर सके। एक उम्मीदवार सामुदायिक संगठन के अतिथि के रूप में राजनीतिक कार्यालय में शामिल होता है, इससे वह चुनाव के लिए अपने अवसरों में वृद्धि करना चाहता है तथा सुनिश्चित करना चाहता है कि उसे चुनाव में निश्चित रूप से अवसर प्रदान किया जाए।

प्रश्न 3. समूहों के विभिन्न प्रकार कौन-कौन से हैं? उदाहरण सहित बताइए।

अथवा

विभिन्न प्रकार के समूहों को सूचीबद्ध कीजिए।

उत्तर– कोई भी व्यक्ति एक समय में विभिन्न समूहों का सदस्य हो सकता है और वास्तव में होता भी है। व्यक्ति एक समय में परिवार, मित्र समूहों के सदस्य, कार्य संगठनों के सदस्य और फैन क्लब के सदस्य अथवा यहाँ तक कि धार्मिक समूहों का सदस्य भी है। समाज शास्त्रियों ने समूह के विभिन्न प्रकारों को वर्गीकृत करने का प्रयास किया है, जो निम्न प्रकार है–

(1) स्वैच्छिक बनाम अस्वैच्छिक (Voluntary vs. Involuntary Groups)–हम किसी राजनीतिक पार्टी अथवा एक विशिष्ट एसोसिएशन में शामिल होते हैं (विशिष्ट प्रकार का व्यवसाय)। इस प्रकार के समूहों में हम अपनी इच्छा व प्रयासों से सम्मिलित होते हैं, इन्हें हम स्वैच्छिक समूह कहते हैं। इसके विपरीत हम बलपूर्वक या जबरन किसी समूह में शामिल हो जाते हैं या किया जाता है, जिसमें हमारी इच्छा नहीं होती है अर्थात् हमें स्वतः ही लिंग, आयु, राष्ट्रीयता, धार्मिक तथा नृजातीयता वर्गीकरण के आधार पर कुछ समूहों में सम्मिलित कर लिया जाता है। बाद में, इन वर्णित समूहों की सदस्यता हमें जन्म से मिल जाती है, इसमें हमारी इच्छा को नहीं जाना जाता है, इसलिए यह अस्वैच्छिक समूह माने जाते हैं।

(2) खुले (मुक्त) समूह बनाम बंद समूह (Open vs. Closed Groups)–खुले समूह से तात्पर्य उन समूहों से है जिनके सदस्य बदलते रहते हैं। वास्तव में यहाँ कोई भी सदस्य बन सकता है। और कोई भी सदस्य समूह छोड़कर जा सकता है जो सदस्य समूह छोड़कर चले जाते हैं उनके स्थान पर दूसरे सदस्यों को इनके स्थान पर सदस्य बना लिया जाता है और समूह चलता रहता है। उदाहरण के लिए रीतिक रोशन फैन क्लब का कोई भी व्यक्ति सदस्य बन सकता है। बंद समूह से हमें यह वहीं समझना चाहिए कि ऐसे समूह जहाँ विशेषकर नए व्यक्तियों को सदस्य बनाने पर पाबंदी है और वे नहीं चाहते कि कोई सदस्य इन समूहों का सदस्य बन सके। इन समूहों में शामिल होना बहुत कठिन होता है। कुछ ही लोग इस तरह के क्लबों के सदस्य

बनने की योग्यता पूरी कर पाते हैं। इस तरह के समूहों में सदस्यता लेने पर पाबंदी होती है इसीलिए इन्हें बंद समूहों का नाम दिया गया है। अर्थात् माफिया (अंडरवर्ल्ड), रॉयल इनफिल्ड मोटरसाइकिल क्लब, नाइट क्लव इत्यादि। बंद समूहों में कुछ विशेष प्रकार की समय पाबंदियाँ होती हैं, उनकी सीमाएँ होती हैं, सत्र के पूर्वनिर्धारित सदस्य के लिए समूह बैठक पर रोक होती है। सामान्यतः सदस्य यह चाहते हैं कि जब तक समूह चलता है उनकी सदस्यता बनी रहनी चाहिए। वे नए सदस्य बनने के लिए अनुमति नहीं देते हैं।

खुले समूहों के विभिन्न लाभ हैं। पुराने सदस्यों द्वारा समूह छोड़ने पर नए सदस्यों को समूह में सम्मिलित कर लिया जाता है, इस तरह से सदस्यों को एक-दूसरे के साथ अंतःक्रिया करने तथा भिन्न प्रकार के लोगों के साथ परस्पर संबंध बनाने का अवसर प्राप्त होता है। इसी प्रकार से खुले समूह की कुछ संभावित हानियाँ भी हैं, जैसे कि जल्दी-जल्दी सदस्यों में परिवर्तन होना, इससे सहचारी या संबंधों में कमी आती है। विशेषकर, उस स्थिति में जब कुछ पुराने क्लाइंट समूह की सदस्यता छोड़ देते हैं और नए सदस्य आ जाते हैं। इसलिए बेहतर यह होगा कि नए सदस्यों को एक साथ समूह में शामिल किया जाना चाहिए, जब भी समूह में सदस्यों की भर्ती करने की आवश्यकता पड़े अथवा जब भी समूह के नए सदस्य शामिल करने की आवश्यकता हो।

(3) ऊर्ध्वाकार बनाम क्षैतिज समूह (Vertical vs. Horizontal Groups)—ये ऐसे समूह होते हैं जिनमें व्यक्तिगत रूप से किसी को भी सदस्य बनाया जा सकता है। जीवन के प्रत्येक क्षेत्र के लोगों के लिए सदस्यता खुली होती है अर्थात् धार्मिक समूह, इनमें सभी श्रेणी के लोग के लिए सदस्यता के मार्ग खुले होते हैं। इस तरह के समूहों को ऊर्ध्वाकार समूह कहा जाता है। दूसरी और क्षैतिज समूह होते हैं इनमें केवल एक सामाजिक वर्ण के सदस्यों को जो अभिजात्य प्रबल लोगों का वर्ग होता है, वे ही सदस्य बन सकते हैं। उदाहरण के लिए, चिकित्सकों का व्यावसायिक समूह (अर्थात् आई.एम.ए.), एक व्यापारिक वर्ग की श्रेणियों अथवा उनकी संस्थाओं को ही सदस्यता प्रदान की जाती है, ये इलेक्ट्रोनिक्स, खाली या लकड़ी का काम करने वाले, गैर राजपत्रित अधिकारी जैसे वर्गों से अर्थात् वर्ग के सदस्यों से ही समूहों का निर्माण किया जाता है।

(4) प्राथमिक बनाम द्वितीयक समूह (Primary vs. Secondary Groups)—प्राथमिक समूह के संबंध में कूले ने वर्णन किया है कि व्यक्तियों के एकत्रित होने के रूप में प्राथमिक समूह कहलाता हैं, जैसे खिलाड़ियों का समूह, पड़ोसी या ग्राम—इसमें घनिष्ठ सहानुभूतिपूर्वक आमने-सामने मिलना या संगठित होना और एक-दूसरे का सहयोग करना जैसी विशेषताएँ हैं। प्राथमिक समूह वह समूह होता है जिसमें सदस्य, घनिष्ठ, व्यक्तिगत नजदीकी और स्थायी संबंध बने रहते हैं अर्थात् परिवार, पड़ोसी, साथ काम करने वाले इत्यादि। यहाँ पर सदस्य एक-दूसरे को अच्छी तरह से जानते हैं तथा एक-दूसरे से प्रभावित होते हैं और परस्पर संबंधों से जुड़े हैं, ऐसा महसूस करते हैं। दूसरी ओर द्वितीयक समूह का संविदात्मक संबंध है और अप्रत्यक्ष रूप से संचारण करते हैं (फैरीस, 1937) यह इसकी तुलना में व्यापक, अस्थायी, अनजान या अनाम हैं, ये औपचारिक, अवैयक्तिक समूह भी हैं जिनमें बहुत सी आंशिक घनिष्ठता या आपसी समझ होती है तथा यह कुछ लाभ या क्रियाकलाप पर आधारित होते हैं तथा जिसके सदस्य कुछ विशिष्ठ भूमिकाओं के आधार पर ही क्रियाकलाप करते हैं।

(5) प्राकृतिक बनाम निर्मित समूह (Natural vs. Formed Groups)–प्राकृतिक समूह सहजभाव तरीके से एकत्रित होने वाले सदस्यों का समूह होता है, वह सहजभाव से होने वाली घटनाओं पर आधारित, अवैयक्तिक आकर्षण या सदस्यों की आपसी महसूस करने वाली आवश्यकताओं पर आधारित होता है। प्राकृतिक समूह के उदाहरण, परिवार, समान समूह, तथा गली के गैंग हो सकते हैं। (व्हीट्टे 1993) दूसरी ओर निर्मित समूह किसी बाहरी प्रभाव या बाहर के अंत:क्षेप से बने समूह होते हैं। इस तरह के समूह किसी विशेष उद्देश्य से निर्मित किए जाते हैं। इसके उदाहरण, चिकित्सा समूह, आकस्मिक समूह, समितियों और दल या टीम इत्यादि हैं।

(6) औपचारिक बनाम अनौपचारिक समूह (Formal vs. Informal Groups)– औपचारिक समूह में वे समूह आते हैं जिसमें किसी के द्वारा निर्धारित कार्य सम्पन्न करना होता है या उसको पूरा करने की आवश्यकता होती है। इसमें संगठनात्मक प्रणाली की आवश्यकता होती है, जो बहुत से कार्यों की भूमिका में बना होना है या व्यक्ति की नियुक्ति होती है (अर्थिटान 2003)। यहाँ कार्य विशेष महत्त्व रखता है अन्य कुछ भी नहीं। इसमें व्यक्ति और उसे दी गई भूमिका में परिवर्तन हो सकता है। अनौपचारिक समूह अन्य प्रकार से अपना कार्य करते हैं। व्यक्तियों का समूह मिलता है, वे समूह बनाते हैं तब वे व्यक्ति की वरीयताओं पर आधारित भूमिका आंबटित करते हैं तथा यह ज्ञान पर आधारित होता है। इसका प्रमुख कार्य भूमिकाओं का संकलन और संभावित प्रणाली बनाना है तथा कभी-कभी वे एक साथ भी कार्य कर सकते हैं, जैसे ट्रिप बनाना, या एक रात्रि भोज या किसी प्रकार की पार्टी देना। इसमें व्यक्ति को वरीयता दे दी जाती है। कार्य तो यह अकस्मात् होता है।

(7) उपचार बनाम कार्य समूह (Treatment vs. Task Groups)–उपचार समूह वह समूह है जिसका मुख्य उद्देश्य समूह सदस्यों की सामाजिक-संवेदनात्मक आवश्यकताओं की पूर्ति करना है। इस तरह के समूहों का उद्देश्य प्राय: सहयोग, शिक्षा, चिकित्सा, विकास तथा सामाजिकरण की आवश्यकताओं की पूर्ति के लिए सदस्यों की बैठक करना है। इसके विपरीत कार्य समूह का उद्‌गम लक्ष्य को पूरा करने के लिए होता है जो कि न तो सहजभाव से पैदा होता है और न ही समूह सदस्यों की आवश्यकताओं से संबंधित होता है, बल्कि इसका क्षेत्र व्यापक होता है। समाज कार्य अभ्यास स्थापन में कार्य समूह का पौराणिक उदाहरण चिकित्सा दल है।

उपचार समूह और कार्य समूह के अंतर को निम्न प्रकार से समझा जा सकता है–

(क) उपचार समूह में सदस्य अपनी सामान्य आवश्यकताओं के लिए अनुबद्ध हैं, जबकि कार्य समूह के सदस्य अपने कार्य को पूरा करने के लिए कार्य करते हैं तथा उसके लिए प्रतिबद्ध हैं जिसमें सहजता से उन्हें प्रतिबद्धता की ओर जाना है।

(ख) उपचार समूह में अंत:क्रिया के माध्यम से भूमिका का विकास होता है, जबकि कार्य भूमिका प्राय: सक्षमताओं पर आधारित होती है।

(ग) उपचार समूह में संचार खुला होता है, जबकि कार्य समूहों में विशेष कार्य के आस-पास संचार पर केंद्रित होती है।

(घ) उपचार समूह में प्रक्रिया लचीली होती हैं, जबकि कार्य समूह में यह औपचारिक

तथा कार्यसूची पर आधारित होती है।

(ङ) उपचार समूह में स्वयं-घोषणा या बताना बहुत ऊँचे स्तर पर होता है किंतु कार्य समूह में इस तरह की कोई घटना नहीं घटती है।

(च) उपचार समूह के संदर्भ के अंतर्गत प्रक्रियाओं को गोपनीय रखा जाता है और समूह में रखा जाता है, जबकि कार्य समूह में लोगों को जाँच-परखने के लिए मुक्त रखा जाता है।

(छ) सदस्यों के उपचार लक्ष्यों की समूह बैठक में उपचार समूह की सफलता का मूल्यांकन किया जाता है, जबकि कार्य समूह में सफलता कार्य या प्रतिबद्धता की उपलब्धि पर आधारित होता है।

समूहों के अन्य प्रकारों में निम्नलिखित को शामिल किया गया है—

(क) **संदर्भ समूह (Reference Group)**—व्यक्ति प्रायः व्यापक रूप से संदर्भ समूहों से जुड़ाव रखता है। इन समूहों में व्यक्ति अपने आपको संकल्पनात्मक जुड़ा हुआ मानता है, और जिनसे वह अपने लक्ष्य को तय करता है तथा मूल्य स्वीकार करता है, ये उसकी स्वयं की पहचान के हिस्से होते हैं।

(ख) **समाज समूह (Peer Group)**—एक समान समूह, समान आयु, सामाजिक स्तर और रुचियों का समूह होता है। सामान्यतः लोग जब समाज रूप से अंतःक्रिया करते हैं। शक्ति की शर्तों में सब लोग समान होते हैं।

(ग) **गुट (Clique)**—एक अनौपचारिक, मजबूती से जुड़ा समूह, जो प्रायः उच्च विद्यालयों/कालेज स्थापना में होता है जिनमें लोग समान रुचियों के कारण जुड़ते हैं। अधिकतर गुटों में स्थापित अपितु बदलती हुई शक्ति संरचना रहती है।

(घ) **क्लब (Club)**—क्लब एक समूह है, जिसमें सदस्य बनने के लिए आवेदन करना पड़ता है। इस तरह के क्लब किसी एक विशेष क्रियाकलाप के लिए प्रतिबद्ध होते हैं, जैसे कि खेल या क्रीड़ा क्लब।

(ङ) **परिवार (Household)**—सभी व्यक्ति जो एक ही घर में रहते हैं।

(च) **समुदाय (Community)**—समुदाय लोगों का समूह होता है इसमें समानता होती है अथवा कभी-कभी अतिव्यापक समानताओं का यह जटिल तंत्र बन जाता है, परंतु हमेशा नहीं—वे एक-दूसरे से निकटता बनाए रखते हैं एवं इसमें कुछ मात्रा में सततता होती है। कभी-कभी इनके पास संगठन होता है और नेता भी।

(छ) **विशेष विक्रय अधिकार (Franchise)**—यह संगठन होता है, जो विभिन्न स्थानों पर अनेक व्यापारिक क्रियाकलाप करते हैं।

(ज) **गुट (गैंग) (Gang)**—यह गैंग प्रायः शहरों में होते हैं और वह विशेष क्षेत्र में व्याप्त होते हैं। यह ऐसे लोगों का समूह होता है जो एक-दूसरे के साथ अधिकतर समय व्यतीत करते हैं। यह कुछ-कुछ क्लब की तरह हो सकते हैं परंतु इसमें बहुत

कम औपचारिकता होती है।

(झ) **उत्तेजित भीड़ (Mob)**–उत्तेजित भीड़ प्राय: लोगों का समूह होता है जो कि कानून अपने हाथों में ले लेता है। यह एक ऐसा समूह होता है जो किसी विशेष कारण के लिए अस्थायी रूप से एकत्रित होता है।

(ञ) **एक शक्तिशाली टुकड़ी या दल (Posse)**–यह पोस शब्द अमेरिकन है। यह नागरिकों के एक समूह के लिए प्रयुक्त होता है तथा यह लोग किसी कानून को लागू करवाना चाहते हैं। बहरहाल इसे स्ट्रीट-समूह यानी गली का समूह भी कहते हैं।

(ट) **दस्ता या टुकड़ी (Squad)**–यह प्राय: लघु समूह होता है जिसमें 3-8 लोग होते हैं। यह अपने लक्ष्य को पूरा करने के लिए टीम के रूप में कार्य करते हैं।

(ठ) **दल (टीम) (Team)**–यह एक टुकड़ी की तरह ही होता है यद्यपि इसमें सदस्यों की संख्या अधिक हो सकती है। यह टीम भी दस्ता या टुकड़ी के समान ही काम करती है।

(ड) **शिक्षण समूह (Learning (groups))**–यूनिवर्सिटी ऑफ मिनेसोटा के डॉ. डेविस और डॉ. रोजर जोटनस (समूह कार्य और सहकारी शिक्षण अनुसंधान के गुरु) ने समूहों के तीन प्रकारों की पहचान की है जो कि सहयोगात्मक शिक्षण को उन्नत करने में सहायक हैं।

अनौपचारिक शिक्षण समूह-तदर्थ, अस्थायी, लघु-अवधि समूह, जिन्हें तुरंत निर्मित किया जा सकता है और व्यापक व्याख्यान स्थिति में प्रयोग किया जा सकता है। औपचारिक शिक्षण समूह-इस तरह के समूह को हम व्यापक सहयोग परियोजनओं पर कार्य करते हुए प्रयोग कर सकेंगे।

यह समूह कार्य अधिक संरचित करता है और अत्यधिक नियोजन करने की माँग करता है। औपचारिक शिक्षण सामान्यत: समूह की प्रगति पर प्रभाव डालने के लिए बहु-स्तरीय अवसरों को शामिल करता है।

(ढ) **आधार समूह (अध्ययन समूह) [Base groups (study group)]**–विद्यार्थियों का स्वतंत्रतापूर्वक स्व-चयनित समूह जो विशिष्ट कक्षा काल या सत्रीय कार्यों को करने के लिए गठित हो।

प्रश्न 4. समूहों के संबंध में तर्काधारों पर प्रकाश डालिए।

उत्तर– समूह चाहे समान सामाजिक आर्थिक पृष्ठभूमि, आयु, तथा लिंग के लोगों का हो अथवा असमान जातीय सदस्यों से बना हो, यह सब इस बात पर निर्भर करता है कि समूह का निर्माण किस उद्देश्य से किया जा रहा है। सामाजिक समूह कार्य के संदर्भ में विशिष्ट आवश्यकताओं के साथ विशेष लक्षित जनसंख्या, उस जनसंख्या के सदस्यों द्वारा पूर्णतया निर्मित समूह विशेषताओं में समानता वाला समूह विषम जातीयों की तुलना में अधिक उपयुक्त सिद्ध होगा। उदाहरण के

लिए वृद्ध लोगों से बने संपूर्ण समूह की चर्चा करते हैं। इस तरह का समूह विशेष केंद्र-बिंदु को इंगित करने में अधिक सफल होगा तथा विशिष्ट समस्याओं, उनकी विकासात्मक अवधि की विशेषताओं को अधिक प्रखरता से प्रकट करने में सफल होगा अर्थात् अकेलापन, असहाय, उपेक्षित, आय का बंद हो जाना, सामाजिक स्थिति में गिरावट आना, तिरस्कार या त्यागना, शरीर की शक्ति का क्षीण होना, ऊर्जा का नष्ट होना, इत्यादि हानियों पर अधिक ध्यान केंद्रित कर उनका समाधान निकालने में सहायता कर सकेगा। इस तरह से सदस्यों की समानता सदस्यों में अत्यधिक सहचर्य का ठोस स्तर निर्मित हो सकता है। जिससे वृद्धों के जीवन के संकटों का खुला और गहनतापूर्वक अन्वेषण हो सकेगा और उनकी बेहद दुखदाई समस्याएँ (सिद्धांत के रूप में) सार्वभौमिक हो सकेंगी। इस स्थिति में सदस्यों को अपनी संवेदनाओं और भावनाओं को अपने तक रखने यानी कि निजी तौर पर रखने के स्थान पर उन्हें अधिक ताकत से व्यक्त करने का अवसर प्राप्त होता है। इसके अतिरिक्त, उनके जीवन की स्थितियाँ उन्हें एक-दूसरे से जोड़ती हैं। इसी प्रकार, महिलाओं के लिए स्व-सहायता समूह, जो समान सदस्यों की समूह रचना के कारण लाभकारी सिद्ध होता है, वे ऋण-प्रबंधन के सामान्य लक्ष्य को और अधिक शक्ति के साथ प्रस्तुत करने में समर्थ हो सकती हैं तथा अपने (मितव्ययता और बचत) के प्रबंध को उन्नत करने में सफल हो सकती हैं अथवा संबंधित परंपरा से अपना अधिक विकास करने में समर्थ हो सकती हैं।

वैकल्पिक रूप से जहाँ पर विविधता एवं सामाजिक रूप से चुनौतीपूर्ण विकास व अनुभव उपलब्ध कराने की इच्छा हो, वहाँ बाहरी सामाजिक संरचना के लिए एक माईक्रोकोसम (microcosm) की आवश्यकता होती है। इस तरह की स्थिति में विषम जातीय समूह ही सबसे उत्तम होता है। वैयक्तिक विकास समूह तथा कुछ चिकित्सकीय समूह विषम जातीय समूह ही बेहतर माने जाते हैं। अत: यह भागीदारी सदस्यों को नए व्यवहार के साथ अनुभव प्राप्त करने का, प्रतिदिन की वास्तविकताओं के पर्यावरण प्रतिनिधित्व में लोगों की श्रेष्ठ विविधताओं से आधार सामग्री प्राप्त करते हुए, उसकी सहायता से अंतवैयक्तिक विकास में शामिल होने का मौका देता है।

समूह का आकार (Group Size)–समूह का आकार कई कारकों पर निर्भर करता है, जैसे क्लाइंटस की आयु, समूह, नेता का अनुभव, समूह का प्रकार, और समस्या की प्रकृति जिसको प्रसारित व प्रचारित किया जाना है। उदाहरण के लिए, प्राथमिक विद्यालय के बच्चों से बनाया गया समूह उसमें 4 से 6 बच्चे ही रख सकते हैं जबकि किशोरों से बनाया गया समूह 8 से 12 सदस्य तक हो सकते हैं। एक सप्ताह के लिए चलने वाला वयस्कों का समूह जिसमें 10–12 लोग हो सकते हैं और उनके साथ एक नेता होना आदर्श संख्या मानी जाएगी। एक समूह का आकार इतना होना चाहिए कि उसका प्रबंधन आसानी से हो जाए और इतना बड़ा हो कि अंत:क्रिया के लिए समुचित व पर्याप्त अवसर दिए जा सकें और लघु इतना हो कि प्रत्येक सदस्य उसमें शामिल हो सके और एक 'समूह' की भावना को महसूस कर सके।

बैठकों की आवृत्ति और अवधि (Frequency and Duration of Meetings)–समूह की बैठकों की आवृत्ति और अवधि समूह के प्रकार पर निर्भर करती है। बच्चों और किशोरों के साथ आवृत्ति बैठकों का किया जाना बेहतर रहता है जहाँ तक समय की बात है तो वह उतना ही होना चाहिए जब तक वे ध्यान से भाग लेते रहें। यदि बैठकों का आयोजन विद्यालय स्थापन

में किया जा रहा है तो बैठकों का समय कक्षा के पीरियडों की नियमित सूची के अनुसार ही होना चाहिए। कालेज के विद्यार्थियों अथवा ठीक से कार्य कर रहे वयस्कों के लिए सप्ताह में एक बार 2 घंटे का संत्र ठीक रहेगा। कुछ ठोस कार्यों के लिए 2 घंटे का पीरियड समुचित रहेगा, इससे अधिक समय का होने पर भागीदारों को थकान हो सकती है। आप किसी भी आवृत्ति और अवधि को, जो आपको और आपके नेतृत्व तथा आपके समूह के प्रकार को उचित लगे, चुन सकते हैं। मानसिक स्वास्थ्य केंद्र में, रोगियों के समूह में दैनिक बैठक के आधार पर 45 मिनट की अवधि वांछनीय होती है। सदस्यों की मनोवैज्ञानिक बाधिता के कारण तथा अधिक समय तक उनका ध्यान केंद्रित रखना भी युक्तिसंगत नहीं हो सकता है।

समूह जीवन चक्र (Group Life-cycle)—समूह को लेकर आमतौर पर निम्नलिखित प्रश्न मन में भ्रम पैदा करते हैं—

- समूह की अवधि क्या होनी चाहिए?
- समाप्ति की तारीख निश्चित करना क्या समझदारी है?

अधिकतर समूह (समाज कार्य परिपेक्ष्य में) को आरंभ में ही सत्र समाप्ति की तिथि की घोषणा कर देनी चाहिए ताकि सदस्यों को समय के ढाँचे का स्पष्ट ज्ञान या जानकारी रहे कि हमें इसी अवधि में कार्य पूरा करना होगा। यह समय निष्ठा विकसित करने के लिए अधिक लंबा रहेगा तथा व्यवहारात्मक परिवर्तनों की दिशा में कार्य को संपन्न करने में उचित नहीं रहेगा। परंतु यह अधिक भी नहीं होना चाहिए, क्योंकि इसकी अंतहीनता में लाभ की कम ही संभावनाएँ हैं। समूह के सीमित समय के प्रकार के प्रमुख लाभ हैं कि सदस्यों को यह समझाने के लिए प्रोत्साहित किया जाता है कि उनके व्यक्तिगत लक्ष्यों को प्राप्त करने के लिए वे हमेशा इस प्रकार उपस्थित नहीं रहेंगे अर्थात् उन्हें हमेशा इस समूह में शामिल नहीं रहना है।

कुछ ऐसे समूह हैं जो अपने सदस्यों से वर्षों से मिलते आ रहे हैं। इस प्रकार की समय संरचना के द्वारा उन्हें गहनता में मुद्दों पर काम करने का अवसर मिलता है और जीवन को सुलभ बनाने में सहयोग मिलता है इसके साथ-साथ उन्हें ऐसी चुनौतियाँ मिलती हैं जिनसे जीवन में परिवर्तन आना संभव हो। यह चल रहे समूह निर्भरता को और अधिक संभावनाओं से परिपूर्ण है तथा यह इसलिए महत्त्वपूर्ण है कि नेता और सदस्यों दोनों को क्लाइंट्स के दैनिक जीवन पर समूह का क्या प्रभाव पड़ा इसके मूल्यांकन का अवसर प्राप्त होगा।

समूह बैठकों के लिए स्थान (Place for Group Meetings)—समूह की बैठकों के लिए एकांत स्थान ही उपयुक्त रहता है। सदस्यों को यह निश्चित हो जाना चाहिए कि उनके द्वारा की गई चर्चा को साथ के कमरों में बैठे लोग न सुनें।

समूह प्राय: अपनी भौतिक स्थापन के कारण असफल हो जाते हैं। यदि आप इनको किसी बड़े हाल तथा वार्ड में पूरे दिन रखते हैं तो यह लोग निष्क्रिय हो जाएँगे और समूह का उत्पादक कार्य बिल्कुल नहीं होगा। आपको ऐसा कक्ष मिलना चाहिए जो कुर्सियाँ और टेबलों से भरा हो तथा बैठक करने के लिए आरामदायक एवं अच्छी व्यवस्था हो। सदस्यों की एक गोल चक्र के रूप में यानी घेरा बनाकर बैठने की व्यवस्था होनी चाहिए। इस व्यवस्था से सभी भागीदार सदस्य

एक-दूसरे को आमने-सामने देख सकेंगे और उन्हें इधर-उधर हिलने-डुलने की सुविधा भी होनी चाहिए ताकि सदस्य परस्पर आपस में संपर्क करके बैठक को सफल बनाने में अपना सहयोग दे सकें।

समूहों का बिखराव और रूप परिवर्तन (Dispersal and transformation of groups)—दो और दो से अधिक लोग एक समय तक अंत:क्रिया की स्थिति में अपने संबंधों को स्थायी रूप से विकसित कर लेंगे। ये समूह के रूप में विकसित हो भी सकते हैं अथवा नहीं भी हो सकते हैं। परंतु स्थायी समूह क्षेत्रीय संबद्धता के कारण, अनेक भागों में विभक्त हो जाते हैं और वे प्राय: टूट जाते हैं। स्थायी समूहों के बिखरने के अनेक कारण हैं, जैसे दुष्कार्य या बिखराव, परंतु शरीफ के द्वारा उपलब्ध कराई गई समूह की परिभाषा के एक या इससे अधिक तत्त्वों के पालन न करने की स्थिति में यह सब होता है, इसलिए तत्त्वों के पालन न करने के कारण स्थायी समूह बिखर जाते हैं। एक अपक्रिया या दुष्क्रिया करने वाले समूह के दो प्रमुख कारण हैं, इसमें अनेक व्यक्ति शामिल होते हैं और नेता द्वारा सामान्य प्रयोजनों को पूरा करने के लिए दबाव न बनाना जिसके कारण वह असफल हो जाता है, यद्यपि अपक्रिया या दुष्क्रिया अन्य किसी तत्त्व के असफल होने से भी घटित हो जाती है (जैसे स्तर या मानकों के संबंध में भ्रातियाँ होना)।

समाज में, सहयोगात्मक प्रयास में और अधिक लोगों को भागीदार बनाने की स्पष्ट आवश्यकता होती है, तब अलग समूहों द्वारा उन्हें समाहित कर लिया जाता है। इस संदर्भ में, हमारी सेना एक महत्त्वपूर्ण उदाहरण हो सकती है जिस प्रकार से अपने पदानुक्रम परिधान या पोशाक के द्वारा इसको प्रदर्शित करती हैं, इस पदानुक्रम में, स्क्वाइड, प्लाटूनें, कंपनियाँ, बटालियनें, रेजीमेंटे तथा डिविजन शामिल होती हैं और उनकी अचूक व्यवस्था होती है। इसी तरह से निजी कंपनियाँ निगमों, सरकारी एजेंसियाँ, क्लब (यदि वे कम औपचारिक तथा स्तरीकृत हैं) तुलनात्मक व्यवस्था विकसित कर लेते हैं जब उनके सदस्यों या कर्मचारियों की संख्या अधिक हो जाती है तब वे उस संख्या के लोगों को प्रभावी समूहों में समायोजित कर लेते हैं। यह आवश्यक नहीं है कि सभी बड़ी सामाजिक संरचनाएँ सहचारी करने की आवश्यकता को महसूस करते हैं परंतु हम देखते हैं कि उनमें भी हमें छोटे समूह दिखाई देते हैं। अपने आस-पड़ोस को देखते हुए कंट्री क्लब या बिशप का प्रदेश देखते हैं जो कि मूल रूप में प्रादेशिक या क्षेत्रीय संगठन होते हैं व एक व्यापक सामाजिक उद्देश्यों की पूर्ति करते हैं। किसी भी ऐसे बड़े संगठन को केवल सहचारी नेतृत्व के द्वीप की आवश्यकता हो सकती है।

कार्य करने वाला समूह यदि सहजता से अपने समूह में नए सदस्यों को शामिल करने का प्रयास करता है तो इससे कई बार लगता है कि कुछ निर्देश असफल हो गए हैं, क्षमता में कमी आ गई है, या समूह असंगठित हो गया है। समूह में कार्य करने वाले सदस्यों की संख्या अपेक्षाकृत लचीली हो सकती है व इसमें पाँच से दस सदस्य हो सकते हैं एवं एक लंबे समय से कार्यरत एकल समूह कुछ समय पश्चात् आंशिक रूप से कार्य करने वाले कुछ सदस्यों को सहन कर सकता है। मुख्य संकल्पना यह है कि प्रत्येक सदस्य द्वारा प्राप्त किया गया समूह का मूल्य और सफलता विशिष्ट देखभाल, रखरखाव, कार्य की पहचन प्रत्येक सदस्य के मन में बनी रहती है। व्यक्ति पर इस प्रकार के नियंत्रण का प्रत्यक्ष बोध सात सदस्यों की सीमा तक रहता है। ध्यान को तीव्रता से बदलना या परिवर्तन करना है तो नए सदस्यों की संख्या 10 हो सकती है। यदि सदस्यों

की संख्या 10 से अधिक हो जाती है तो उपसमूह उद्देश्य की हानि, प्राधिकारी आदेश, तथा वैयक्तिकता व नियमों और भूमिका की भ्रांति आदि का निर्माण करना आरंभ कर देगा। स्तरीय कक्षा में 20 से 40 विद्यार्थी और एक अध्यापक का होना एक दुखद उदाहरण है। ऐसी स्थिति का अनुपातिक संख्या हो सकती है जिसमें नेता उपसमूहों को संभालने की बाजीगरी दिखाता है।

एक सुस्थापित समूह में एक बार सामान्य उद्देश्यों की कमजोरी के कारण इस प्रकार देखे जा सकते हैं–नए सदस्यों को शामिल करना, पहचान के अनसुलझे द्वंद्व (अर्थात् व्यक्ति में क्षेत्रीयता की समस्याएँ) निश्चित प्राधिकार आदेश की कमी तथा कमजोरी अथवा नेता का समूह की ओर असफल होना इत्यादि शामिल है। एक नेता की हानि अथवा उसकी असफलता समूह के लिए लगातार भयानक या संकटपूर्ण होता है जब तक परिवर्तन के लिए लंबी तैयारी न की गई हो। नेता की हानि से प्राधिकार के संबंध रद्द हो जाते हैं, सामान्य उद्देश्य की प्रतिबद्धता में कमी आती है, भूमिकाओं में अंतर आ जाता है तथा मानकों का संरक्षण नहीं हो पाता है। संकटपूर्ण समूह के सबसे अधिक लक्षण होते हैं, जैसे कि सक्षमता में कमी आना, भागीदारी में कमी आना, उद्देश्य का कमजोर होना और इसी तरह से जवाबी आक्रामक प्रवृत्तियों में अत्यंत वृद्धि हो जाती है। प्रायः यदि सशक्त सामान्य उद्देश्य अभी मौजूद है, ऐसी स्थितियों में एक नए नेता के साथ समूह का सहजता से पुनर्गठन हो जाएगा और थोड़े से नए सदस्य समूह को समूचित रूप से पुनर्स्थापित कर सकेंगे जिससे संपूर्ण नए समूह का निर्माण करने में आसानी रहेगी। जी.पी.एच. की पुस्तकों का मुख्य उद्देश्य ज्ञान के साथ-साथ अच्छे नम्बर दिलाना है।

प्रश्न 5. समूहों के लाभ व हानियों का वर्णन कीजिए।

अथवा

समूहों के क्या लाभ हैं?

अथवा

समूह के लाभों को सूचीबद्ध कीजिए।

उत्तर– सभी चीजों के अच्छे और बुरे दो पहलू होते हैं। उसी प्रकार समूहों के भी अच्छे और बुरे दो पहलू हैं–

समूहों से संबद्ध लाभ–

- एक व्यक्ति की तुलना में समूहों की उत्पादक क्षमता अधिक होती है। यह सहयोगात्मक क्रिया द्वारा दलीय कार्य के रूप में सबसे श्रेष्ठ प्रदर्शित होता है फिर चाहे वह क्रिकेट, फुटबाल या कोई अन्य कार्य ही क्यों न हो।
- समूह प्रभावपूर्ण निर्णय ले सकते हैं और एक व्यक्ति के काम करने की तुलना में समूह समस्याओं को बेहतर तरीके से हल करने में समर्थ होते हैं। जब समस्याओं की समूहों के अंदर चर्चा की जाती है तो अधिक संभावना रहती है कि अच्छा स्पष्टीकरण रहेगा और इसके परिणामस्वरूप विविध प्रकार के हल निकल कर

स्पष्टीकरण रहेगा और इसके परिणामस्वरूप विविध प्रकार के हल निकल कर सामने आएंगे। इन्हीं कारणों से हम समितियों का गठन करते हैं।

- समूह सदस्यता के माध्यम से हम परोपकार, दया, करुणा, उत्तरदायित्व तथा इसी तरह के अन्य मूल्यों को अपने मन में बिठा लेते हैं। परिवार और समान समूह वे प्राथमिक समूह हैं जो इन मानव मूल्यों की व्यापक सीमाओं को आत्मसात् करवाने में महत्त्वपूर्ण भूमिका निभाते हैं।
- मित्रता, प्रेम, उत्तेजना, खुशी के शब्दों में भावनात्मक जीवन की गुणवत्ता समूह में संपूर्ण एवं उन्नत होती है और व्यक्तिगत विकास में सहयोग देती है। एक व्यक्ति जिसका किसी के साथ कोई संबंध नहीं है, वह भावनात्मकता के अधिकतर अनुभवों की प्राप्ति करने में असमर्थ होगा। दैनिक जीवन की गुणवत्ता समूह में बेहतर रहती है, क्योंकि विशिष्टीकरण और श्रम प्रभाव विशिष्टीकरण के लाभ केवल समूहों में ही संभव हो सकेंगे।
- द्वंदों को अच्छी तरह से समाहित करने के निर्णय की संभावनाएँ, साझीदारी में अधिक होती हैं। इसी प्रकार से, द्वंदों को समूहों में और अधिक उत्पादकता के साथ व्यवस्थित किया जा सकता है, क्योंकि समूहों में समान समूहों की सहायता और समस्याओं को हल करने के लिए विचार की विविधता प्राप्त होती है।
- एक व्यक्ति की पहचान, आत्मप्रतिष्ठा तथा सामाजिक सक्षमता को सुगमता से स्पष्ट एवं अकारबद्ध करने में उन समूहों की विशेष भूमिका होती है जिनसे वह संबंध रखता है। समूहों के विभिन्न प्रकार के सदस्य होने के नाते समूह आपको अपनी पहचान देता है, जैसे विद्यार्थी, परिवार के सदस्य, जाति इत्यादि। मित्र (समूह) में आपको अस्वीकार्यता के भय के बिना व्यवहार के विभिन्न प्रकारों के साथ अनुभव करने का अवसर मिलता है जिससे आपकी आत्मनिष्ठा के विकास में सहायता होती है।

समूहों से संबद्ध हानियाँ—समूह चाहे अत्यधिक लाभ उपलब्ध कराते हों, फिर भी समाजशास्त्री कुछ पक्षों पर हमारा ध्यान केंद्रित करने का प्रयास करते हैं तथा कहते हैं कि समूह अधिक रचनात्मक नहीं है। एक व्यक्ति के लिए जो समूह में है और अनाम और सुरक्षा के नाते उससे जुड़ा है, हो सकता है कि वह इसी तरह से बड़ा स्थान प्राप्त कर ले और मानसिक उत्तेजना एवं असामाजिक व्यवहार करने में शामिल हो जाए। इसका एक और पहलू है कि समूह अपने सदस्यों को अपने अनुरूप होने या उनकी आज्ञाओं का पालन करने के लिए दबाव डालते हैं। आपको उनको मानने के लिए बाध्य करते हैं और अति उग्र मामलों में वे व्यक्ति की पहचान को भी चुनौती देने लगते हैं। समाजशास्त्री अनेक बिंदुओं पर ध्यान केंद्रित करते हुए कहते हैं कि कई बार समूह संबद्ध बहुत ही शक्तिशाली हो जाते हैं, इसलिए समूह सदस्य गैर-सदस्यों के दुश्मन हो जाते हैं। वहीं पर वे अन्य समूहों को भी अपना दुश्मन मानने लगते हैं। प्रबल समूह का व्यवहार उग्र हो सकता है जिसके कारण समाज में अनेक द्वंद उत्पन्न हो जाते हैं।

प्रश्न 6. सामाजिक समूह कार्य अभ्यास में समूहों की जानकारी होना क्यों महत्त्वपूर्ण है? समूह कार्य और वैयक्तिक कार्य में भेद बताइए।

अथवा

सामाजिक समूह कार्य व सामाजिक वैयक्तिक कार्य के बीच अंतर स्पष्ट कीजिए।

अथवा

समूह कार्य एवं वैयक्तिक कार्य में अंतर स्पष्ट कीजिए।

उत्तर– सामाजिक समूह कार्य अभ्यास हेतू पहले समूहों की समझ होना अत्यन्त आवश्यक है। क्रीड़ा स्थल, मनोरंजन क्लब, इत्यादि समूह कार्यों के पूर्ववर्ती है

समूहों को समझने के लिए मुख्य रूप से दो दृष्टिकोण हैं जो समूहों की हमारी समझ को व्यापक बना सकते हैं। पहला उन समाजशास्त्रियों से प्राप्त होता है जिन्होंने प्रयोगशालाओं में समूहों पर प्रयोग किए हैं या सामुदायिक संरचना में समूहों की कार्य प्रणालियों को देखा है। दूसरा दृष्टिकोण समूह कार्य करने वालों से आता है जिन्होंने सामाजिक कार्य, शिक्षा, सामूहिक रोगापचार सत्रों और मनोरंजन जैसी पारंपरिक संरचनाओं में समूहों के कार्यों की जाँच की है। ऐसी समझ से विभिन्न प्रकार के समूहों की विभिन्न कार्य प्रणालियों में सुधार हुआ है।

एक विषय के रूप में सामाजिक मनोविज्ञान उस बुनियादी अनुसंधान प्रश्न से संबंधित है जो समाजशास्त्रियों द्वारा समूह के प्रत्येक सदस्य को प्रभावित करने के लिए समूह का एक हिस्सा बनने की सीमा के बारे में पूछा गया था। आरंभिक निष्कर्ष बताते हैं कि दूसरों की उपस्थिति प्रत्येक समूह सदस्य पर वास्तव में महत्त्वपूर्ण प्रभाव डालती है और समूहों में शक्तियाँ उत्पन्न करने की प्रवृत्ति होती है जो प्रत्येक सदस्य के व्यवहार और निर्णयों के मानकों का अनुपालन करने के लिए विवश होती है। ली बॉन (1910) के अनुसार समूह में लोग एक-दूसरे से भिन्न प्रतिक्रिया करते हैं जिसे उसने 'समूह संसर्ग' और 'समूह विचार' के रूप में पारंपरिक समूह की संपर्क द्वारा उत्पन्न शक्तियों के रूप में माना है। अन्य पहलू जिसमें हमारी रुचि हो सकती है, वह है संबद्धता। संबद्धता समूह का वह विस्तार है जिसके लिए सदस्य समूह में आकर्षित (समूह में रहना चाहते हैं) होते हैं। (विल्सन, 1978)। संबद्धता शक्तियों का समग्र क्षेत्र है जो सदस्यों पर समूह में रहने के लिए कार्य करता है (फिस्टिंजर, स्केचटर और बेक, 1950)। साधारण शब्दों में, यह समूह के सदस्यों में पारस्परिक आकर्षण का मानदंड है। अध्ययन बताते हैं कि एक-दूसरे के साथ संबद्ध होने से सदस्यों को प्राप्त संतुष्टि ही वह पुरस्कार है जो उन्हें समूह में बांध कर रखता है और इसलिए यह संबद्धता का एक मात्र आयाम है (ग्रोस व मार्टिन, 1952, इश्मैन, 1959, और हैग स्ट्रोम और स्लेनिवन, 1965)। अध्ययन सामग्री की समीक्षा दो अन्य प्रकार के निष्कर्ष प्रदान करती है-सामाजिक अन्योन्यश्रितता और सहायक अन्योनश्रितता। सामाजिक अन्योनश्रितता वहाँ उत्पन्न होती हैं जहाँ सदस्य साथ होने और परस्पर व्यवहार करने से होने वाले लाभ के कारण जुड़ते हैं। सहायक अन्योनश्रितता वहाँ उत्पन्न होती है जहाँ व्यक्ति संयुक्त रूप से किसी लक्ष्य की प्राप्ति के लिए एक-दूसरे के साथ मिलते हैं। जैसे किसी दौड़ या खेल में जीतने के लिए टोली बनाना, विकास के परिणामस्वरूप प्राप्त लाभ के बँटवारे के लिए संघर्ष में भाग लेना या आरकेस्ट्रा में इक्ट्ठे कार्य करना। (जोश, 2008)

समूह की प्रकृति भी भागीदार व्यक्तियों को प्रभावित कर सकती है–उदाहरण के लिए, एलपॉर्ट (1924) ने पाया कि दूसरों की उपस्थिति से कार्य निष्पादन में सुधार हुआ। प्राथमिक समूह की संकल्पना भी समूहों के अध्ययन में महत्त्वपूर्ण योगदान प्रदान करती थी। कौले (1909) ने प्राथमिक समूह को एक ऐसे अनौपचारिक समूह के रूप में परिभाषित किया है जो परिवार या मित्रता समूह की तरह है जो सदस्यों के मूल्यों, नैतिक मानकों और यहाँ तक कि सामान्य व्यवहार को गंभीर रूप से प्रभावित करता है। इसलिए प्राथमिक समूह को सामाजीकरण की प्रक्रिया और शामिल व्यक्तियों के विकास को समझने के लिए आवश्यक माना जाता है। फैरिस ई (1937) प्राथमिक समूहों की तीन मुख्य विशेषताओं-आमने-सामने के संबंध, अल्पकालिक प्राथमिकता और समग्रता की भावना (हम की भावना) पर जोर देता है। इसके विपरीत, दूसरे या परवर्ती समूहों (कौले ने समूहों को कभी वर्गीकृत नहीं किया) को संविदात्मक संबंधों और 'अप्रत्यक्ष माध्यमों के आधार पर संपर्क' के रूप में परिभाषित किया है (फेरिस, 1937) वेबर दूसरे या परवर्ती समूहों के विकास का कारण समाज में होने वाले विभागीकरण, निर्व्यक्तकरण और नैत्यकरण को मानता है। फर्डिनांड टोनिस ने लघु एकांकी समुदायों में स्थिति जनजातीय जीवन की हार्दिकता को हृदयहीन शहरी गुमनामी की तरफ बढ़ती आपूर्तिनीय दूरी को देखा। इस प्रकार जेमिन्स क्राफ्ट (कौले के प्राथमिक समूह के समकक्ष परिभाषित) का दृष्टिकोण अवनति पर था और जेसले क्राफ्ट के संविदात्मक संबद्धता दृष्टिकोण उस पर हावी हो रहा था।

समूह कार्य और वैयक्तिक कार्य में अंतर (Differentiating between Group Work and Case Work)–वैयक्तिक कार्य उन्नीसवीं शताब्दी के उत्तरार्ध में इंग्लैंड और संयुक्त राज्यों में परोपकारी संगठनों में आरंभ हुआ था। जबकि समूह कार्य मुख्यत: इंग्लैंड और अमेरिका व्यवस्थापन गृहों में विकसित हुआ। बाद में समूह कार्य राज्य द्वारा संचालित मानसिक संस्थाओं (पागलखाने) में चिकित्सकीय उद्देश्यों के लिए भी शामिल किया गया। फिर भी समूह कार्य में अधिकांश रुचि उन लोगों से उत्पन्न हुई जिन्होंने व्यवस्थापन गृहों और युवा सेवा एजेंसियों में प्रौढ़ शिक्षा समूहों और मनोरंजन समूहों का संचालन किया था।

व्यवस्थापन गृहों में समूह कार्य का और परोपकारी संगठनों में वैयक्तिक कार्य का उपयोग कोई संयोगवश नहीं था। व्यवस्थापन गृहों में, जहाँ समूह कार्य का उपयोग किया जाता था वहाँ नागरिकों को शिक्षा, मनोरंजन, सामाजीकरण और अधिक महत्त्वपूर्ण सामुदायिक भागीदार के लिए अवसर प्रदान किया जाता था। परोपकारी संगठनों में, जहाँ निर्धन व्यक्ति की समस्याओं की पहचान कर उनके समाधान पर ध्यान केंद्रित किया जाता था वहीं व्यवस्थापन गृह भागीदार नागरिकों को एक समूह प्रदान करते थे, जो अपने विचार, उपलब्धि, पारस्परिक सहायता के लिए एक साथ जुड़ने का अवसर भी थे और सामाजिक परिवर्तन के लिए समूह की संबद्धता से उत्पन्न सहक्रिया का उपयोग करने का एक अवसर भी दिया करते थे। वैयक्तिक कार्य प्रदाता में प्राप्तकर्त्ता के बीच विशेषज्ञता, शक्ति और संसाधनों में गहन अंतर होता है इससे भिन्न समूह कार्य मुख्यत: आत्मनिर्भरता तथा समूह की आत्मसहायता की प्रकृति से उत्पन्न हुआ है। यह पारस्परिक सहायता जैसा कि नाम से पता चलता है, पारस्परिक सहायता और सहारे से उत्पन्न होता है। वैयक्तिक कार्यकर्त्ता जो व्यक्ति की प्रवृत्ति, मानसिक विचारधारा से प्राप्त पूरी जानकारी और ठोस संसाधनों

के प्रावधान पर निर्भर करते हैं एवं समूह कार्यकर्ता सदस्यों को कार्य करने के लिए प्रेरित करने हेतु कार्यक्रम की संतुष्टि और गतिविधियों पर निर्भर करते हैं। कार्यक्रम की सभी प्रकार की गतिविधियाँ माध्यम और वाहन बन जाती हैं जिनके द्वारा समूह अपने लक्ष्य प्राप्त करते हैं। समूह की अपनी दिशान्मुख गतिविधियाँ जैसे अभियान चलाना, गान, सामूहिक चर्चा, खेल तथा कला और शिल्प आदि का मनोरंजन, सामाजीकरण, शिक्षा, सहारे और पुनर्वास के लिए काफी उपयोग किया जाता था। वैयक्तिक कार्य जो मुख्यत: समस्या समाधान और पुनर्वास पर ध्यान केंद्रित करता था से भिन्न समूह कार्य की गतिविधियाँ मनोरंजन के साथ-साथ समस्या समाधान के लिए भी उपयोग की जाती थी। इस प्रकार व्यवस्थापन गृहकार्य से निकली समूह कार्य पद्धति का केंद्र-बिंदु था और उसका लक्ष्य सामाजिक वैयक्तिक कार्य पद्धति से भिन्न था।

वैयक्तिक कार्य और समूह कार्य में अंतर संबंधों की सहायता में भी स्पष्ट रूप से देखा जा सकता है। वैयक्तिक कार्यकर्त्ता औद्योगिकीकरण के सर्वाधिक पीड़ित, शोषित व्यक्तियों की तलाश करते थे और संसाधन प्रदान करके पात्र व्यक्तियों की समस्या समाधान कर सदाचार, परोपकारी तथा परिश्रमी नागरिक होने के अच्छे उदाहरण के रूप में कार्य करते थे। यद्यपि, वे भी दुर्बल और निर्धन व्यक्तियों के लिए कार्य करते थे तो भी समूह कार्यकर्त्ता केवल निर्धनतम व्यक्तियों या अधिकतम समस्याग्रस्त व्यक्तियों पर ध्यान केंद्रित नहीं करते थे। वे व्यक्तियों के लिए (समूह के) सदस्य शब्दों का प्रयोग करना पसंद करते थे। वे सदस्यों की कमजोरियों की अपेक्षा उनकी शक्तियों के साथ कार्य करने पर जोर देते थे। सहायता को आपसी संबंधों के रूप में माना जाता था जिसके अंतर्गत समूह कार्यकर्त्ता और समूह सदस्य आपसी समझ के लिए मिलकर कार्य करते थे और अपने उस समुदाय जिसमें वे रहते थे, के लिए आम सरोकारों के बारे में कार्य करते थे। सरोकारों की पहचान होने पर समूह के सदस्य भौतिक और मानसिक तथा परस्पर सहायता प्रदान करने के लिए कार्य करते थे। कार्यकर्त्ता अपनी तरफ से समाज की अपेक्षाओं और समूह सदस्यों की आवश्यकताओं के मध्य मध्यस्थ के रूप में कार्य करता था।

सदस्यों में किए जाने वाले कार्य के प्रति स्वामित्व की भावना रहती थी। जबकि समूह कार्यकर्त्ता सुविधादाता के रूप में अपना कर्त्तव्य निभाता था। आपसी संपर्क, पारस्परिक अधिकार और पारस्परिक निर्णय की माँग समूह कार्यकर्त्ता के समक्ष रखी जाती थी जो कि वैयक्तिक कार्यकर्त्ता द्वारा किए जाने वाले अनुभव से भिन्न है। समूह कार्यकर्त्ताओं को सभी समूह सदस्यों के कल्याण के बारे में जानते हुए प्राय: तीव्रता से कार्य करना पड़ता था। समूह सदस्यों की संख्या, आपसी सहायता के लिए परस्पर तथ्यों का आदान-प्रदान करना और लोकतांत्रिक निर्णय निर्माण प्रक्रिया समूहों में प्रोत्साहित की जाती थी। इन सबका अभिप्राय था कि समूह कार्यकर्त्ताओं को बहुआयामी दक्षताओं में निपुण होना पड़ता था और यह वैयक्तिक कार्यकर्त्ताओं की दक्षताओं से अत्यधिक भिन्न है।

प्रश्न 7. समूह कार्य के विकास में मील के पत्थर के रूप में कार्य करने वाले बड़े महत्त्वपूर्ण क्षेत्र क्या हैं?

अथवा

समूहों के ऐतिहासिक विकास पर चर्चा कीजिए।

अथवा

वैश्विक रूप में सामाजिक समूह कार्य के ऐतिहासिक उद्‌विकास का उल्लेख कीजिए।

उत्तर– सामाजिक समूह कार्य के प्रार्दुभाव को समझने के लिए उन मनोरंजन आंदोलनों एवं क्लबों का अवलोकन करना आवश्यक है जिन्हें समूह कार्य का पूर्ववर्ती माना जाता है। 1910 और 1920 के बीच कुछ ऐसे विश्वव्यापी घटनाक्रम हुए जिन्होंने सामाजिक समूह कार्य की संकल्पना को बल दिया। इन दशकों में समूह कार्य की यू.एस. में होने वाले कई परिवर्तनों में भी महत्त्वपूर्ण भूमिका रही जैसे, यू.एस. का औद्योगिकीकरण, ग्रामीण क्षेत्रों से शहरी केंद्रों में अत्यधिक आबादी स्थानांतरण और मुख्यत: यू.एस. के शहरी क्षेत्रों में आव्रजन की व्यापक लहर, (कोनोपका, 1972, गर्विन 1997)। समाज कार्य के इतिहास पर तीन बड़े चरणों पर ध्यान केंद्रित करके विचार किया जा सकता है–(1) समूह कार्य एसोसिएशन की संरचना, 1930 के दशक में, (2) इसका समाज कार्यकर्त्ताओं को राष्ट्रीय एसोसिएशन में विलय, 1950 के दशक में, और (3) समूह कार्य की पुन: उत्पत्ति, 1970 के दशक में।

कुल मिलाकर व्यक्ति 1910 और 1920 के बीच होने वाले कुछ कार्यों पर विचार कर सकता है जो प्रौढ़ शिक्षा, मनोरंजन और सामुहिक कार्य से संबंधित थे जिन्हें समूह कार्य होने की पूर्ण संभावना माना जाने लगा। उन्होंने यह अच्छी तरह समझ लिया कि लोगों की अपने समुदायों में प्रभावशाली भागीदारी के लिए, लोगों के जीवन को समृद्ध बनाने के लिए तथा जिन लोगों के बुनियादी संबंध अनुपयुक्त या अनुचित हैं उन्हें सहारा प्रदान करने के लिए समूहों का उपयोग किया जा सकता है। इसलिए वे लोगों की सहायता के लिए सामाजिक दक्षता तथा समस्या समाधान दक्षता प्राप्त करने के लिए समूहों की शक्ति से अवगत हो गए थे। समूह कार्य का आधार बनने वाले संगठनों की प्रकृति आत्म-सहायता अनौपचारिक और मनोरंजनकारी थी, जो व्यवस्थापन गृहों, मेल-जोल केंद्र, पारस्परिक संपर्क मंच, कैंप फायर गर्ल्स (लड़कियों के शिविर), यहूदियों के केंद्र (जिविस सेंटर) शिविर और इस कार्य के लिए यहाँ तक कि उद्योगों में संगठित होने वाली श्रमिक यूनियनों के रूप में स्थित थे। बाद में इन्हें समूह कार्य एजेंसियों का नाम प्रदान किया गया। यह एक नया तथ्य था जिसने सेवाओं को संगठित किया और इसे पसंद किया गया। छोटे समूहों में अत्यधिक भागीदारी थी, इसकी जीवन-शैली लोकतांत्रिक थी। गतिविधियों में सामुदायिक जिम्मेदारी और ऐसी गतिविधियों में सदस्यता समझी जाती थी। जिनकी पूर्णता राष्ट्रीय या वैश्विक स्तर पर हो।

क्लबों की उत्पत्ति (Formation of Clubs)–सर जॉर्ज विलियम ने ब्रिजवाटर वस्त्र दुकानों के श्रमिकों की ईसाई जीवन-शैली अपनाने के लिए प्रेरित करने के लिए संगठित किया। यहीं पर समूह संरचना का पहला रूप देखने में आया। इन समूहों की सफलता ने अन्य वस्त्र दुकानों में अथवा युवा व्यक्तियों को ऐसी समूह संरचना के विस्तार के लिए प्रेरित किया जिससे 1844 में लंडनस यंग मैन क्रिश्चियन की उत्पत्ति हुई। शीघ्र ही वाई.एम.सी.ए. की लहर जर्मनी और इंग्लैंड की महिलाओं और लड़कियों तक पहुँच गई और वे ईसाई सहचार्य के लिए प्रोत्साहित हुईं। इंग्लैंड में चर्च से कम संबद्धता रखते हुए ऐसे ही आंदोलन 1855 में दो स्थानों पर एक साथ आरंभ हुए।

इन दोनों का प्रत्यक्ष नेतृत्व महिलाओं ने किया। एम्मा रॉबर्ट्स ने अपनी सहेलियों में प्रेयर (प्रार्थना) यूनियन आरंभ की तथा श्रीमती आर्थर केनार्ड ने क्रिमयन युद्ध से लौटने वाली नर्सों के लिए लंदन में जनरल फीमेल प्रशिक्षण संस्थान की स्थापना की। श्रीमती केनार्ड और कु. रॉबर्ट्स द्वारा प्रेरित इन दो संगठनों की सफल कार्य शैली से दोनों संगठनों का एक नाम में विलय हो गया। इस प्रकार 1877 में वाई.डब्ल्यू सी.ए. का प्रादुर्भाव हुआ। पीड़ित महिलाओं की तरफ उचित ध्यान देने वाली संपन्न महिलाओं ने अमेरिका में कई वर्षों तक अनेक कार्यक्रम चलाए। ऐसा ही एक उल्लेखनीय आंदोलन था 1858 में श्रीमती मार्शल ओ द्वारा यूनियन प्रेयर सर्कल की संरचना। 1860 में इसका रूपांतरण छात्रावास के रूप में हुआ और बाद में इसका 1866 में पुनः नामकरण लेज्जि क्रिश्चियन यूनियन के रूप में हुआ। मालगोदामों की ऊपरी छत पर कमरे किराये पर लिए गए और वे न्यूयार्क के श्रमिकों की आवश्यकताएँ पूरी करने के लिए संपन्न किए गए।

अमेरिका में 1866 में बोस्टोन वाई.डब्ल्यू.सी.ए. ने अपने साथियों के शारीरिक, नैतिक और धार्मिक कल्याण पर ध्यान केंद्रित करते हुए 30 महिलाओं ने एक प्रयास आरंभ किया। अब दोनों वाई.एम.सी.ए. और वाई.डब्ल्यू.सी.ए. ने स्वयं को अग्रणी संगठनों के रूप में स्थापित कर लिया था। जिनकी युवा महिलाओं और पुरुषों के लिए शिक्षा, मनोरंजन और धार्मिक गतिविधियों में सक्रिय भागीदारी थी। यह एक वास्तविकता है कि इन एसोसिएशनों के प्रकाशनों ने सामाजिक समूह कार्य के साहित्य में महत्त्वपूर्ण योगदान दिया है। समूह कार्य करते हुए दक्ष स्वयंसेवक प्रदान करने में इन एसोसिएशनों का योगदान विस्मयकारी है।

व्यवस्थापन आंदोलन (The Settlement Movement)—व्यवस्थापन आंदोलन का अग्रदूत जेन एडम्स को माना जाता है जिन्होंने 1889 में (शिकागो में हल हाऊस की स्थापना की। इस आंदोलन ने निर्धनता के कारणों पर ध्यान केंद्रित किया और तीन सर्वाधिक दबाव वाले क्षेत्र (तीन आर) अनुसंधान सुधार और आवास (Three 'R's = Reform, Research and Residence) के लिए कार्य किया। समूह विचारधारा में विश्वास रखनेवाले जेन और अन्य अग्रणी साथियों ने आंदोलन के निम्नलिखित उद्देश्य निर्धारित किए–

- क्षेत्र के निवासी द्वारा जरूरतमंदो में धार्मिक और सांस्कृतिक शिक्षाओं का प्रसार करना;
- स्थानीय क्षेत्र में व्यवस्थापन कार्यकर्त्ताओं की पहचान करना;
- सामाजिक सुधार के लिए समूह की जिम्मेदारी तय करना।

अधिकतर व्यवस्थापन कार्यकर्त्ताओं का लक्ष्य घनी अप्रवासी आबादी था। वहाँ वे जरूरतमंदों की आवश्यकताएँ पूरी करने के लिए विभिन्न संसाधन प्रदान करते हुए लोगों की बदलती परिस्थितियाँ और आवश्यकताओं को जान सकते थे। वे शिक्षा, स्वास्थ्य एवं कानूनी सेवा आदि अनेक सेवाएँ प्रदान करते थे और सामाजिक नीति में परिवर्तनों की भी सिफारिश करते थे। रामेश्वरी देवी एवं रवि प्रकाश (2004) के अनुसार व्यवस्था गृहों ने अंग्रेजी और नागरिकता में कक्षाएँ लगाने के साथ ही क्लबों का भी कार्य किया। जहाँ अमेरिकी संस्कृति की अच्छी बातें अप्रवासी छोटे और बड़े सभी व्यक्तियों को सिखाई जाती थी।

सेंट कॉइट ने आसपास ही क्लबों के निर्माण का कार्य किया जो अनजाने में ही सामुदायिक सदस्यों में गठन संबद्धता की भावना विकसित करते थे। वह 1886 में पहले अमेरिकी व्यवस्थापन आंदोलन नेबरहूड गिल्ड का संस्थापक जनक था। पिकनिक पार्टियाँ और अन्य मनोरंजक गतिविधियाँ की गईं ताकि और अधिक युवा वर्ग उसमें शामिल हों, जिससे व्यवस्थापन आंदोलन एक संगठित अनौपचारिक एसोसिएशन बन जाए। वूड्स और केडी ने व्यवस्थापन परिदृश्य पर टिप्पणी की है कि व्यवस्थापन आंदोलन ने एसोसिएशन के वास्तविक पारस्परिक संपर्क के लिए अत्यधिक अवसर प्रदान किया।

क्रीड़ा स्थल और मनोरंजन क्लब (The Playground and Recreation Movement)–1868 में बोस्टोन में मेरी जैकजैवास्क द्वारा बालुरेत पार्क की क्रीड़ा-स्थल के रूप में शुरुआत समूह जीवन-शैली के प्रति एक जागरूकता पैदा करने वाला कदम था। उसे इस संकल्पना की प्रेरणा सार्वजनिक पार्कों में रेत के टीलों पर खेलने वाले बच्चों को देखने से मिली। शीघ्र ही व्यवस्थापन गृहों, चर्चों और विद्यालयों में क्रीड़ा-स्थलों और ग्रीष्म शिविरों की बाढ़ सी आ गई। यह क्रीड़ा-स्थल आंदोलन की सफलता है और राज्य द्वारा समर्थित और अधिक क्रीड़ा-स्थलों की आवश्यकता थी जिसके परिणामस्वरूप 1906 में रिक्रिएशन एसोसिएशन ऑफ अमेरिका की शुरुआत हुई। विद्यालयों और अन्य सामाजिक एजेंसियों ने बच्चों के सामाजिक और भावनात्मक विकास में ऐसे समूह अनुभव के महत्त्व को उजागर करते हुए आंदोलन का समर्थन किया।

पहले और दूसरे विश्व युद्ध के दौरान संगठित विश्वयुद्ध समुदाय सेवा ने मनोरंजन आंदोलन को अत्यधिक बढ़ावा दिया। निजी स्वामित्व में निर्धन लोगों के लिए छोटे क्रीड़ा-स्थल की उत्पत्ति द्वारा मनोरंजन आंदोलनों का विकास कल्पना से भी परे हो गया। इसका विकास इस सीमा तक हो गया कि अब यह देश के आय स्रोत में मुख्य योगदान करता है।

विश्वयुद्ध और उसके बाद (The World Wars and after)–पहले विश्व युद्ध के बाद समाजशास्त्रियों ने समुदायों में प्रचलित समूहों पर भी ध्यान देना आरंभ किया। ऐसा करने वाले सबसे पहले समाजशास्त्रियों में से एक थे, फ्रेडरिक थ्रेसर (1927) जिन्होंने शिकागो क्षेत्र में अपराधी दलों का अध्ययन किया। उन्होंने दल के सदस्यों का मित्र बन कर और दलों का आंतरिक संचालन देखकर समूहों का अध्ययन किया। थ्रेसर ने देखा कि दल के प्रत्येक सदस्य का दल की कार्य भूमिका से संबंधित एक दर्जा (हैसियत) था। थ्रेसर ने दल में विकसित संस्कृति की भूमिका पर भी प्रकाश डाला। दल में एक सामान्य (कॉमन) पद्धति थी जिसका पालन सभी सदस्य करते थे। पद्धति को समूह की विचारधारा, बल प्रयोग और शारीरिक दंड के द्वारा लागू किया जाता था। अन्य कार्यों के साथ इस कार्य ने व्यवस्थापन गृहों, पड़ोसी केंद्रों और युवा संगठनों में युवाओं के साथ किए जाने वाले समूह कार्य के तरीकों को प्रभावित किया।

बाद के कुछ समूह कार्यकर्त्ता यह दर्शाने के लिए कि समूहों में परस्पर संबद्धता और अंतर-समूह दुमनी कैसे विकसित और क्रियान्वित होती है, ग्रीष्म शिविर में लड़कों के समूहों के स्वाभाविक अध्ययन पर निर्भर रहे। समाजशास्त्रियों ने उद्योगों और अमेरिकी सेना में किए गए अध्ययनों से समूहों में लोगों के व्यवहार के बारे में भी और अधिक जानकारी प्राप्त की। विशेष

रूप से उद्योगों में श्रमिक कार्य में और कार्य के बारे में अनौपचारिक संबंध बना लेते हैं, और अपेक्षाएँ इस तरह विकसित हो जाती हैं कि उनके पद और कार्य संबंधी संबंध एक प्रकार के लिंग, आयु, मानव जातीय गुणों, शिक्षा और सामाजिक वर्ग के लोगों तक सीमित रहते हैं। (जोस, 2008, वार्नर, 1947)। ऐसा जमावड़ा (जिसे 'ग्रिड' के रूप में भी उद्धृत किया जाता है) जलपान-गृह जैसे स्थानों में स्वत: ही उजागर हो जाता है जहाँ संयंत्र में कर्मचारी, पद, लिंग आयु और स्थान के आधार पर बंट जाते हैं (हुघ्स, 1946)।

सैद्धांतिक आधार (Theoretical Bases)–1930 के दशक में छोटे समूह सिद्धांत का विशेषत: आरंभिक और परवर्ती समूहों के संदर्भ में कौली द्वारा किए गए अंतर का काफी प्रभाव देखा गया। गैस्सेल स्काफ्ट और जेमिन स्काफ्ट के बीच टोनिस द्वारा किए गए अंतर ने भी समूहों के बारे में अच्छी समझ बढ़ाई। 1950 के दशक में छोटे समूहों से संबंधित ज्ञान और सिद्धांत के विकास में तेजी से वृद्धि हुई। इनमें मुख्य अनुसंधानकर्ता जैसे बेल्स, होमैन्स, बियोन, लेविन, वेबर आदि कुछ लोगों का विशेष योगदान रहा। बीसवीं सदी के पूर्वार्द्ध में विकसित हुए मुख्य सिद्धांतों में शामिल है। अनुरूपता, संप्रेषण एवं परस्पर संपर्क पद्धतियाँ, नेतृत्व, अंतर्वैयक्तिक पसंद एवं सामाजिक प्रत्यक्ष ज्ञान जो समाज कार्य में समूह प्रक्रिया के लिए महत्त्वपूर्ण तथ्य हैं। समूह की कार्य प्रणाली पर प्रकाश डालने वाले मनोविश्लेषण सिद्धांत, शिक्षण सिद्धांत, सामाजिक विनिमय सिद्धांत और व्यवस्था सिद्धांत के योगदान का वर्णन करना भी महत्त्वपूर्ण है।

प्रश्न 8. समाज समूह कार्य के अंतर्राष्ट्रीय व्यवसायीकरण के लिए किए गए साहित्यिक प्रयासों के बारे में बताइए।

उत्तर– वैयक्तिक कार्य समूह कार्य की तुलना में बहुत पुरानी संकल्पना है। समूह कार्य एजेंसियों की उत्पत्ति कुछ वर्ष पूर्व ही हुई है जबकि वैयक्तिक कार्य एजेंसियाँ तब तक अपनी जड़े जमा चुकी थी। समूह कार्य का पहला पाठयक्रम क्लेव लैंड में वेस्टर्न रिजर्व विश्वविद्यालय में स्कूल ऑफ सोशल वर्क में क्लेस कैसर द्वारा प्रस्तुत किया गया। जब वह 1935 में न्यूयॉर्क गई तो ग्रेस कोली ने पाठ्यक्रम का विस्तार करना जारी रखा। समूह कार्य आंशिक रूप से पद्धति और क्षेत्र अभ्यास के रूप में सिखाया जाता था। 1937 तक लगभग 10 विश्वविद्यालयों ने समाज कार्य में विशेष पाठ्यक्रम प्रदान किया। फिर भी, जैसा कि स्कूवर्टज ने बताया कि क्षेत्रों के बीच ऐतिहासिक अंतर यह है कि वैयक्तिक कार्य शीघ्र ही समाज कार्य व्यवसाय के साथ ज्ञात हो गया था जबकि समूह कार्य 1935 में काफी विलम्ब से राष्ट्रीय समाज कार्य सम्मेलन होने तक समाज कार्य व्यवस्था के साथ औपचारिक रूप से आरंभ नहीं हुआ था। यह 1955 तक और राष्ट्रीय समाज कार्यकर्त्ता एसोसिएशन की स्थापना तक कुछ न कुछ अनौपचारिक रहा। 1930 वें दशक के आरंभ में अनौपचारिक चर्चा के लिए समूह कार्यकर्त्ताओं का एक लघु वर्ग (15-20 लोग) न्यूयार्क शहर में मिले। इस समूह ने एन.सी.एस.डब्ल्यू. में समूह कार्यकर्त्ताओं के एकत्रित होने का प्रस्ताव किया। 1936 में समूह कार्य के अध्ययन के लिए 1936 में अमेरिका एसोसिएशन की स्थापना की गई जिसका उद्देश्य समूह कार्य के सिद्धांत और अभ्यास दोनों में सुधार करना और उन्हें अधिक स्पष्ट करना था। इस समूह ने आर्थर स्विफ्ट के नेतृत्व में समूह कार्य के अध्ययन के लिए राष्ट्रीय

एसोसिएशन की स्थापना की। यह एक धर्म प्रचार की भावना थी जिसने इस आरंभिक समूह को प्रेरित किया (क्राफ्ट पू. 13)।

1939, तक समूह कार्य को राष्ट्रीय समाज कार्य सम्मेलन के निर्देशों के प्रभाव के साथ एक विशिष्ट विषय के रूप में माना जाने लगा था। समाज कार्य व्यवस्था के साथ समूह कार्य की पहचान 1940 के दशक तक मजबूत हो गई फिर भी समूह कार्यकर्त्ताओं के मनोरंजन, प्रौढ़ शिक्षा और मानसिक स्वच्छता के साथ ढीले संपर्क ही बने रहे। 1955 में समूह कार्यकर्त्ताओं ने राष्ट्रीय समाज कार्यकर्त्ता एसोसिएशन (एन.ए.एस.डब्ल्यू.) बनाने के लिए छह अन्य व्यावसायिक समूहों से हाथ मिलाए।

वास्तव में समूह कार्य सामुदायिक संगठन पद्धति और इसकी नागरिकों की भागीदारी की संकल्पना से अत्यधिक संबद्ध है। बाद में 1940 और 1950 के दशकों में समूह कार्यकर्त्ताओं ने मानसिक स्वास्थ्य संख्याओं में उपचार और उपाय प्रदान करने के लिए और अधिक बार समूहों का उपयोग करना आरंभ कर दिया था। यह मनोविश्लेषण और अहं मानसिकता में रुचि बढ़ने और आंशिक रूप से दूसरे विश्व युद्ध जिसके कारण विक्षिप्त सेवानिवृत्त सैनिकों की सहायता के लिए प्रशिक्षित कार्यकर्त्ताओं की कमी हो गई थी के कारण महत्त्वपूर्ण रूप से प्रभावित था। यह 1950 वें दशक के दौरान मानसिक चिकित्सालयों में समूहों के उपयोग में निरंतर रुचि से प्रेरित था।

यद्यपि, 1940 और 1950 के दशकों में प्रत्येक समूह सदस्य की सामाजिक कार्यप्रणाली सुधारने के लिए समूहों के उपयोग को बढ़ाने पर जोर था, तो भी समूहों की रुचि मनोरंजन और शैक्षिक कार्यों विशेषत: यहूदी सामुदायिक केंद्रों और कन्या स्काउटों और वाई.डब्ल्यू.सी.ए. जैसे युवा संगठनों में उपयोग करने की बनी रही। 1940 और 1950 के दशकों में सामुदायिक विकास के उद्देश्यों और कई विभिन्न पड़ोसी केंद्रों और सामुदायिक एजेंसियों में सामाजिक कार्यों के लिए भी समूहों का उपयोग किया जाता था। इसी समय एक सामाजिक घटना के रूप में छोटे समूहों के अध्ययन में रुचि भी साथ-साथ बढ़ रही थी।

दूसरे विश्व युद्ध के बाद के वर्षों में समूह कार्य साहित्य में महत्त्वपूर्ण वृद्धि हुई। गटफ्रड विल्सन की "सोसयल गफ्रप वर्क प्रैक्टिस" (1949) हर्लेट बी ट्रैक्र्स, की "सोसयल ग्रुपवर्क"(1949), ग्रेस कौली की "ग्रप वर्क विद अमेरिकन यूथ" (1948) और जिस्ला कॉनोप्का की "थ्रेपटिक ग्रुप वर्क विद चिलड्रन" (1949) सभी पुस्तकें मुश्किल से 2 वर्षों की अवधि में ही प्रकाशित हुईं। इन सभी पुस्तकों ने स्वस्थ से रोगी, व्यक्ति से समूहों तक की श्रेणी में उपयोग की व्यापक गुंजाइश पर सामाजिक कार्य के सहायता कार्य के एक भाग के रूप में समाज समूह कार्य की व्यवस्थित प्रक्रिया को स्पष्ट करने का कार्य किया।

1960 के दशक में समूह सेवाओं की लोकप्रियता में कमी देखी गई। समूह कार्यकर्त्ता की निपुणताओं को तब महत्त्वपूर्ण सामाजिक सरोकारों के लिए युवाओं और प्रौढ़ों को संगठिक करते में सामुदायिक संगठन के क्षेत्र में अधिक महत्त्वपूर्ण माना जाता था। 1960 के दशक में भी इस व्यवसाय के सामान्य विचार के प्रति दबाव वैयक्तिक कार्य समूह कार्य और सामुदायिक संगठनों में विशेषज्ञता से आंदोलन के दूर होने से व्यावसायिक विद्यालयों में समूह विशेषज्ञता को कमजोर कर दिया और उन विशेषज्ञों की संख्या कम हो गई जो अपने व्यवसाय के मुख्य साधन के रूप

में समूह कार्य में प्रशिक्षित थे।

समूह कार्य में रुचि 1970 के दशक में और भी कम हो गई। कम व्यावसायिक विद्यालयों ने समूह कार्य का विकसित पाठ्यक्रम प्रदान किया और कम ही व्यवसायियों ने मुख्य साधन के रूप में समूह कार्य का उपयोग किया। 70वें दशक के अंत में अर्थात् 1978 में व्यावसायिक पत्रिका "सोशल वर्क विद ग्रुप्स" का पुनः उदय देखा गया। इसके अतिरिक्त, 1978 में समाज समूह कार्यकर्त्ताओं ने आने वाले वर्षों में एक वार्षिक सम्मेलन आयोजित करने के लिए मार्ग प्रशस्त करने वाले ग्रेस कौली के सम्मान में एक विचार गोष्ठी आयोजित करने के लिए एक समिति का गठन किया। (नॉर्दन व कुलैंड, 2001) सम्मेलन योजना समिति सदस्यता अभियान संगठन "द एसोसिएशन फॉर एडवांसमेंट ऑफ सोशल वर्क विद ग्रुप्स" में रूपांतरित हो गई (एस.एस.डब्ल्यू. जी., 2006)।

समूहों के महत्त्वपूर्ण लाभों के बारे में व्यवसायियों की जागरूकता में वृद्धि के लिए संपूर्ण यू.एस. और कनाडा संगठित हो गए ताकि 1979 में समूह कार्य के विकास के लिए पहली वार्षिक विचार गोष्ठी आयोजित की जा सके। तब से हर साल व्यवसाय साधन के रूप में समूह कार्य पर बिना चूक किए वार्षिक विचार गोष्ठी नियमित रूप से आयोजित की जाती है।

समूह कार्य ने दक्षिण-पूर्व एशिया विशेषतः भारत (इस पर बाद में चर्चा की जाएगी) और चीन में भी प्रवेश किया। चीन में समाज कार्य शिक्षा का पिछले दशक में शीघ्रता से विस्तार हुआ है। शीर्ष चीनी नेताओं ने समाज कार्य के लिए पुरजोर सिफारिश की थी और वर्ष 2006 में सरकार ने सामाजिक नीति प्रयासों की एक श्रृंखला आरंभ की जिसका उद्देश्य समाज कार्य में विशेषज्ञता प्रदान करना है। इससे अनुसंधानकर्त्ताओं और शिक्षकों को नागरिक मामलों के क्षेत्र में तथा समाज कार्य शिक्षकों के संघर्ष पर पड़ने वाले संभावित प्रभाव और भावी चुनौतियों के बारे में सोचने का अवसर मिला है।

समाज कार्य मुश्किल समयों से गुजारा है। इसका विधान लोगों की गहरी दृढ़ता और पद्धति की ताकत के लिए इसका लचीलापन है (रामे साक्षात्कार, 1988)। इन वर्षों के दौरान समूह कार्य जारी रखने की वजह थी, व्यक्तियों और ऐतिहासिक शिक्षकों तथा (विलियम) स्कवाट्र्ज (सौल) वर्नस्टिंन (सोनिया व पॉल) बेल्स और (जॉन) रामे (एफ्रोस साक्षात्कार, 1988) जैसे नव धर्म प्रचारकों की उपस्थिति। ए.ए.एस.डब्ल्यू.जी. (AASWG) को आरंभ करने के लिए शामिल होने, अनुसमर्थन और अनुसमर्थन और मानवता की अपनी उत्कृष्ट भावना के साथ एकत्रित हुए जो कि समूह कार्य विचारधारा में समाहित है (पैपेल, 1997, 10) और उनका दृढ़ निश्चय था कि समूह कार्य जारी रखना चाहिए।

कैरेल, एस. 1993 ने किशोरावस्था बच्चों के लिए समूह अनुभवों के बारे में लिखा है, इस पुस्तक में उपचार करने वालों के लिए एक नियमावली भी है। यह पुस्तक विद्यालय जाने वाले समाज कार्यकर्त्ताओं और जीवन की निपुणता प्रविक्षण में शामिल कार्यकर्त्ताओं के लिए बहुत उपयोगी है। मोरगैनेट (1990) ने युवा किशोरों के लिए जीवन निपुणता और समूह परामर्श पर एक पुस्तक लिखी है। रोज, एस. व एडिल्सन (1991) ने भी बच्चों और किशोरों के लिए विशिष्ट समूह कार्य अभ्यास पर पुस्तक लिखी है।

समूह कार्य पर बड़ों और परिवार की देखभाल कर्त्ताओं के लिए अपनी पुस्तक के लिए टोसलैंड, आर. (1995) काफी प्रसिद्ध हैं। हर्लेट (1996) ने बड़ों के लिए उपचारकारी समूह कार्य पर लिखा है। पहरूजी (1992) ने अपनी पुस्तक "सोशल वर्क विद ग्रुप" में समूह कार्य के आदर्श प्रस्तुत किए हैं। ब्रेकर (1990) ने नई संकल्पना की रचना की जिसे टेलीफोनिक ग्रुप वर्क कहा जाता है। ब्रेटन (1994) ने अपनी पुस्तक "सोशल वर्क विद ग्रुप" में एम्पावरमेंट ओरिएंटिड ग्रुप वर्क की संकल्पना की है। ब्राउन, ए. तथा मिस्ट्री, टी. (1994) ने जाति और लिंग पर आधारित विषयों पर प्रकाश डालते हुए मिश्रित सदस्यता वाले समूह के साथ समूह कार्य पर ध्यान केंद्रित किया है। कॉक्स व पार्सन्स, आर. (1994) ने बड़े (वृद्धों) के लिए सशक्त बनाने वाले समूह कार्य पर अपने सिद्धांत प्रस्तुत किए हैं। ग्लासमैन, यू. तथा केटस, एल. (1990) ने समूह कार्य में मानवीय विचारधारा पर लिखा है। नोरको, ए. तथा वलैस, आर. (1997) ने समाज कार्य समूह में लिंग आधारित विषयों पर प्रकाश डाला है।

पिछले दशकों में समूह कार्य पर निम्नलिखित पुस्तकों ने समूह कार्य को समझने में महत्त्वपूर्ण योगदान दिया है।

एन इंट्रोडक्शन टु ग्रुप वर्क प्रैक्टिस, लेखक रोनाल्ड टोसलैंड व राबर्ड रिवास (2001)। एन साइक्लोपिडिया ऑफ सोशल ग्रुप विद गुप्स एलेक्स गिफ्फरमैन, लेखक रॉबर्ट सलमॉन (2008)। यूजिंग ग्रुप वर्क, लेखक मार्क डोयल (2005)। सोशल वर्क विद ग्रुप, लेखक हेलन नार्दन व सोसली करलैंड (2000)। पर्सपेक्टिक्स ऑन सोशल ग्रुप वर्क प्रैक्टिस, लेखक अलीसी एलबर्ट, एस. (2001)। द एसेंसिएल्स ऑफ ग्रुप वर्कर, लेखक डोयल, मार्क व सवडा, कैथरिन (2003)। ए हैंड बुक ऑफ वर्क विद ग्रुप्स, लेखक ग्राविन, चार्ल्स, डी, लॉरी एम. गुलियर (इडी, 2007)।

समूह कार्य विचारधारा समय की परीक्षा पर खरी उतरी है क्योंकि इसकी जड़ें मानव जीवन और स्थितियों की वास्तविकताओं की स्पष्ट समझ में निहित थीं। नागरिकता, भागीदारी, समुदाय, परस्पर सहायता और लोकतंत्र की संकल्पनाएँ आज भी शक्तिशाली हैं। फ्राँस (साक्षात्कार, 1998) के अनुसार, "हम तब भी ठीक थे और आज भी ठीक हैं।" मिडमैन और गोल्ड वर्ग (1988, 234) हमें याद दिलाते हैं कि "यह समूह कार्य ही है जिसने सामाजिक सुधार और पीड़ित व्यक्तियों के सरोकारों के लिए समाज कार्य को उसकी परंपरा में स्थिर किया है और निरंतर कर रहा है।"

प्रश्न 9. भारत में सामाजिक समूह कार्य के विकास से संबंधित विकासात्मक महत्त्वपूर्ण घटनाओं का चित्रण कीजिए।

अथवा

भारत में सामाजिक समूह कार्य के उद्‌विकास से संबंधित विकासात्मक सीमा-चिह्नों (मील के पत्थरों) की रूपरेखा प्रस्तुत कीजिए।

उत्तर– भारत में समाज कार्य की एक पद्धति के रूप में समूह कार्य का आगमन 1936 से माना जाता है। इस समय तक समूह कार्य पश्चिमी देशों में व्यवसाय की औपचारिक पद्धति

के रूप में अपनी जड़ें जमा चुका था।

भारत में समाज कार्य के सभी विद्यालय स्नातक और स्नातकोत्तर दोनों स्तरों पर (परिवर्तित शीर्षक सामुहिक समाज/"सोशल वर्क विद ग्रुप्स") पाठ्यक्रम/पर्चा पढ़ाते हैं। समूह कार्य में तत्कालीन एशिया और प्रशांत के लिए संयुक्त राष्ट्र समाज कल्याण एवं विकास केंद्र और समाज कार्य विद्यालय एसोसिएशन द्वारा 1979 में स्वदेशी सामग्री तैयार करने का साहसिक प्रयास किया गया। वैयक्तिक कार्य और सामुदायिक संगठन की तुलना में समुह कार्य पर स्वदेशी सामग्री तैयार करने में योगदान पीछे 1960 के दशक में भी देखा जा सकता है। समाज कार्य विद्यालय एसोसिएशन के साथ तकनीकी सहकारी मिशन (यू.एस.ए.) ने संयुक्त रूप से कार्य व्यवसाय के लिए न्यूनतम मानकों का वर्णन किया जिसने भारत में विकास के लिए मानदंड का कार्य किया। भारत में समूह कार्य का ऐतिहासिक विकास खोजने के प्रयास करने वाले वीडी मेहतार (1987) और हेलन जोसफ (1997) इससे सहमत हैं कि भारत में समाज कार्य के विद्यालयों में सैद्धांतिक संकल्पना तो सिखाई जाती थी परंतु व्यावसायिक आदर्श मुख्यत: अमेरिका हैं जैसा कि स्वयं समाज कार्य के मामले में है।

भारत में सामाजिक समूह कार्य का व्यवसाय प्राय: सुधारात्मक और अन्य आवासीय संख्यात्मक समाजों, चिकित्सालयों और शहरी क्षेत्रों में इन्हीं संस्थाओं तक सीमित की गई गतिविधियाँ मनोरंजन, शैक्षणिक और सांस्कृतिक स्वरूप वाली थीं। समूह कार्य पद्धति सामुदायिक कार्य में अपनाई गई, जैसे महिला मंडलों और युवक मंडलों के मामले थे। परतु मुख्यत: यह सामुदायिक कार्य के रूप में संगठित था। कुछ विद्यालयों में क्षेत्र कार्य कार्यक्रमों के माध्यम से भी समूह कार्य के व्यवसाय पर जोर दिया जाता है। छात्रों को एजेंसियों और आरक्षित समुदायों में तैनात किया जाता है जो युवाओं, वयस्कों और चाहे वो स्वास्थ्य हो या रोगी, के समूहों के साथ शहरी और ग्रामीण क्षेत्रों में कार्य करते हैं। उदाहरण के लिए, केरल में समाज कार्य के आरक्षित समुदायों में तैनात छात्र बच्चों (बाल समितियों) के लिए और वयस्क महिलाओं के लिए (कदम्ब श्री आत्मसहायता समूह) अभावग्रस्त पास-पड़ोस में समूह गठित करने में लगे रहते हैं। ऐसे समूहों के सामाजिकरण, व्यवस्थित मनोरंजन, क्रियात्मक साक्षरता, प्रभावी अभिभावक, स्वास्थ्य व स्वच्छता, पर्यावरण अन्य संबंधित सामाजिक विषयों सहित स्वशासन जैसे विभिन्न विषयों पर जागरूक बनाने के मिश्रित उद्देश्य होते हैं। हाल ही के वर्षों में गृह प्रबंध, प्रजनन और लैंगिक स्वास्थ्य, लैंगिकता, परिवार नियोजन पद्धतियाँ आदि सहित जीवन का कुशल विकास करने से संबंधित विषयों का समाधान करने के लिए गाँवों में किशोर बालक और बालिकाओं के भी समूह बनाए गए हैं। इसमें इस सामाजिक वास्तविकता पर विचार किया गया है कि उनमें से अधिकतर का शीघ्र ही छोटी आयु में विवाह हो जाएगा।

समूह कार्य व्यवसाय में ऐतिहासिक प्रवृत्ति की संक्षिप्त समीक्षा का उद्देश्य समूह कार्य व्यवसाय में आपको वर्तमान प्रवृत्तियों को व्यापक परिप्रेक्ष्य में समझने के लिए सक्षम बनाना है। वर्तमान में इस उपायकारी विचारधारा का मुख्य उद्देश्य प्रत्येक समूह सदस्य की कार्य-शैली में सुधार करने पर ध्यान देना है। व्यवसाय का यह स्वरूप समस्या की पहचान, मूल्यांकन और उपचार पर आधारित है। समूह कार्य के पारस्परिक सहायता वाली विशेषता पर जोर दिया जाता है जहाँ

कार्यकर्त्ता की भूमिका समूह के सदस्यों की आवश्यकताओं और समाज के बीच मध्यस्थ की होती है। अल्पावधि विश्राम-गृह और नारी निकेतन जैसी संस्थाओं में परस्पर सहायता और हिस्सेदारी तथा पारस्परिक जिम्मेदारी उपयुक्त रहती है। क्योंकि इनका स्वरूप एक साथ रहने के लिए दुखी महिलाओं की सहायता करना, परस्पर सहारा प्रदान करना और जीवन की कठिन घटनाओं के साथ सामंजस्य स्थापित करने वाला होता है। यह महिला मंडलों, युवा क्लबों और अन्य सामुदायिक समूहों जहाँ सांझी चिंताओं को एक-दूसरे के साथ बाँटना और सहायता का लेन-देन मुख्य उद्देश्य होते हैं, जैसे सामुदायिक समूहों में उपयोगी है। आत्म-सहायता समूहों के परामर्श या संयोजन के रूप में व्यावसायिक सामाजिक कार्यकर्त्ता भी शामिल होते हैं जो समूह के परस्पर सहायता वाले स्वरूप पर जोर देते हैं।

प्रश्न 10. स्वतंत्रता पूर्व भारत में समूह कार्य के विकास का वर्णन कीजिए।

अथवा

भारत में समूह कार्य के विकास पर चर्चा कीजिए।

अथवा

भारतीय समाज के विशेष लक्षणों की व्याख्या कीजिए जो भारत में सामाजिक समूह कार्य के विकास में योगदान किया।

उत्तर– पारिवारिक परिदृश्य (Familial Scenario)–स्वतंत्रता प्राप्ति से पहले भारत में समूह कार्य का अभ्यास पूर्णरूप से असंगठित, अनौपचारिक तथा अव्यवस्थित था। बहुत अधिक आवश्यकता वाले समूह कार्य सामाजिक संस्थाओं के द्वारा सम्पन्न किए जाते थे। संयुक्त परिवार प्रणाली भारतीय समाज की एक पौराणिक विशेषता रही है जो कि द्रविड़ परंपराओं से लेकर आज तक विद्यमान है। संयुक्त परिवार प्रणाली में एक ही छत के नीचे तीन पीढ़ियाँ एक साथ रहती थीं। यह व्यवस्था अपने सभी सदस्यों को आर्थिक सहायता, भावनात्मक सहयोग, मनोरंजन, व्यक्तित्व विकास, कम सुविधा प्राप्त समूहों की देखभाल करना, जैसे कि बच्चों, वृद्धों को भरपूर सहायता और सहयोग दिया जाता था तथा परिवार के सभी सदस्यों को विकास का समान अवसर प्रदान किया जाता था।

आधुनिक समूह कार्य का उद्देश्य भी इसी के समरूप है। प्रत्येक समूह का एक भिन्न विशिष्ट उद्देश्य हो सकता है जो लक्ष्य समूह की आवश्यकताओं और समस्याओं पर निर्भर होता है परंतु आमतौर पर समूह कार्य यह आशा करता है कि उसके सभी सदस्यों को भावनात्मक सहयोग प्राप्त हो और उन्नति तथा विकास के लिए भरपूर अवसरों की उपलब्धि हो। संयुक्त परिवार व्यावसायिक समूह कार्य की सभी जिम्मेदारियों का अनुपालन करता है, इसलिए कह सकते हैं कि इस आधुनिक युग में भी संयुक्त परिवार का महत्त्व या इसकी आवश्यकता में किसी तरह की कोई कमी नहीं आई है, इसकी आवश्यकता आज भी वैसी ही है जैसे कि पहले थी।

शैक्षिक परिदृश्य (Educational Scenario)–गुरुकुल प्राचीन भारत की एक अन्य

महत्त्वपूर्ण एवं अनोखी विशेषता है। यह व्यवस्था वैदिक काल में आरंभ हुई (ईसा पूर्व 1500-600) थी। गुरुकुल व्यवस्था के अंतर्गत विद्यार्थी की संपूर्ण विकास की प्रक्रिया गुरु की देखभाल में होती थी तथा विद्यार्थी को गुरु के आश्रम में रहना होता था तथा अपने जीवन के रचनात्मक काल में उसको गुरु की संपूर्ण देखभाल और उनके निर्देशन में शिक्षा पूरी करनी होती थी। शिक्षा व्यवस्था का केंद्र ईश्वर की पूजा अर्चना में निहित होता था। विषयों का अध्ययन वैदिक साहित्य से किया जाता था तथा कला और विज्ञान का ज्ञान आवश्यक होता था जिसमें भौतिक और आध्यात्मिक दोनों विषय सम्मिलित होते थे। समकालीन समूह कार्य लोगों के समूह तक सीमित है जिनकी समान आवश्यकताएँ या समस्याएँ अथवा समान उद्देश्य होते हैं। इसी तरह से गुरुकुलों में भी केवल एक ही समूह को प्रवेश दिया जाता था और यह समूह ब्राह्मण बच्चों का था। इन ब्राह्मण विद्यार्थियों का समान हित-लाभ और उद्देश्य होता था तथा वे अपने उद्देश्यों को प्राप्त करने के लिए एक साथ मिल कर प्रयास करते थे।

आर्थिक परिदृश्य (Economic Scenario)–आर्थिक मोर्चा अद्भुत और संगठन के बहुआयामी तथा बहुमुखी स्वरूप के रूप में उभर कर सामने आया था जिसे हम शिल्पी श्रेणी अथवा शिल्प संघ के नाम से जानते हैं। शिल्प संघ बौद्ध काल से पहले ही प्रचलित था अर्थात् ई.पू. 5वीं शताब्दी के आसपास इसकी शुरुआत हुई थी और मौर्या शासन के पतन तक चलती रही थी। शिल्प संघों ने प्राचीन भारत के सामाजिक-आर्थिक ढाँचे में महत्त्वपूर्ण भूमिका निभाई थी। यहाँ अधिक से अधिक लोग दस्तकार और शिल्पकार बन गए थे तथा एक तरह के शिल्प के लोग एक श्रेणी में आबद्ध हो गए थे। इस तरह से वे एक साथ आबद्ध होते गए और वे एक संगठन के रूप में उभर कर हमारे समक्ष आए। शिल्प संघों का यह निश्चित उद्देश्य होता था अथवा निश्चित करना होता था कि उनके सदस्य वस्तुओं की उच्च गुणवत्ता को बनाए रखें और उच्च श्रेणी का उत्पादन करें तथा वे यह भी चाहते थे कि उनके साथ निष्पक्ष रूप से व्यवहार किया जाए और उनके उत्पादन का उचित मूल्य प्राप्त हो। शिल्प संघों ने सफलतापूर्वक अनेक कानून बनाए तथा वे व्यापारियों में प्रतिस्पर्धा को नियंत्रित करते थे, वे नीतियाँ निश्चित करने, मजदूरी या वेतन तथा कार्य समय का निर्धारण करते थे, साथ ही कारीगरों व शिल्पकारों का समुचित रूप से अपने शिल्प में प्रशिक्षित होने की शर्तों का भी अनिवार्य रूप से पालन करवाते थे। वे शिल्पी संघ सामुदायिक परियोजनाओं का पर्यवेक्षण करते थे। विभिन्न लोगों की सहायता के लिए धन संचय कर उनकी भरपूर सहायता एवं सहयोग करते थे। जिन लोगों को इनकी बेहद आवश्यकता होती थी। कौटिल्य ने भी राज्य को आवश्यकता पड़ने पर जबरन वसूली की प्रणाली लागू करवा दी थी। प्राचीन भारत में शिल्प संघों ने अधिकारों के संरक्षण, विशिष्ट समूह के कल्याण और विशेषाधिकारों को प्राप्त करने, उन्हें संरक्षित करने, सुरक्षा प्रदान करने जैसे विषयों में महत्त्वपूर्ण भूमिका निभाई है। इसी प्रकार से समूह कार्य का यह एक अन्य महत्त्वपूर्ण कार्य है।

धार्मिक परिदृश्य (Religious Scenario)–भारतीय जाति व्यवस्था की स्थापना 1000 ई.पू. से 600 ई.पू. की अवधि काल में हुई। भारतीय सामाजिक जीवन में आज भी जाति की कमान बहुत ही महत्त्वपूर्ण है। जाति व्यवस्था अपने सदस्यों को जाति के नाम पर एक पहचान देती है और उनका सामाजिक स्तर तय करती है। जाति अपने सदस्यों के सामाजिक और पारिवारिक जीवन

पर शासन करती है। जाति लोगों को मनोवैज्ञानिक सहयोग देती है। गत वर्षों में परंपरागत जाति व्यवस्था में संस्कृतिकरण और सामाजिक कानूनों के कारण परिवर्तन आया है। आज भी लोकतांत्रिक व्यवस्था में जाति दबाव समूह के रूप में कार्य करने के लिए सक्षम है। यद्यपि, जाति व्यवस्था की अपनी बहुत सारी कमियाँ हैं तथा यह अपने नीचे के लोगों के साथ अत्यधिक भेदभाव और उनका शोषण करती है, इसके बावजूद जाति लोगों की आवश्यकताओं और कल्याण कार्यों के लिए साज-समान का संचय और एक साथ कार्य करने की सोच पैदा करती है तथा इसलिए इसे समूह कार्य के एक पहलू के रूप में स्वीकार किया जा सकता है।

स्वतंत्रता पूर्व भारत में समूह कार्य के संदर्भ में ईसाई मिशनरियों के कार्यों को यहाँ विशेष रूप से उल्लिखित करने की भी आवश्यकता है। मिशनरियों के कार्यकलाप ब्रिटिश भारत में आरंभ हुए थे। ईसाई मिशनरियों ने बहुत ही निष्ठापूर्ण अपनी सेवाएँ उपलब्ध कराई हैं तथा भारत के संपूर्ण परिदृश्य के परिवर्तन में अपना सहयोग दिया है, विशेषकर सामाजिक बुराइयों में जैसे कि सती प्रथा, तथा विधवा विवाह, पुर्नविवाह, सामाजिक निषेध इत्यादि। ईसाई मिशनरियों जो संगठित समूह के रूप में औपनिवेशिक काल से ईसाई धर्म के प्रचार कार्य के लिए लगे हुए थे। तब से ही ईसाई मिशनरी भारत में विभिन्न समयों में आते रहे हैं।

राजनीतिक परिदृश्य (Political Scenario)—प्राचीन काल में भारतीय समाज का राजनीतिक परिदृश्य प्राचीन शासकों द्वारा संचालित किया जाता था। वे अपने कार्यों में कल्याणमूलक दृष्टिकोणों को अपनाते थे और सार्वजनिक उपयोगिता के अनेक कार्यों को अपने हाथ में लेकर सम्पन्न करते थे। परंतु उस समय ऐसे राजनीतिक संगठन या संस्थाएँ अथवा समूह स्थापित नहीं हुए थे जिसमें कोई साधारण व्यक्ति सदस्य बन सके। इस तरह की संस्थाओं का उद्गम भारत में राष्ट्रीय आंदोलन के साथ हुआ। यद्यपि, उस समय भी समाज में ढेर सारी सामाजिक बुराइयाँ मौजूद थीं, परंतु राजनीतिक स्वतंत्रता का मुद्दा इतना महत्त्वपूर्ण था कि इस पर तुरंत ध्यान देने की आवश्यकता थी। इसका लाभ संपूर्ण राष्ट्र को समान रूप से मिलने वाला था।

इस संदर्भ में भारतीय राष्ट्रीय कांग्रेस और गाँधीजी को विशेष रूप से उल्लिखित करने की आवश्यकता है। भारतीय राष्ट्रीय कांग्रेस का जन्म नई राजनीतिक जागरूकता का आधार स्तंभ था। महात्मा गांधी के वक्तव्यों और लेखन से जीवन के सभी क्षेत्रों के लोग बेहद प्रभावित थे और वे इस आंदोलन में शामिल हो गए और यह एक व्यापक जन-आंदोलन बन गया। राजनीतिक स्वतंत्रता के समर्थन के साथ वे महिलाओं के बेहतर स्तर और सर्वोदय के सुधार व उन्नति के लिए कार्य कर रहे थे जिनका अर्थ समाज के सभी वर्गों की उन्नति व समुचित विकास हो। गाँधीजी ने इस कार्य को अपने हाथ में लिया तथा इसके लिए वक्तव्य एवं रचनात्मक कार्यों के निष्पादन के लिए व्यावहारिक कदम उठाए। गाँधीजी के नेतृत्व में भारतीय राष्ट्रीय कांग्रेस के माध्यम से अपनी गतिविधियों के द्वारा लोग बेहद प्रभावित हुए और सर्वोदय को सफल बनाने के लिए समाज के विभिन्न अंगों के लोग संगठित होकर सार्वजनिक लक्ष्य के लिए कार्य करने लगे।

सामाजिक परिदृश्य (Social Scenario)—स्वतंत्रता पूर्व भारत में व्यक्तिगत एवं समूह के स्तर पर अनेक सुधारात्मक गतिविधियाँ हुईं। उदाहरण के तौर पर (1) राजा राममोहन राय द्वारा सती प्रथा उन्मूलन कानून को पारित करना, आत्मीय समाज की स्थापना करके महिलाओं,

बच्चों, अछूतों के लिए कल्याणकारी कार्यों को सम्पन्न करना। ईश्वर चन्द्र विद्यासागर द्वारा विधवा विवाह को प्रोत्साहन देना व विधवा पुनर्विवाह का समर्थन करते हुए हिन्दू विधवा पुनर्विवाह अधिनियम 1856 को सरकार द्वारा पारित करवाना। 1875 में आर्य समाज की स्थापना जिसका उद्देश्य मूर्ति पूजा, जाति प्रथा, बाल विवाह, तथा छुआछूत जैसी कुप्रथाओं का भारतीय समाज से उन्मूलन करना था। 1882 में पंडित रामाबाई द्वारा आर्य महिला समाज की स्थापना जिसका उद्देश्य महिलाओं की स्थिति सुधारना था। स्वतंत्रता पूर्व भारत में समूह कार्य के सभी पहलू या पक्ष अधिकतर अवैज्ञानिक ज्ञान के आधार पर थे। इनका उद्‌गम आवश्यकताओं के आधार पर हुआ था। इनमें अपनाए गए सिद्धांत, प्रणालियों और तकनीकों में किसी तरह की समानता नहीं थी, इनमें एकरूपता नहीं थी। इस दृष्टिकोण को सहायता करने वाले लोगों ने बाद में संशोधित किया जब पश्चिमी देशों में एक व्यवसाय के रूप में समाज कार्य विकसित हुआ और इसका प्रभाव भारत में भी देखा गया था।

प्रश्न 11. भारत वर्ष में संस्थागत स्थापनों में समूह कार्य का विकास किस प्रकार हुआ है?

अथवा

संस्थागत परिवेश में समूह कार्य पर चर्चा कीजिए।

उत्तर– संस्थागत स्थापनों में सदस्यों अथवा संस्था के लाभार्थियों की समस्याओं का समाधान निकाला जाता है अथवा उनकी विशेष आवश्यकताओं की पूर्ति की जाती है। ये आवश्यकताएँ अथवा विशेषताएँ वे होती हैं जिन्हें ध्यान में रखकर इन संस्थाओं की स्थापना की गई होती है।

नशाबंदी केंद्रों में समूह कार्य (Group Work in De-addiction Centres)–नशा एक गंभीर सामाजिक समस्या है जो मानवता को प्रभावित करती है यहाँ तक कि यह तो पूरे समाज को ही नष्ट कर देती है। नशा करने वाले व्यक्ति के साथ समाज कार्य अंत:क्षेप का कार्य विभिन्न स्तरों पर किया जा सकता है, जैसे कि नियंत्रण, रोकथाम और उपचार। समाज समूह कार्य समाज कार्य की अन्य प्रणालियों के साथ इस क्षेत्र में प्रमुख भूमिका निभाता है। चिकित्सा समूह इनके उपचार के लिए बहुत महत्त्वपूर्ण हैं। मादक द्रव्य दुरुपयोग करने वालों के लिए समूह कार्य का एक उदाहरण गुमनाम शराबी हो सकता है। समान समस्याओं से पीड़ित सदस्य ए ए का गठन करते हैं, अपने अनुभवों के समान प्रयोग से एक-दूसरे की सहायता करते हैं तथा एक-दूसरे को प्रोत्साहित, मार्गदर्शन और उत्साहवर्द्धन करते हैं। सबसे पहले एक व्यसनी को नि:विंशिकरण की प्रक्रिया में डालना और उसके बाद उसे ए ए समूह में डालना है। व्यक्ति ए ए समूह में विभिन्न स्तरों के माध्यम से गुजरता है जो कि जागरूकता निर्माण, समस्या की स्वीकृति तथा स्वाग्राही प्रशिक्षण में पहुँचने के बाद उपचार पूर्व हो जाता है। व्यसनी के परिवार के सदस्यों के लिए समूह क्रियाकलाप किए जा सकते हैं।

इस समूह की गतिविधियों के माध्यम से उनकी समस्या समाधान की क्षमता बढ़ाई जा सकती है और भावनात्मक सहयोग उपलब्ध कराया जा सकता है।

परिवार चिकित्सा समूह कार्य का एक अन्य स्वरूप है, उपचार में कभी-कभी इसका प्रयोग

भी किया जाता है। इस तकनीक के अन्तर्गत समूह कार्यकर्त्ता संपूर्ण परिवार से मिलता है और समूह के रूप में एक साथ बैठ कर उनकी समस्या का अध्ययन करता है। समूह कार्य का यह अभ्यास संपूर्ण भारत के नशाबंदी केंद्रों में देखा जा सकता है।

युवा कल्याण के लिए समूह कार्य (Group Work for Youth Welfare)

सन् 1947 में राजनैतिक स्वतंत्रता प्राप्त करने के पश्चात् भारतीय युवा वर्ग की उन्नति एक निश्चित स्थान पर स्थापित हो गई है। राजनैतिक दल लगातार विद्यार्थी नेतृत्व को महत्त्व दे रहे हैं। सभी विश्वविद्यालयों और कालेजों में विद्यार्थी विंग स्थापित किए गए थे, ये समूह संगठित प्रयासों के माध्यम से विद्यार्थी समुदाय की सामान्य आवश्यकताओं और समस्याओं पर ध्यान केंद्रित कर उनका समाधान निकालते हैं। स्वतंत्र भारत में कुछ युवा संगठन राष्ट्र निर्माण के लिए युवा शक्ति को संगठित कर उसका उपयोग कर रहे हैं जैसे कि युवा समाज, एन.सी.सी. भारी संख्या में ग्रामीण युवा क्लबों की स्थापना इत्यादि। कुछ गैर सरकारी युवा और विद्यार्थी संगठनों जैसे कि वर्ष एम.सी.ए. वाई.डब्ल्यू.सी.ए. स्काउट्स और गाइड्स इत्यादि का उद्गम हुआ है। नेहरू युवक केंद्र की स्थापना 1972 में हुई, यह छठी पंचवर्षीय योजना का एक भाग था जिसका भारत में समूह कार्य के ऐतिहासिक विकास के संदर्भ में वर्णन किया जा सकता है।

विद्यालयों में समूह कार्य (Group Work in Schools)

इन दिनों में विद्यालय समाज कार्य एक महत्त्वपूर्ण मुकाम पर पहुँच गया है। आज अधिकतर निजी विद्यालयों में विद्यालय समाज कार्यकर्ता कर्मचारियों की नियुक्ति की गई है तथा इनका बच्चों के व्यक्तित्व विकास के पक्षों पर विशेष बल दिया जा रहा है। अधिकतर विद्यालयों में कार्य प्रधान समूहों का निर्माण होता है। संपूर्ण समूह सामान्य लक्ष्य की ओर अग्रसर होता है और कार्यकलापों को इस तरह से नियोजित किया गया है कि समूह गतिविधियों के माध्यम से समूह लक्ष्य तथा इसी तरह से व्यक्तिगत लक्ष्य प्राप्त करने के लिए एक साथ कार्य करें। इनके कार्य क्षेत्र में मुख्यत: कार्य कैरियर मार्गदर्शन, प्रोत्साहन, जागरूकता, मूल्य शिक्षा, नेतृत्व निर्माण करना, टीम कार्य इत्यादि है। समूह कार्य अभ्यास का उद्देश्य बच्चों को अपने अनुभवों और गलतियों से कार्यशाला के दौरान अवगत कराना है। भारत में कुछ विद्यालयों में समूह कार्य का उपयोग बहुत प्रभावशाली ढंग से हो रहा है। जैसे कि टी आई स्कूल चैन्नाई, गुड शेफर्ड स्कूल, चॉइस स्कूल, कोचीन, क्राइस्ट नगर स्कूल, त्रिवेंद्रम इत्यादि।

अस्पतालों में समूह कार्य (Group Work in Hospitals)

चिकित्सकीय और मनोचिकित्सकीय स्थापन, दोनों अस्पतालों में समूह कार्य, अभ्यास समाज कार्य अभ्यास का एक अभिन्न अंग है। भारत में सर्वप्रथम चिकित्सा समाज कार्यकर्त्ता की नियुक्ति 1930 के दशक में जे.जे. अस्पताल, मुंबई में हुई थी। अधिकतर अस्पतालों में उपचार समूह उपलब्ध होते हैं। कौशल विकास के लिए संभावित रोगियों के लिए समूह कार्य तकनीकों का प्रयोग मनोचिकित्सकीय स्थापनों में किया जाता है। यह उनके परिवारों को भावनात्मक सहयोग उपलब्ध कराने के लिए किया जाता है तथा रोगी के प्रति किस प्रकार के दृष्टिकोण को अपनाना तथा उनको किस तरह से सांत्वना देना या जागरूक करना है और किस प्रकार से सामाजिक कलंक और तनाव से निपटना है, के बारे में उनको जानकारी देता है।

इसी प्रकार समूह कार्य अभ्यास चिकित्सा स्थापना में प्राय: होता रहा है, विशेषकर अत्यंत

गंभीर रोगों की स्थिति में इसका प्रयोग किया जाता है। आजकल नवजात शिशु प्रसव क्लीनिक्स और मधुमेह क्लीनिक्स में समूह कार्य अभ्यास सामान्य हो गया है। समूह कार्य का अभ्यास आज अस्पतालों में पहले से बहुत अधिक होते हुए दिखाई दे रहा है, जैसे हम कुछ अस्पतालों के नामों का उल्लेख कर रहे हैं– जे. जे. अस्पताल–मुंबई, गवर्नमेंट जनरल हॉस्पीटल-चैन्नई, विमहंस -बैंगलोर इत्यादि।

गैर-सरकारी संगठनों द्वारा समूह कार्य (Group Work by NGOs)–भारत में हमेशा ही समाज कल्याण के क्षेत्र में गैर-सरकारी क्षेत्र अत्यन्त शक्तिशाली रहा है। गैर-सरकारी संगठन सस्थानीयकरण की प्रक्रिया और समुदायों के माध्यम से विशेष लक्ष्य वाले समूहों को सेवा उपलब्ध कराने में हमेशा अत्यधिक सक्रिय रहे हैं। विभिन्न लक्ष्य समूहों को संस्थागत सेवाएँ उपलब्ध कराई जाती हैं, जैसे कि महिलाएँ, बच्चे वृद्ध, मानसिक या शारीरिक विकलांग लोग। इन सभी केंद्रों में, समाज कार्यकर्त्ता कौशल विकसित करना, आत्मविश्वास पैदा करना, और आत्मप्रतिष्ठा, प्रोत्साहन, उपलब्धि का लक्ष्य, जागरूकता निर्माण करना और संक्षेप में समाज कार्य का संपूर्ण विकास समूह कार्य दृष्टिकोण को अपनाया जाता है। इस प्रकार के संगठनों के उदाहरण स्पेस्टिक सोसाइटी ऑफ इंडिया, स्कार्फ, चैन्नई, आशा-होम फॉर मेंटली चैलेंज्ड चिल्डर्न, बैगलौर, एग बी फाउंडेशन फोर स्ट्रीट चिल्डर्न, हैदराबाद इत्यादि।

सुधारात्मक संस्थानों में समूह कार्य (Group Work in Correctional Institutions)–सरकारी संस्थान वंचित लोगों और उपेक्षित समूहों में समाज कार्य अंत:क्षेप के लिए आवश्यकताओं के बारे में अच्छी तरह से जानती है। इसके परिणामस्वरूप सभी सरकारी होम में इस प्रकार की श्रेणी के समाज कार्यकर्त्ताओं की नियुक्तियाँ की गई हैं। समूह कार्य प्रवृत्ति परिवर्तन, व्यवहार संशोधन या सुधार लक्ष्य निर्धारित करना, समूह परामर्श करना, इत्यादि का प्रयोग किया जाता है। अन्य सरकारी गृह जैसे कि बच्चों के गृह, महिलाओं के लिए गृह, मानसिक रोग इत्यादि में भी समाज कार्यकर्त्ताओं की नियुक्तियाँ की हैं। भारत में सरकारी गृहों के प्रमुख के रूप से समूह कार्य अभ्यास अधिक प्रभावकारी नहीं रहा है, क्योंकि यहाँ नौकरशाह के कार्य विपरीत प्रभाव डालते हैं।

प्रश्न 12. सामुदायिक स्थापन/परिवेश में समूह कार्य का वर्णन कीजिए।

अथवा

निम्नलिखित पर टिप्पणी कीजिए।

(1) आंगनवाड़ी

उत्तर– भारत सरकार ने आई.सी.डी.एस परियोजना के तहत 1975 में राष्ट्रीय बाल नीति के तहत आंगनवाड़ी को क्रियान्वित किया। यह समूह कार्य समुदाय स्थापन में सशक्तिकरण की प्रमुख प्रणाली है। सामुदायिक संगठन, लघु समूहों को सूत्रबद्ध करने और उनके निर्माण के माध्यम से अपना लक्ष्य प्राप्त कर सकते हैं। समुदाय स्थापन में समूह कार्य के कुछ विशिष्ट उदाहरण नीचे दिए जा रहे हैं। यह उच्च सफल परियोजना है। आंगनवाड़ी के माध्यम से ग्रामीण समुदाय में बच्चों

और महिलाओं की शैक्षिक और स्वास्थ्य आवश्यकताओं को पूरा किया जाता है। आंगनवाड़ी में बच्चों को प्राथमिक शिक्षा और भोजन उपलब्ध कराया जाता है। आंगनवाड़ी के कार्यकर्ता द्वारा स्थानीय क्षेत्र की महिलाओं के समूहों को स्वास्थ्य शिक्षा उपलब्ध कराई जाती है। ये गर्भवती महिलाओं और सात वर्ष की आयु तक के बच्चों के लिए स्वास्थ्य और पोषण पर ध्यान देते हैं। स्थानीय क्षेत्र में किशोर बालिकाओं के लिए जागरूक कार्यक्रमों और विकासात्मक कार्यक्रमों का आयोजन किया जाता है। अत: यह देखा गया है कि समुदाय आधारित कार्यक्रम में, लक्ष्य समूहों के विकास के लिए समूह कार्य प्रणाली और उनके साधन हैं।

(2) स्व सहायता समूह

उत्तर– समुदाय स्तर पर स्व-सहायता समूह (Self help group) समूह कार्य की एक लोकप्रिय तथा आम प्रणाली है। स्व-सहायता समूह ग्राम विकास के उद्देश्यों को प्राप्त करने का जीवन श्रम विकल्प है तथा सभी ग्राम विकास कार्यक्रमों में सामुदायिक भागीदारी के लिए समुचित अवसर प्रदान करता है। एस.एच.जी. एक जीवन श्रम संगठन है जिसकी स्थापना उद्यमी क्षेत्र में प्रवेश करने, उनमें साहस पैदा करने के लिए ग्रामीण महिलाओं को सूक्ष्म ऋण देने के लिए की गई थी।

स्व-सहायता समूह एक जैसे लोगों के द्वारा अपनी इच्छा व सहमति से बनाया गया संगठन होता है जहाँ सदस्य लोग अपनी समस्याओं अथवा आवश्यकताओं को आपस में एक-दूसरे से बाँटते हैं। यह मौजूद संगठनों या संस्थाओं या समूहों के अन्य प्रकारों के द्वारा सहायक या संचालित नहीं होते हैं। एक स्व-सहायता समूह का व्यापक लक्ष्य अपने सदस्यों और समाज के लिए वैयक्तिक तथा सामाजिक परिवर्तन करना होता है। ये सभी समूह अपने सदस्यों के बीच आमने-सामने अंत:क्रिया करते हैं तथा मूल्य या आदर्श व विचारधारा पर विशेष बल देते हैं जो सदस्य की पहचान की व्यक्तिगत विचारधारा पर आधारित होती है।

इस प्रकार के समूह महिलाओं व समाज के विकास में महत्त्वपूर्ण भूमिका निभाते हैं। एस.एच.जी. लघु ऋण प्रदान करने में भी महत्त्वपूर्ण भूमिका निभाते हैं। एस.एच.जी. उद्यमी बनने के उद्देश्य से ग्रामीण महिलाओं को लघु ऋण उपलब्ध कराता है तथा इन्हें उद्योगीकरण की गतिविधियों में सम्मिलित होने के लिए उत्साहित करता है। इनकी ऋण की आवश्यकताएँ एस.एच.जी. के माध्यम से पूरी की जाती हैं। महिलाएँ सफलतापूर्वक स्व-सहायता समूह का संचालन कर रही हैं, वे जानती हैं कि किस प्रकार से गतिशील व मितव्यता से प्रबंध करना है, ऋण-अनुशासन किस्त बनाई जा सकती है, उसे वे सफलतापूर्वक पूरा कर रही हैं। अत: स्व-सहायता समूह उद्यम संबंधी गतिविधियों का कार्य लघु स्तर पर होता है और उसमें न्यूनतम पूँजी की आवश्यकता होती है। स्व-सहायता समूह के माध्यम से महिलाओं का स्तर पूरी तरह से समृद्ध होता है जैसे कि भागीदारी, निर्णय लेने और लोकतांत्रिक, आर्थिक, सामाजिक तथा जीवन की सांस्कृतिक क्षेत्रों में समान रूप से हिस्सा तथा लाभ मिलता है।

स्व-सहायंता समूह इतने सफल क्यूँ है? इस प्रश्न के उत्तर के लिए डॉ. वी.एस. नाग राजन एवं एन. ललिता ने तमिलनाडु के तीन जिलों डिंडीगुल, मदुराई व तथेनी का गहन अध्ययन किया। यह अध्ययन तथ्यों के विस्तृत साक्ष्य प्रस्तुत करता है कि स्व-सहायता समूह के रूप में यह महिला

संगठन, संगठनात्मक बचत की कार्यनीतियों, अपने संसाधनों का प्रयोग करते हुए अनुवर्तनीय ऋण जमा, लेन-देन व्यवस्था, स्थायी अंत:क्रिया की सुविधाएँ प्राप्त करना, सूचनाओं का आदान-प्रदान करना, बाहरी स्रोतों और सरकारी कार्यक्रमों के साथ स्व-सहायता समूह से संबंधित आंतरिक और बाहरी समूहों के साथ गतिशीलता और जानकारी में वृद्धि करने के माध्यम से निश्चित रूप से महिलाओं की आर्थिक और सामाजिक सशक्तिकरण के बीज बो दिए गए हैं।

(3) कुटुंवक्षी

उत्तर– सन् 1998 में केरल सरकार द्वारा कुदुम्बश्री की स्थापना की गई थी। वर्तमान में कुदुम्बश्री स्वयं ही देश में विशाल-सशक्त परियोजना के रूप में समृद्ध और विकसित हो गई है। कुदुम्बश्री का लक्ष्य केवल आर्थिक सुधार करना ही नहीं है। उसका श्रेष्ठ उद्देश्य यह है कि गरीबों को इस तरह से मजबूत और शक्तिशाली बनाया जाए कि वे स्वास्थ्य, शिक्षा और सांस्कृतिक गतिविधियों में स्वयं ही अपने प्रयासों से सुधार करें व अपनी स्थिति को उन्नत और विकसित करने में सफल हों। इन दिनों कुदुम्बश्री केरल की नई महिला पीढ़ी के लिए शक्ति का स्रोत और संसाधन है। यह महिला सशक्तिकरण संगठन की स्थापना सरकार द्वारा महिला शक्ति को मजबूत करने तथा उन्हें सही मार्ग प्रदर्शित करने के लिए की गई ताकि वे अपना आत्मविश्वास विकसित कर सकें और स्वतंत्र रूप से अपने जीवन के मार्ग में स्वयं सुधार कर उसे महत्त्वपूर्ण बना दें। आज इस प्रयास के माध्यम से केरल में महिलाओं का 90 प्रतिशत से अधिक वर्ग इस कुदुम्बश्री की सदस्यता प्राप्त करके तथा इसमें सक्रिय भाग लेकर स्व-आत्मविश्वास प्राप्त कर चुका है।

कुदुम्बश्री की सदस्य महिलाओं ने अपने जीवन में उन्नति एवं विकास की ओर अग्रसर होकर समाज में प्रतिष्ठा प्राप्ति की है। अब ये महिलाएँ अपने अधिकारों के प्रति पहले से अधिक सजग और स्वस्थ जीवन जीने के लिए सही मार्ग पर चल रही हैं। ये महिलाएँ, चाहे निम्न समाज या जाति की हों, इनमें अन्य महिलाओं या लोगों से अधिक साहस पैदा हुआ है और आत्मविश्वास के साथ जीवन का नेतृत्व करने में क्षमता ग्रहण की है। इन महिलाओं का मार्गदर्शन किया जाता है कि वे अपनी बचत करके और योजना सहित अपनी वित्तीय स्थिति में सुधार करें तथा उसे उन्नत बनाएँ। कुदुम्बश्री महिलाओं में पढ़ने की आदत डालती है, उन्हें चर्चा करने के कौशल सिखाए जाते हैं तथा श्रेष्ठतम निर्णय लेने की गुणवत्ता को विकसित करने के लिए पाठ पढ़ाए जाते हैं। इसके साथ ही उन्हें प्रोत्साहित किया जाता है कि वे निरक्षर महिलाओं को साक्षर बनाने में उनकी सहायता और भरपूर सहयोग प्रदान करें। बहरहाल, संक्षेप में यह कह सकते हैं कि इस सामाजिक संगठन ने महिलाओं के भविष्य का सुनहरी मार्ग प्रदान करने में भरपूर प्रयास किए हैं तथा उनके सशक्तिकरण का मुख्य साधन व स्रोत सिद्ध हुआ है। वर्तमान में कुदुम्बश्री की हजारों सदस्य हैं जो उज्ज्वल दृष्टि के साथ भविष्य में उनके जीवन को नया परिदृश्य उपलब्ध करा रहे हैं।

एक व्यावसायिक पत्रिका की रिपोर्ट के अनुसार कुदुम्बश्री ने अपनी गतिविधियों को विस्तृत और व्यापक बनाने का निर्णय लिया है। वे घरेलू कूड़ा-कचरे को एकत्रित करेंगे और उसको संसाधित व उपभोक्ता उत्पादन करके बाजारीकरण करना आरंभ करेंगे। कुदुम्बश्री की कम से कम सात इकाइयों से अधिक ने 15 अप्रैल से इस कार्यक्रम को आरंभ करने का निर्णय लिया है। स्थानीय निकायों के ओमबड्समैन न्यायमूर्ति श्री के.जी. राधाकृष्णन मेनन ने निर्देशन देते हुए कहा है कि

कोची निगम परिवारों से कूड़ा-कचरा एकत्रित करने तथा संसाधित करने का कार्य इन इकाइयों के सुपुर्द करेंगी। वर्तमान में इस तरह की सात इकाइयाँ नगर/शहर में अपना कार्य कर रही हैं। कुदुम्बश्री इकाइयाँ चाहती हैं कि निगम उन्हें कूड़ा-कचरा संसाधित करने के लिए भूमि की पहचान करते हुए उन्हें आवंटित करें तथा इसमें सहायता दे। इस कार्य के लिए प्रत्येक इकाई को कम से कम 20 स्क्वायर फिट से 50 स्क्वायर फिट भूमि की आवश्यकता होगी। कुदुम्बश्री के वरिष्ठ अधिकारियों ने कहा है कि वे आवासीय संस्थाओं से सहयोग चाहती है कि वे अपने संचालन के क्षेत्रों में विस्तार करना तथा कूड़ा-कचरा एकत्रित करने के बदले में इसके लाभ वाले परिवारों से शूल्क लेने को निश्चित कराना चाहते हैं। परिवारों से एकत्रित किया गया कूड़ा-कचरा नगर में रद्दी वालों या कूड़ा-कचरा खरीदने वालों को बेच दिया जाएगा।

प्राधिकारी लोग, नगर में आवासीय संस्थाओं के साथ परिचर्चा के लिए बैठक करने की योजना बना रहे हैं। ताकि संस्थाओं को कूड़ा-कचरा एकत्रित करने के लिए कुदुम्बश्री की इकाइयों से संबद्ध और सहयोग देने के लिए उन्हें भी इस कार्य में सम्मिलित किया जा सके। कुदुम्बश्री की यह भी योजना है कि वे अपने नेटवर्क के माध्यम से उत्पादों को बाजार में बेचें। नगर या शहर में इसका तीव्रता से निर्माण किया जा रहा है। जिला प्राधिकारीगण इन इकाइयों के सदस्यों को व्यावसायिक रूप से चुनौतियों का सामना करने के लिए तथा उन्हें कौशलों द्वारा सक्षम बनाने के लिए व्यवहारात्मक प्रशिक्षण तथा व्यक्तित्व विकास कार्यक्रमों में शामिल होने और प्रशिक्षण देने के लिए प्रतिबद्ध हैं ताकि वे व्यावसायिक चुनौतियों का सामना करने में सक्षम हो जाएँ। अधिकारियों ने कहा है कि उन्हें पहचान-पत्र दिए जाएँगे तथा सामान्य लोगों के बीच उनकी स्वीकार्यता को निर्मित करने, टीम के सदस्यों के लिए महत्त्वपूर्ण कदम उठाए जाएँगे। टीम के सदस्यों को पारियों में अपना कार्य करना होगा तथा उन्हें लाभ प्राप्त करने वाले परिवारों से बिल भुगतान और एकत्रित करने के कार्यों को निष्पादित करना होगा। एक बार कार्यक्रम पर नियंत्रित हो जाने के पश्चात् निगम के सफाई कर्मियों का कार्यभार व दबाव कम हो जाएगा, क्योंकि वे इकाइयाँ परिवारों से कूड़ा-कचरा एकत्र करके प्रबंध और देखभाल करेंगी।

प्रश्न 13. समाज कार्य के अभ्यास में निर्धारित मूल विशेषताओं का वर्णन करते हुए इसके लाभ एवं हानियों का वर्णन करें।

अथवा

समूह कार्य के लाभ क्या हैं?

अथवा

समूह कार्य के क्या गुण दोष हैं?

अथवा

समूह कार्य के गुण एवं दोषों की चर्चा कीजिए।

उत्तर– समाज कार्य क्या है? इसके उत्तर में अनेक विद्वानों ने अलग-अलग परिभाषाएँ दी

हैं। नेशनल एसोसिएशन और सोशल वर्कर्स ने 1956 में समाज कार्य की एक परिभाषा तैयार की। इस परिभाषा में समाज कार्य की कुछ मूल विशेषताओं को निर्धारित किया गया था। ये आवश्यकताएँ इस प्रकार हैं–

(1) मूल्य

(2) उद्देश्य

(3) अनुमोदन स्वीकृति

(4) ज्ञान

(5) प्रणाली

(1) मूल्य (Values)–समाज कार्य के मूल्यों का निर्धारण मानवता एवं लोकतंत्र के मूल्यों को ध्यान में रख कर किया गया है। जिसमें उसकी प्रतिष्ठा, उसका स्तर, उसके पद को ध्यान में न रखते हुए, उनके कार्यों को मान्यता दी गई है। समाज कार्य समानता, न्याय और स्वतंत्रता में विश्वास रखता है। सामाजिक चुनौती पूर्ण ढाँचा, संस्थाएँ तथा अभ्यास जो कि व्यक्ति, समूहों और समुदायों को इन लक्ष्य प्राप्त करने में बाधा डालती है इसलिए यह कहा जा सकता है कि मानव अधिकार मूल्य समाज कार्य मूल्यों के भी महत्त्वपूर्ण हिस्से हैं। एक अन्य महत्त्वपूर्ण मूल्य यह है कि प्रत्येक व्यक्ति चाहे वह स्त्री हो या पुरुष अपनी समस्याओं का हल करने के लिए समर्थ है। यह सामर्थ्य उसे उत्तराधिकार में मिला है अतः यदि उसे ठीक-ठाक स्थितियाँ उपलब्ध कराई जाएँ तो वह अपनी समस्याओं का स्वयं ही आसानी से समाधान निकाल सकता है। समाज कार्य के मूल्यों को व्यावसायिक नैतिकता के रूप में संहिताबद्ध किया जाना चाहिए और उनको व्यावसायिक निकायों द्वारा लागू किया जाना चाहिए। समाज कार्य के सिद्धांत जैसे कि स्वीकार्यता का सिद्धांत, वैयक्तिक, आत्मनिर्णय, गोपनीयता, निलिप्त पूर्वानुमान प्रवृत्ति तथा नियंत्रित भावनात्मक लगाव के इन मूल्यों से लिए गए हैं।

समूह कार्य, मूल्य समाज कार्य के मूल्यों की तरह ही हैं। गिसले कोनोप्का (Giselle Konopka) समूह कार्य से संबंधित तीन मानविकी तत्त्वों का वर्णन करते हैं। ये है–(क) व्यक्ति स्वयं महत्त्वपूर्ण है (ख) लोग एक-दूसरे के प्रति उत्तरदायी हैं (ग) लोगों को मानसिक स्वास्थ्य अनुभव करने का मूल अधिकार है, जिसे सामाजिक राजनैतिक स्थितियों से प्राप्त किया जाता है जो कि उनको पूरा करने में अपना सहयोग प्रदान करते हैं।

इन मूल्यों को समूह कार्य के अभ्यास में प्रत्यक्ष देखा जा सकता है। समूह कार्य, सदस्यों की स्वैच्छिक भागीदारी पर बल देता है। कई बार समूह कार्यकर्त्ता अनैच्छिक समूहों के साथ काम करते हैं जब कभी संस्था/अभिकरण की माँग हो, परंतु यह कोई मानक नहीं है। दूसरे सामाजिक कार्यकर्त्ता स्वयं निर्णय लेने के सिद्धांत को महत्त्व देते हुए निर्णय लेते हैं। समूह कार्यकर्त्ताओं द्वारा समूह सदस्यों को प्रोत्साहित किया जाता है ताकि वे समूह क्रियाकलापों की योजना और उनको लागू करने में भागीदारी की माँग करते हैं। यहाँ तक कि यदि कार्यकलापों की प्रभावकारिता के संबंध में समूह और कार्यकर्त्ता असहमति व्यक्त कर सकते हैं, कार्यकर्त्ता कभी भी अपने निर्णय

को समूह पर थोप नहीं सकते हैं। समझौता और चर्चा दोनों साधन हैं जिन्हें कार्यकर्त्ता समूहों को समझने के लिए ध्यान में रखते हैं। इसी तरह से समूह से संबंधित निर्णय लोकतांत्रिक प्रणाली के प्रयोग द्वारा ही लिया जा सकता है। सभी सदस्यों के मत और भावनाओं जिनका उन्होंने समूह में प्रदर्शन किया है उन्हें गोपनीय रखा जाना चाहिए तथा उन्हें समूह से बाहर कभी भी नहीं बताया जाना चाहिए। बहरहाल, इस उद्देश्य को प्राप्त करने के लिए समूह कार्यकर्त्ता, केस कार्यकर्त्ता के विपरीत समूह सदस्यों पर निर्भर रहना पड़ता है। इसीलिए प्राय: गोपनीयता का प्रावधान संविदा में सम्मिलित किया जाता है। समाज कार्यकर्त्ता बच्चों के साथ काम करते समय भी गोपनीयता बनाए रखने का ध्यान रखते हैं, जो कि बहुत ही कठिन कार्य हैं।

(2) उद्देश्य (Purpose)–समूह कार्य एक ऐसा उद्देश्य मार्ग है जिसमें समाज को योगदान दिया जाता है और फिर उनसे वैद्यता प्राप्त की जाती है। लोग और एजेंसियाँ मूल्यांकन के द्वारा प्रणाली के रूप में समूहों को स्वीकार करते हैं कि समूह कार्य किस स्तर का है और उसने अपना लक्ष्य और उद्देश्य क्या रखा है और क्या उसे प्राप्त है?

अलान ब्राउन (Allan Brown-1992) के अनुसार समूह कार्य के निम्नलिखित उद्देश्य हैं।

(क) व्यक्तिगत मूल्यांकन (Individual Assessment)–व्यक्तिगत व्यवहार का मूल्यांकन करने के लिए समूहों का प्रयोग किया जाता है। इस मूल्यांकन का मूल आधार कार्यकर्त्ताओं के मूल्यांकन, सदस्यों के मूल्यांकन तथा समूह सदस्यों के मूल्यांकन द्वारा उपलब्ध कराए गए आँकड़ों पर आधारित होता है। समूह मूल्यांकन का प्रयोग बाल अपराध केंद्रों, आवासीय देखभाल केंद्रों तथा वृद्ध देखभाल केंद्रों से आँकड़े प्राप्त करने के लिए किया जा सकता है।

(ख) व्यक्तिगत सहायता और संरक्षण (Individual support and maintenance)–समूह उन सदस्यों को मनो-सामाजिक सहायता उपलब्ध कराते हैं जो तनावपूर्ण स्थितियों से गुजर रहे हैं। समूह द्वारा अशक्तता, मनोभ्रम रोगियों की देखभाल करने वालों को और उन विद्यालयों को, जिन्हें शिक्षा ग्रहण करने में कठिनाइयाँ आ रही हैं उनकी सहायता की जा सकती है।

(ग) व्यक्तिगत परिवर्तन (Individual change)–

(i) व्यक्ति के विचलन या पथभ्रष्ट होने पर उस पर नियंत्रण करना। उदाहरण के लिए, बच्चों के साथ दुर्व्यवहार करने वालों को व्यवहार में प्रशिक्षण द्वारा नियंत्रण में लाया जा सकता है।

(ii) समुदाय में रहने के लिए सामाजिक कौशलों को सीखने के लिए व्यक्ति का सामाजीकरण करना।

(iii) अंत:वैयक्तिक संबंधों में सुधार

(iv) आर्थिक क्षेत्र में सुधार। उदाहरण के लिए स्व-सहायता समूह।

(v) अच्छी स्व-संकल्पना और भावनाओं को विकसित करना। उदाहरण के लिए,

सामान्य समस्याओं पर चर्चा करने के लिए आस-पड़ोस की महिलाओं के साथ चर्चा करना।

(vi) समूह और टी समूहों की प्रतिक्रिया या प्रतिरोध में व्यक्ति की संवृद्धि और विकास करना।

(घ) शिक्षा, सूचना देना तथा प्रशिक्षण समूह।

(ङ) मनोरंजन और आनंद प्राप्त कराने के लिए आराम अनुपूरन के लिए समूह।

(च) व्यक्ति और सामाजिक व्यवस्था के बीच मध्यस्थता करना। उदाहरण के लिए, समूह कार्यकर्त्ता प्रशिक्षण के माध्यम से रोगियों को एजेंसी के बाहर रहने के लिए तैयार कर सकता है।

(छ) समूह परिवर्तन या सहयोग। स्वभाविक या मौजूदा समूहों के साथ कार्य करते हुए समूह के विशिष्ट पहलू में सूधार करना या उसको विकसित करना अथवा समस्याओं का समाधान करना। उदाहरणार्थ परिवार उपचार जिससे संचार में सुधार होता है।

(ज) पर्यावरण परिवर्तन के लिए स्थापित समूह सरकार और गैर-सरकारी संगठनों से सुविधाओं और सेवाओं की माँग कर सकते हैं।

(झ) सामाजिक परिवर्तन। इस तरह के समूह अपने सदस्यों को जागरूक कर सकते हैं ये उन्हें संगठित कर समाज में व्याप्त अन्यायपूर्ण ढाँचे को बदलने के लिए संपर्क कर सकते हैं।

(3) अनुमोदन/स्वीकृति (Sanction)—समाज समूह कार्य को समाज कार्य प्रणाली के रूप में स्वीकृति दी है, जिसे विभिन्न व्यावसायिक निकायों द्वारा प्राथमिक प्रणाली के रूप में अनुमोदित किया है। इनमें नेशनल एसोसिएशन ऑफ सोशल वर्कर्स, ब्रिटिश एसोसिएशन ऑफ सोशल वर्कर्स, ऑस्ट्रेलियन एसोसिएशन ऑफ सोशल वर्क तथा अन्य शामिल हैं।

समूह कार्य को समाज कार्य के विभिन्न स्थापनों में प्रयोग किया जाता है। इनमें हैं स्वास्थ्य स्थापन, विद्यालय स्थापन, उद्योग, परिवार, और बाल एजेंसियाँ व्यसन निषेध केंद्र, समुदाय वृहद आश्रम और बाल सुधार गृह।

(4) समूह कार्य शिक्षा (Group Work Education)—विश्व के विभिन्न देशों में समाज कार्य के विद्यालयों में समाज समूह कार्य की उपस्थिति या स्थिति पर एक अंतर्राष्ट्रीय अध्ययन के साक्ष्य निम्न प्रकार हैं। यह सर्वेक्षण 135 विद्यालयों के 2497 संकाय अध्यापक और 174 (70%) समूह कार्य के अध्यापकों में किया गया। इसके अंतर्गत समूह कार्य को अलग पाठ्यक्रम और सामान्य पाठ्यक्रम के एक हिस्से के रूप में अध्ययन किया गया था। अधिकतर स्थानों में समूह कार्य का दबाब या जोर, व्यक्ति की आवश्यकताओं पर केंद्रित रहा, जैसे कि सहायता, उपचार और आत्मविकास प्रमुख विषय रहा। (मायादास)

भारत में, विश्वविद्यालय अनुदान आयोग के मॉडल पाठ्य चर्चा में समूह कार्य को अलग पेपर के रूप में स्वीकार किया गया है। भारत के अधिकतर विश्वविद्यालयों में और महाविद्यालयों

में समूह कार्य को एक प्रणाली के रूप में पढ़ाया जाता है।

(5) प्रणाली (Method)–प्रणाली का अर्थ "चीजों के निष्पादन की एक विधि है" यह कौशलों और तकनीकों का समूह या संग्रह है।" परंतु प्रत्येक व्यक्ति अपने तरीके से इन कार्यों का निष्पादित करता है जो उसके (स्त्री-पुरुष) कार्य सिद्धांतों पर आधारित होता है। उसकी परिकल्पना उसके कार्यों की स्थिति से संबंधित होती है।

प्रणाली का प्रयोग एक गैर-व्यावसायिक के स्वत: परिवर्तित कार्यों से अलग होता है। ये निम्न प्रकार से भिन्न हो सकता है।

(क) यह व्यवसाय की मूल्य पद्धति है जो सदस्यों की सर्वसम्मति से निर्मित होता है।

(ख) उपचार के लक्ष्य को प्राप्त करने के लिए व्यवसाय के द्वारा प्रणाली का प्रयोग सोच समझकर और उद्देश्यपूर्ण ढंग से किया जाता है।

(ग) इसके अभ्यास में ज्ञान के आधार पर सहयोग प्रदान किया जाता है जिसमें व्यावसायियों द्वारा किए गए अनुसंधान माध्यम से सतत् वृद्धि की जाती है अथवा इसको संवृहद किया जाता रहता है।

(घ) इसे प्रणाली के रूप में योग्य प्राधिकारियों द्वारा मान्यता प्रदान की जाती है।

(ङ) इस प्रणाली के अभ्यास के माध्यम से लाभार्थियों और समाज की सहायता की जाती है।

स्केवार्टज (Schwrtz) के अनुसार इस व्यवसाय में तीन विशेषताएँ शामिल होनी चाहिए।

(क) समाज में कार्य निष्पादन करने से उत्तरदायित्व स्थापित होता है।

(ख) इस कार्य के निष्पादन में कार्यकलापों के कुछ प्रकार शामिल हैं–कार्यों के करने के कुछ व्यवस्थित तरीके।

(ग) यह कार्य उस व्यवस्था के अंतर्गत निष्पादित किए जाएँ जहाँ ये घटित होते हैं।

स्केवर्टज पुन: कहता है कि "प्रणाली क्रिया करने पर ही अपना कार्य करती है।"

हमारे समाज में समाज कार्य के क्या कार्य होते हैं?

स्केवार्टज निम्नलिखित कार्यों की पहचान करते हैं–

(क) कलाइंट बोधगम्यता और उसकी अपनी आवश्यकता तथा सामाजिक माँग के पक्षों जैसे कि वह समझता है के बीच के धरातल की खोज की जाती है।

(ख) उन बाधाओं की पहचान की जाती है जो कि उन्हें अपने हितों तथा अन्य लोगों की आवश्यकता के बीच लोगों में तालमेल स्थापित करती है।

(ग) आँकड़ा-अनुमान, तथ्य, मूल्य संकल्पना उपलब्ध कराएँ जाएँ जो कि क्लाइंट को उपलब्ध नहीं होते हैं, जो कि उनकी समस्याओं को हल करने में सहायता कर सकते हैं।

(घ) क्लाइंट को नई सृष्टि (आशा) दी जाती है और भविष्य के बारे में उसमें आत्मविश्वास पैदा किया जाता है।

(ङ) क्लाइंट के साथ व्यावसायिक संबंधों को रखना।

(6) ज्ञान (Knowledge)–ज्ञान समझने की क्षमता द्वारा परिभाषित किया गया है।

समूह कार्य जिस ज्ञान पर आधारित है उसमें लगातार उन्नति हो रही है। समाज समूह के लिए ज्ञान के मुख्य स्रोत निम्न प्रकार हैं–

(क) अन्य विषयों से समूहों का ज्ञान (Knowledge of groups from other disciplines)–समाजशास्त्र, मनोविज्ञान और समाज मनोविज्ञान समूहों का अध्ययन करते हैं समूहों के अध्ययन के क्षेत्र में सी.एच. कूले (प्राथमिक और द्वितीय श्रेणी के समूह), जी.एच. मीड (समूह में और समूहों से बाहर) रॉबर्ट मेटर्न (संदर्भ समूह), कर्ट लेविन (बहु आयामी समूह) मोरेनो (सोसियोमेटरी), एल्टोन मायो (समूह का महत्त्व और प्रभाव) तथा सोईमेल सबसे अग्रणी हैं।

आस्के, सेशिफ फेसींगर, क्रेश्च तथा टुकमेन ने समूहों के संबंध में हमारे ज्ञान की वृद्धि करने में महत्त्वपूर्ण योगदान दिया है, इसका सदस्यों और विकास इत्यादि पर महत्त्वपूर्ण प्रभाव पड़ा है।

केस कार्य में एक अन्य महत्त्वपूर्ण स्रोत मनोविश्लेषणात्मक सिद्धांत या स्कूल है जिसके माध्यम से समूह उपचार में महत्त्वपूर्ण योगदान दिया गया है।

(ख) अभ्यासकर्ता से ज्ञान प्राप्त करना (Knowledge from the Practitioners)–गिसेला कोनोप्का, ग्रेस कोइले, जोश फाइन कलेइन, **गेस्टुड** विल्सन तथा ग्लेडिस रिलैंड ने समूह कार्य अभ्यास में पहले ही बहुत महत्त्वपूर्ण योगदान दिया है। इन्होंने अपने अनुभवों के दस्तावेज तैयार किए हैं जिनमें समूह कार्य के मूल अभ्यासों और नियमों को सूत्रबद्ध किया गया है। ग्रेस एल. कोमले (1948) ग्रुप-वर्क विद अमरीकन यू.एन.ए. गाइड टु रिप्रैक्टिस और लीडर स्मिथ, तथा गेस्टुड विल्सन और ग्लैडेस रिलैडंस (1949) सोशल ग्रुप वर्क प्रैक्टिस, दी क्रियटीव यूस ऑफ दि सोशल प्रोसेस यह पहले की मूल पुस्तकें हैं। वर्तमान में समूहों के ज्ञान को प्रसारित व प्रचारित करने के लिए सोशल वर्क विद ग्रुप्स, स्माल ग्रुप रिसर्च एंड ग्रुप वर्कर्स जैंट जरनल प्रकाशित किए जा रहे हैं।

(ग) अनुसंधान से प्राप्त ज्ञान (Knowledge from Research)–समूह कार्य में समाज कार्य से संबंधित अन्य क्षेत्रों की तुलना में बहुत ही कम अनुसंधान हुआ है। अधिकतर समूह कार्य साहित्य जो हमें उपलब्ध हैं वह व्याख्यानों की तरह का है या फिर अभ्यास के संदर्भ में विवरणात्मक साहित्य है। (मायादास एंड अदर्स इन ग्रेविन, 2004 ब्राउन 1992)। 1980 के दशक में समूह कार्य पर हुए अनुसंधान कार्य के अध्ययन से पता चलता है कि अधिकतर अनुसंधान कार्य बच्चों में परिसंज्ञान व्यवहारात्मक अंत:क्षेप जैसे विषयों पर हुए हैं। इसके अतिरिक्त अन्य

दृष्टिकोणों तथा अन्य क्लाइंट्स के संदर्भ में अनुसंधान बहुत कम हुए थे। इसके अलावा अन्य अनुसंधान जिन समूहों पर हुए हैं वे बहुत ही संक्षिप्त, उच्च ढाँचागत, सीमित समय और समलैंगिक व्यक्तियों/क्लाइंटों पर हुए हैं। इन अनुसंधानों के निष्कर्षों की प्रासंगिकता अन्य समूहों पर कितनी लागू होती है अथवा कितनी प्रासंगिक है, इसकी पूरी जानकारी के लिए और अधिक विश्लेषण करने की आवश्यकता है। भारत में हुए समूह कार्यों पर अनुसंधान की स्थिति भी इसी प्रकार की है। इस विषय पर बहुत कम पी.एच.डी. की गई हैं और वह भी नैदानिक (क्लीनिकल) हैं।

समाज कार्य अभ्यास में तीन मॉडल विकसित किए गए हैं। पोपल तथा रोथमैंन (1966) ने तीन मॉडलों का सुझाव दिया है–

उपचारात्मक (Remedial)–जहाँ पर कार्य/एजेंसी का व्यक्ति का सामाजिक अनुकूलन है।

पारस्परिकता (Reciprocal)–जहाँ पर आपसी सहायता को मजबूत या शक्तिशाली बनाना उसका उद्देश्य है तथा व्यक्ति और समाज के बीच मध्यस्थता करना है।

सामाजिक लक्ष्य (Social goals)–जहाँ पर सामाजिक न्याय मुख्य उद्देश्य हो जो प्राय: सामूहिक, सामाजिक क्रिया से सम्पन्न होता है। (मार्क स्मीथ, 2000)

अत: समाज समूह कार्य से संबंधित ज्ञान का विकास अवरित चल रहा है तथा किस प्रकार से अभ्यास के साथ इसे संबंधित किया जाए, इसके भरसक प्रयास किए जा रहे हैं।

समूह कार्य के ज्ञान में समूह कार्य अभ्यास के मूल्यांकन के लिए किए गए अनुसंधान साधनों या उपकरणों का विकास होने का कारण वृद्धि हुई है।

समूह कार्य के लाभ (Advantages of Group Work)–

(1) समूह वह प्राकृतिक स्थान है जहाँ लोग रहते व विकास करते हैं। परिवार, समान समूह, कार्य-स्थल के समूह और पड़ोसी समूह एक व्यक्ति के सामाजिक जीवन के केंद्र होते हैं। यह इन समूहों का हमारे व्यक्तित्व पर महत्त्वपूर्ण प्रभाव पड़ता है, तो समूह सदस्यों के व्यवहार को परिवर्तन करने में इनका प्रयोग क्यों नहीं कर सकते? समूह कार्य का उद्देश्य विभिन्न स्थापनों में इन उद्देश्यों का प्राप्त करना है।

(2) समूह सदस्य जिनके हित-लाभ और समस्याएँ समान रूप से एक जैसी हों, वे एक-दूसरे के अनुभवों और अपनी समस्याओं में सहभागीदार हो जाते हैं तथा एक-दूसरे की सहायता करके समस्याओं का समाधान करते हैं और जीवन सहज बनाने में योगदान करते हैं। आपसी सहायता तथा स्व-सहायता के सिद्धांत पर जोर दिया जाता है। समूह कार्य का मुख्य लाभ केस कार्य पर होता है, इसमें प्रत्येक सदस्य एक सहायक का रूप धारण कर लेता है और समूह में सहायता करता है। अत: सहायता करना और सहायता लेना दोनों ही समानता की भावनाओं से परिपूर्ण हैं।

(3) समूह सदस्य अपने सदस्यों में चेतना तथा जागरूकता पैदा करते हैं। यह लोगों की व्यक्तिगत समस्याओं को सार्वजनिक बना देते हैं और जब ये समस्याएँ सार्वजनिक बन जाती हैं

तो समस्या समाधान के लिए बहुत सारे लोग जुड़ जाते हैं, तथा समस्याएँ हल हो जाती हैं। इसके पश्चात् समस्या समाधान के लिए चर्चा, परिचर्चा की जाती है तथा कार्य योजना बनाकर उनको लागू किया जाता है।

(4) समूह सेवाएँ उपलब्ध कराने के संबंध में एजेंसी के अंदर सदस्यों के महत्त्वपूर्ण विचारों का प्रयोग किया जाता है।

(5) समूह कार्य लोकतांत्रिक सिद्धांतों को अपने अभ्यास में प्रदर्शित करने में सक्षम होता है।

(6) समूह कार्य लोगों के कुछ समूहों के लिए बहुत ही प्रभावकारी होता है, जैसे कि किशोर, बच्चे और महिलाएँ। ये समूह अपने-अपने समूहों में सहायता प्राप्त करके बहुत ही सहज महसूस करते हैं और अपनी जुड़े रहने की व सुरक्षित महसूस करने की आवश्यकताओं की पूर्ति करते हैं।

(7) समूह कार्य आर्थिक रूप से सहज तथा समय बचाने वाली प्रणाली/विधि है, क्योंकि इसमें एक ही समय में एक से अधिक सेवार्थियों के साथ कार्य किया जाता है।

समूह कार्य की हानियाँ (Disadvantages of Group Work) –

(1) समूह के साथ व्यक्तिगत जानकारी में साझीदारी होने के कारण गोपनीयता प्राप्त करना बहुत ही कठिन है।

(2) समूह का निर्माण करना बहुत ही कठिन हो सकता है। सदस्य समूह छोड़ कर चले जाते हैं, अनुपस्थित रहते हैं और सहयोग नहीं करते हैं जिसके कारण समूहों को समाप्त करना पड़ता है।

(3) एजेंसियाँ समूह कार्य में पूरी तरह से सहयोग नहीं करती हैं, क्योंकि वे स्वयं ही इसकी उपयोगिता पर स्पष्ट नहीं होती।

(4) समूह कार्य प्राय: सृजनात्मक कार्य नहीं करते, वे खेलों और मनोरंजन में समय बिता देते हैं तथा उपचार प्रक्रिया की उपेक्षा करते हैं।

(5) समूहों को संसाधनों की आवश्यकता होती है, जैसे कि सामान्य समय, स्थान और संसाधन।

(6) व्यक्तिगत रूप से ध्यान नहीं दिया जाता तथा सम्मिलित न होने वाले सदस्य अकेले पड़ जाते हैं अथवा एकाकी बन जाते हैं।

(7) इसके अतिरिक्त, समूह कार्य उस लांछना और भेदभाव को और बढ़ा सकता है जिससे सदस्यों को सामना करना पड़ता है, क्योंकि समूह के साथ संबंध होने से इनकी अलग पहचान बनती है जो समाज को सहन नहीं होती है।

(8) समूह कार्य में व्यावसासिक विशेषज्ञता प्राय: नदारद होती है तथा वहाँ पर सामान्य कौशल ही दिखाई देता है जो किसी भी सामान्य व्यक्ति में हो सकता है।

✦✦✦

अध्याय 2

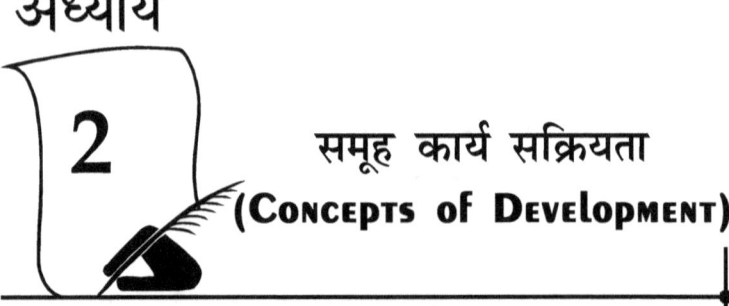

समूह कार्य सक्रियता
(Concepts of Development)

प्रश्न 1. सामाजिक समूह कार्य के संदर्भ में वैयक्तिक सक्रियता के सिद्धांत एवं समूह सक्रियता के सिद्धांत का वर्णन कीजिए।

अथवा

समूह घनिष्ठता से आप क्या समझते हैं?

अथवा

समूह की गतिशीलता के सिद्धांत पर चर्चा कीजिए।

अथवा

समूह संघर्ष को निपटाने में समूह गतिकी कैसे मदद करता है?

उत्तर— सामान्यत: सिद्धांत ऐसे तथ्यों का समूह होते हैं जो कि विश्वसनीय एवं युक्तिसंगत होते हैं, वैज्ञानिक रूप से सामान्य नियमों के रूप में स्वीकार किए जाते हैं तथा सबसे महत्त्वपूर्ण परिघटनाओं को स्पष्ट करते हैं। समूह कार्य के संदर्भ में सिद्धांत-संपूर्ण वैज्ञानिक स्वीकृत तथ्यों को प्रकट करने एवं व्यक्ति और उनके दूसरों के साथ संबंधों को समझने का एक स्वीकृत तथ्य है। इसलिए, समूह कार्य व्यक्ति और समूहों के संग्रह सार पर आधारित है।

वैयक्तिक सक्रियता के सिद्धांत (Theory of Individual Dynamics)— सामाजिक समूह कार्य में एक व्यक्ति को, मनो-विश्लेषणात्मक सिद्धांत तथा सामाजिक मनोविज्ञान और सामाजिक विज्ञान एवं सांस्कृतिक घटकों के आधार पर समझा गया है।

प्रारंभिक बाल्यावस्था के अनुभवों का महत्त्व (Importance of early childhood experiences)— प्रारंभ में शिशु केवल अपनी माँ से संबंध स्थापित करता/करती है। सर्वप्रथम परिवार के अंदर अंत:क्रिया के अनुभव अथवा बच्चे को बाहर से संपर्क मूल्यवान मानसिक और भावनात्मक शिक्षण अनुभव उपलब्ध कराए जाते हैं जिन्हें वह आगे जाकर अपने जीवन व दूसरों

पर लागू करता है एवं अपने घनिष्ठ पारिवारिक समूह के अलावा अपने हमजोलियों के साथ लागू करता है (कोनोप्का, 1963)। अत: इन अनुभवों का व्यक्तित्व के विकास पर गहरा असर पड़ता है।

मनुष्य के कार्य अचेतन अभिप्रेरणा एवं प्रकार से उसकी क्षमता के द्वारा किए गए सचेत एवं प्रासंगिक कार्य से प्रभावित होते हैं—यह संकल्पना प्रत्यक्ष रूप से समूह कार्य अभ्यास से संबंधित है। समूह कार्यकर्त्ता व्यक्ति सदस्यों को कार्यक्रम गतिविधियों में भागीदारी के लिए मार्गदर्शित करता है और कुछ व्यक्तिगत तथा सामाजिक आवश्यकताओं की पूर्ति के लिए समूह में सदस्यों को जोड़ता है। दूसरे शब्दों में कह सकते हैं कि आंतरिक दबावों पर नियंत्रण करने वाली क्षमता एवं अन्य संपूर्ण समूह कार्य के साथ सतत् अंत:क्रिया के द्वारा व्यक्ति की आंतरिक शक्ति को सशक्त बनाया जा सकता है।

द्वैधवृत्ति की संकल्पना (The concept of ambivalence)—मानव एक ही समय में एक ही व्यक्ति या स्थिति के प्रति दो विपरीत भावनाओं को अनुभव कर सकता है। परिवर्तन की स्थिति में वे परिवर्तन प्रक्रिया में शामिल होना चाहेंगे, किंतु उसी समय वे चाहेंगे कि परिवर्तन न हो ताकि उनकी यथास्थिति बनी रहे।

मानव का विकास सिद्धांत (Development theory of human being)—मानव अपने जीवन में विभिन्न स्थितियों या अवस्थाओं से गुजरता है। प्रथम वर्ष में जब बच्चा अपने वयस्कों के लाड़-प्यार में पलता है, उस समय उसमें विश्वास की अनुभूति पैदा होती है। इसके पश्चात् अगली अवस्था में स्वायत्तता की चेतना जागृत होती है। जब बच्चा अपनी स्व-निर्धारण सीमाओं को समझ लेता है। तीसरी, चौथी और पाँचवीं अवस्थाओं में प्रेरणा की चेतना या ज्ञान उद्योग का ज्ञान और पहचान की चेतना अलग-अलग रूप से पैदा होती है। घनिष्ठता की चेतना इसके पश्चात् आती है, यहाँ विपरीत लिंग के प्रति रुचि या आकर्षण और विवाह करने की चाहत का आरंभ हो जाता है। वयस्कता अभिभावक की चेतना की अवधि होती है।

अंतिम अवस्था समग्रता या सत्यनिष्ठा की चेतना होती है—जब एक अच्छा सत्यनिष्ठ व्यक्ति अपने आपको अन्य लोगों से अलग कर लेता है तथा अन्य लोगों से अपने को अलग मानने लगता है, इस स्थिति में वह दूसरों को स्वीकार करने लगता है (फ्राईडलैण्डर, 1976)। इस विकासात्मक सिद्धांत को स्वीकार करते हुए, समूह कार्यकर्त्ता यह जानने का प्रयास करते हैं कि क्या वह समूह सदस्य जिसके साथ में कार्य कर रहा है उसने विकास की विभिन्न अवस्थाओं के माध्यम से अपना समुचित विकास किया है। उसे कुछ सदस्यों के नकारात्मक अनुभवों को कम करने की आवश्यकता होगी। इसलिए कार्यकर्त्ता पिछली विकासात्मक कमियों को पूरा करने के लिए, सकारात्मक समूह अनुभवों को बढ़ावा देता है।

समूह के संबंधों उसके केंद्र-बिंदु एवं लक्ष्य में परिवर्तन आता है। प्रत्येक व्यक्ति अपने संपूर्ण जीवन में समूहों के तीन प्रकारों के समूहों से संबंधित होता है—(1) प्राथमिक समूह (परिवार) (2) मित्रता समूह (3) इच्छा समूह। प्राथमिक समूह या परिवार बालपन में मौलिक भूमिका निभाते हैं, किशोर अवस्था में मित्रता-समूह बहुत ही महत्त्वपूर्ण होता है तथा वयस्कता के दौरान वह व्यापक इच्छा समूहों से संबंधित होता है। व्यक्ति अपनी वयस्कता के दौरान अपना एक नया

परिवार बनाता है, अभिभावक बन जाता है तथा अब वह अपनी भूमिकाओं को दोहराता है, अथवा उन्हें वह स्वयं निभाता है। एक सामाजिक समूह कार्यकर्त्ता समूह सदस्य की आवश्यकताओं की पूर्ति के लिए, उसी तर्क को यहाँ पर लागू कर सकता है। उसका केंद्र-बिंदु अथवा महत्त्व समूह लक्ष्य से संबंधित जटिल हो जाता है। विकास-उन्मुख समूह (चिकित्सकीय समूह) कार्यकर्त्ता व्यक्ति की विशिष्ट आवश्यकता को भली-भाँति जानता है, जहाँ पर कार्य-उन्मुख समूह (अर्थात् वयस्क समुदाय समूह), यद्यपि व्यक्ति की अपनी व्यक्तिगत आवश्यकताओं समूह लक्ष्य की पूर्ति करने पर और अधिक जोर दिया जा सकता है (फ्राईडलैंडर)।

समूह सक्रियता का सिद्धांत (Theory of Group Dynamics)—जब एक व्यक्ति समूह के साथ संबद्ध हो जाता है, उसके व्यवहार को केवल आंतरिक शक्तियाँ नियंत्रण में नहीं करती हैं, बल्कि वे लोग भी करते हैं जो उसके आसपास रहते हैं। इसलिए व्यक्ति की सक्रियता के अतिरिक्त सामाजिक समूह कार्यकर्त्ता को समूह की सक्रियता के बारे में जानना अत्यंत आवश्यक है। अथवा उसे समूह प्रक्रिया की विभिन्न संकल्पनाओं की जानकारी होती है। इस संकल्पना में शामिल हैं : स्वीकृति, अस्वीकृति, अलगाववाद (उपेक्षित और अस्वीकृति) उपसमूह, सामूहिक शत्रुता, सामूहिक संक्रमण, सामूहिक द्वंद्व एवं सामूहिक सहायता तथा सामूहिक घनिष्ठता।

स्वीकृत या अस्वीकृत (Acceptance or rejection)—एक समूह कार्यकर्त्ता को समूह के प्रत्येक का अन्य सदस्यों के साथ को अवश्य जानना चाहिए तथा यह भी जानना चाहिए कि उनका एक-दूसरे पर कितना प्रभाव है या दबाव है। अर्थात् क्या उसे अन्य लोगों ने स्वीकार कर लिया है अथवा उसे अस्वीकृत कर दिया गया है। यदि एक सदस्य उपेक्षित या अलग हो गया है, समूह कार्यकर्त्ता को इसका अर्थ समझना अत्यंत आवश्यक है और अस्वीकृति के कारणों को जानना नितांत आवश्यक है। यह व्यक्ति के अपराधिक व्यवहार के कारण भी हो सकता है और दूसरे सदस्य विभिन्न सामाजिक-सांस्कृतिक भूमिका के हों या फिर व्यक्तित्व की भिन्नता का कारण भी हो सकता है। कभी-कभी अलगाव की स्थिति से भी अधिक भयंकर स्थितियाँ होती हैं अर्थात् कभी-कभी व्यक्ति को समूह अस्वीकृत देती है एवं उससे खुली शत्रुता की चुनौती दे देती है। अत: अलगाव या अस्वीकृति का प्रश्न हल करने के लिए समूह कार्यकर्त्ता मुद्दों को सुलझाता है।

उप समूह (Sub groups)—ऐसा कोई समूह नहीं है जहाँ उसके सदस्य एक साथ मिल कर अपना कार्य निष्पादन करते हैं। उप समूह का निर्माण बहुत ही प्राकृतिक है तथा वे सहजनता से निर्मित हो जाता है। समूह कार्यकर्त्ता को यह देखना अत्यंत आवश्यक है कि क्या ये उप समूह कहीं समूह की एकता को चुनौती तो नहीं दे रहे हैं, या उसे किस प्रकार की हानि पहुँचा रहे हैं अथवा उप समूह का निर्माण केवल मित्रतापूर्ण कार्यों के लिए हुआ है। उसे जैसी स्थिति हो उसी के अनुसार कार्य करना चाहिए। यह भी देखना चाहिए कि उप समूहों की अनिवार्यता तथा वैधता की भावनात्मक स्वीकृति अच्छे और कौशलपूर्ण समूह कार्य की पूर्व शर्त है। एक कार्यकर्त्ता जो उप समूह के विरुद्ध कार्य करता है, वह संपूर्ण समूह को खो देता है (कोनोप्का, 1963)।

समूह घनिष्ठता (Group Rapport)—समूह बंधन–संबद्ध का अर्थ 'समूह संबंध' या 'बंधन' की चेतना। यह वह शक्ति है जिसके द्वारा समूह सदस्यों को नजदीक आने का अवसर देता है। समूह बंधन भावनात्मक या कार्य से संबंधित हो सकते हैं। 'भावनात्मक संबद्ध' इस विषय

को हम भावनात्मक संबद्धता जोड़ने के लिए एक समूह के सदस्य दूसरे की सदस्यता प्राप्त करके संबद्धता महसूस करते हैं और 'कार्य संबंधित संबद्धता' का अर्थ, उस स्थिति से है जहाँ समूह सदस्य समूह लक्ष्य को प्राप्त करने के लिए एकत्रित होते हैं तथा वे समूह के लक्ष्य को प्राप्त करने के लिए एक साथ काम करते हैं। समूह की प्रभावकारिता के महत्त्व को समूह संबद्ध के माध्यम से समझा जा सकता है। समूह संबद्ध को प्रभावित करने वाले कुछ मुख्य कारक हैं–सदस्य, समानता, समूह का आकार, प्रवेश की कठिनाई, समूह सफलता और बाहरी प्रतियोगिता तथा चुनौति। अत: यह कहा जा सकता है कि समूह बंधन का समूह संबद्धता एक शक्तिशाली पक्ष या पहलू है।

समूह शत्रुता और समूह संसर्ग अधिकतर ऐसे मामलों में होते हैं जहाँ पर शोषित दबे कुचले अथवा अल्पसंख्यक समूह होते हैं। शत्रुता का अर्थ होता है–आक्रमक या क्रोध या अमित्रतापूर्ण व्यवहार इत्यादि। एक बहुत अच्छा व्यक्ति अथवा संभ्रांत व्यक्ति शत्रुतापूर्ण समूह के वातावरण का एक हिस्सा है। समूह संक्रमण एक प्रवृत्ति है जो एक-दूसरे के नजदीक जाते हैं और भावनात्मक स्थिति का अनुभव करते हैं, इसी प्रकार समूह में अन्य लोग भी इसी तरह से परस्पर प्रभावित करते हैं। इस संबंध में, बारसेड (2002) का कथन है कि "यह एक प्रक्रिया है जिसमें एक व्यक्ति या समूह मनोभाव या अन्य व्यक्ति के व्यवहार या समूह के माध्यम से भावनात्मक स्थिति और व्यवहारात्मक आचरण के चेतन अथवा अचेतन अवस्था में एक-दूसरे को प्रभावित करते हैं।" समूह शत्रुता परीक्षा के दौरान पैदा हो सकती है अथवा जब बच्चे किसी शिविर में हों अथवा जब बाहरी चुनौती का सामना करना पड़ें, उस समय शत्रुता की स्थिति का आविर्भाव होता है।

समूह सहायता (Group Support)–समूह में कोई भी कार्य सरल हो जाता है जब अन्य सदस्यों से सहायता और उत्साह मिलता है। एक अच्छे आचरण वाले बच्चे का चोरी का इदारा नहीं है किंतु वही बच्चा समूह में अंत:क्रिया करता है तो हो सकता है कि वह चोरी करने लगे। जब हम समूह उपचार में यह देखते हैं कि प्रत्येक व्यक्ति एक-दूसरे के साथ अपने अनुभव को बाँटता है, क्योंकि 'वे एक ही नाव में सवार हैं' तथा वे नैतिक सहायता, सूचना और सलाह प्राप्त करते हैं जब उनके सामने कोई समस्या आती है या पैदा होती है तथा अनुभव प्राप्त करने का अवसर मिलता है।

समूह द्वंद्व (Group Conflict)–ऐसा कोई समूह नहीं होगा जिसमें द्वंद्व न हो। समूह की परिपक्वता का अनुमान उनके द्वंद्व के समाधान करने से लगाया जा सकता है। यह भी जान लेते हैं कि द्वंद्व का समाधान किस प्रकार से निकाला जा सकता है। प्राय: द्वंद्व का समाधान निकाला जा सकता है या समूह के एक भाग को अलग करके द्वंद्व कम कर लिया जाता है (छोड़ देना, चले जाना या अन्य समूह आरंभ कर लेना), अधीन करना (समूह का शक्तिशाली दूसरे हिस्से को बलपूर्वक अधीन करना), बहुसंख्यक का शासन (बहु-संख्यक लोगों द्वारा कार्य करने का निर्णय करना), अल्पसंख्यक की सहमति (अल्पसंख्यक द्वारा विकल्प पर सहमत होना), समझौता (प्रत्येक पक्ष द्वारा उनकी सीमा निर्धारण को स्वीकार करना), और एकीकरण (द्वंद्व वाले मत या मुद्दे पर चर्चा करना और समाधान के लिए पुन: कार्य करना) (कोनोप्का, 1963)। कार्यकर्त्ता, जब समूह में सहायता भूमि का निष्पादन करता है, उसे समूह द्वंद्व की जानकारी होनी चाहिए, इससे वह क्लेश या वाद-विवाद तथा निर्णय लेने की स्थिति से अच्छी तरह से निपट सकता है, उसमें अपनी अच्छी भूमिका निभा सकता है।

प्रश्न 2. सामाजिक समूह कार्य के विभिन्न प्रारूपों (मॉडल्स) का वर्णन कीजिए।

अथवा

सामाजिक समूह कार्य के प्रारूपों/मॉडलों की व्याख्या कीजिए।

उत्तर– शुरुआत में सामाजिक समूह कार्य का कोई निश्चित प्रारूप नहीं था। किंतु समय बदलने के साथ जैसे-जैसे समूह कार्यकर्त्ताओं ने विभिन्न प्रकार की परिस्थितियों में काम करना शुरू किया वैसे-वैसे उन्होंने अपने निरंतर व्यवहार की पद्धतियाँ को विज्ञान की दृष्टि से परिभाषित एवं वैज्ञानिक नाम देना शुरू कर दिया। इसके फलस्वरूप समूह कार्य के लिए विभिन्न प्रतिरूपों का विकास हुआ। प्रतिरूप के माध्यम से समूह कार्यकर्त्ता को संपूर्ण तरीके से समस्याओं पर केंद्रित करता है।

(1) सामाजिक लक्ष्य प्रारूप (Social Goals Model)–इस प्रतिरूप का केंद्र-बिंदु 'सामाजिक चेतना' और 'सामाजिक उत्तरदायित्व' है। यह समुदाय के सदस्यों को सामाजिक मुद्दों के समाधान करने के कार्यों में सहायता करता है तथा समाज के दबे-कुचले लोगों के लिए सामाजिक परिवर्तन लाने के बारे में सहयोग प्रदान करता है। यह प्रतिरूप सामाजिक मूल्यों को स्थापित करने के लिए विशेष रूप से बल देता है। संयुक्त राज्य अमेरिका में 1930 के दशक में हुए आश्रय सदन आंदोलन, मजदूर यूनियन आंदोलन, सामाजिक आंदोलन एवं महिलाओं के आंदोलन सामाजिक लक्ष्य प्रारूप के उदाहरण हैं। कोहेन और मुलेनद्र (1999) दावे के साथ कहते हैं कि सामाजिक लक्ष्य प्रतिरूप को हाल के साहित्य में सामाजिक क्रिया समूह प्रतिरूप के रूप समझा जाता है। समूह कार्य के दिशा-निर्देश जिसमें सामाजिक लक्ष्य प्रतिरूप शामिल किए गए हैं, वे हैं अभिकरण नीति का स्पष्टीकरण, सीमाओं का सकारात्मक प्रयोग, अभिकरण लक्ष्यों के साथ पहचान, सामूहिक क्रियाओं के लिए उपयुक्त मुद्दों का निर्धारण तथा क्रियाओं और उनके परिणामों के लिए विकल्पों का आकलन करना (पापेल और रॉथमैन, 1960)।

(2) उपचारी प्रारूप (Remedial Model)–उपचारी प्रतिरूप का कार्य वैयक्तिक उपचार करना है। इसका स्वरूप चिकित्सीय उन्मुख हैं। ये प्रतिरूप व्यक्तिगत तथा सामाजिक संबंधों में समायोजन की समस्याओं पर अपना ध्यान केंद्रित करता है (फैटाउट-1992)। एक कार्यकर्त्ता इस प्रतिरूप के अंतर्गत उस समय कार्यकर्त्ता है जब भावनात्मक समस्या के साथ व्यक्तियों के समूह में कार्य करता है अथवा दैनिक जीवन में मानसिक रूप से विकलांग बच्चों के समूह को शिक्षण या अध्यापन के कौशलों को काम में लाना होता है। इस प्रतिरूप में, समूह कार्यकर्त्ता परिवर्तन अभिकर्त्ता के रूप में परिभाषित किया गया है जो समूह के सदस्यों के बीच अंत:क्रिया कराकर परिवर्तन लाता है। वह यहाँ कुछ-कुछ समूह सदस्यों से उच्च स्थिति में होता है जिनका सामाजिक कौशल कुछ कम होता है या फिर पूरी तरह से विकसित नहीं होता है। कार्यकर्त्ता इस प्रतिरूप को निर्णायक प्राधिकार के रूप में अभ्यास और प्रयोग करता है, समूह सदस्यों को आदर्श व्यवहार के रूप में निदेशन देता है तथा इस तरह का वातावरण तैयार करने का प्रयास करता है जिसमें व्यक्ति के विकास को प्रोत्साहित किया जा सके। यहाँ पर समूह सहभागी या भागीदारों को सेवार्थी या लाभार्थी के रूप में माना जाता है न कि सदस्य (ब्रांडलर या रोमन, 1999)। उपचारी प्रतिरूप को मानसिक स्वास्थ्य केंद्रों, सुधारात्मक संस्थाओं, परिवार सेवा संगठनों,

परामर्श सेवाओं, विद्यालयों, स्वास्थ्य देखभाल सुविधाओं और अन्य अनेक अभिकरणों में व्यापकता से प्रयोग किया जाता है।

(3) **पारस्परिक प्रारूप (Reciprocal Model)**–इस प्रतिरूप का केंद्र व्यक्ति और समाज दोनों हैं। दूसरे शब्दों में कह सकते हैं कि पारस्परिक प्रतिरूप सामाजिक लक्ष्य प्रतिरूप और उपचारी प्रतिरूप दोनों पर ही एक ही समय में अपनी प्रमुख चिंताओं व संबंधों को इंगित करता है (फैटाउट, 1992)।

(4) **कर्ट लेविंस प्रारूप (Kurt Lewin's Model)**–कर्ट लेविंस को 'ग्रुप डाइनामिक्स' अर्थात् समूह सक्रियता का जनक माना जाता है। उनके व्यक्ति परिवर्तन का प्रतिरूप अनेक प्रमुख पथ प्रदर्शकों के लिए मील का पत्थर हैं जिन्होंने सैद्धांतिक रूप से अपना सहयोग दिया है। कर्ट लेविंस प्रारूप के अनुसार परिवर्तन के तीन स्तर हैं–

(क) **न जमने वाला (Unfreezing)**–इस अवस्था में निष्क्रियता या आलसपन और पहले से ही बनी धारणा को नष्ट करना है।

(ख) **परिवर्तन (Change)**–यह अवस्था संक्रमण चरण होती है, इसमें परिवर्तन लाया जाता है।

(ग) **परिवर्तन प्रक्रिया या लघु समूह में जमना (Freezing in a change process or small group)**–इस अवस्था में नई धारणा स्थापित की जाती है जो कि पारदर्शी होती है तथा इसमें व्यक्ति स्थायित्व प्राप्त कर लेता है।

(5) **टुब्बस प्रारूप (Tubb's Model)**–स्टेवार्ट टुब्ब ने छोटे समूह की अंत:क्रिया का अध्ययन किया है और उन्होंने चार चरणों के साथ प्रणाली प्रारूप विकसित किया है जिसके चार चरण हैं जैसे कि अभिविन्यास, द्वंद्व, सहमति और समापन। इसके प्रथम चरण में समूह सदस्य एक-दूसरे का परिचय कराते थे, समस्याओं पर चर्चा करने लगते हैं तथा अपनी शक्ति और कमजोरियों की समीक्षा की जाती है। दूसरे चरण में द्वंद्व के माध्यम से विचारों को विकसित किया जाता है। द्वंद्व तृतीय चरण में आता है और अंतिम अवस्था में परिणाम घोषित कर दिया जाता है।

(6) **फिर्शस प्रारूप (Fisher's Model)**–फिर्शस निर्णय आविर्भाव के प्रारूप को चार चरणों में विभाजित किया गया है अर्थात् अभिविन्यास, द्वंद्व, आविर्भाव और दृढ़ीकरण प्रथम चरण में सदस्य एक दूसरे से परिचय करते हैं और एक-दूसरे के बारे में जानकारी प्राप्त करते हैं और प्रथम तनाव का अनुभव करते हैं। दूसरा चरण द्वंद्व के लिए होता है और इसे दूसरे तनाव का नाम दिया गया है। यहाँ पर सदस्य समहत नहीं होते हैं और एक-दूसरे से वाद-विवाद करते हुए विचार व्यक्त करते हैं। समूह चर्चा और सदस्यों के अपने-अपने विचार स्पष्ट हो जाते हैं, यह आविर्भाव चरण कहलाता है, और अंतिम चरण में समूह सदस्य अपने निर्णय सहयोग देते हुए निर्णय निश्चित करते हैं।

(7) **टकमैन प्रारूप (Tuckman's Model)**–ब्रुस टुकमैन ने 1960 के दशक के मध्य में लगभग 50 से अधिक अध्ययन किए और उन्होंने समूह विकास के नए प्रारूपों को प्रस्तुत किया। इस मॉडल के शुरू में (1965) केवल चार स्तर या चरण थे किंतु बाद (1977) में इसमें एक

स्तर और जोड़ दिया गया था, अतः आज निर्माण (Forming), हंगामा (Storning), सामान्यीकरण (Norming), निष्पादन (Performing) और समापन (Adjourning) स्तर चरण होते हैं। निर्माण प्रतिरूप पहला चरण या स्तर होता है, इसमें व्यक्ति एकत्रित होते हैं तथा प्रत्येक सदस्य इसमें शामिल होते समय कुछ मुद्दों के साथ जुड़ते हैं जो उसके पास पहले से ही होते हैं।

इस चरण में अस्तव्यस्तता, भ्रांतियाँ, कम नैतिकता, छिपी हुई भावनाएँ, कम सुनना और सम्मिलित न होने जैसी स्थिति दिखाई देती है। हंगामा चरण में एक तरह की हलचल होती है, इसमें व्यक्ति अपनी भूमिका तलाशने का प्रयास करता है, या स्थान बनाना चाहता है, द्वंद्व पैदा होता है और समूह में अपने स्तर के लिए प्रतियोगिता कार्यों या संघर्ष के लिए खोज करने का प्रयास करते हैं। तीसरे चरण में कुछ मानक स्थापित हो जाते हैं और कुछ करने के लिए कुछ तरीकों को स्वीकार कर लिया जाता है। समूह संस्कृति का उद्‌गम हो जाता है। अब सदस्य "हमारा समूह" जैसे शब्दों का प्रयोग करने लगते हैं। समूह में विश्वास, सहचर्य और एक-दूसरे से लगाव की स्थिति विकसित हो जाती है (ब्राउन 1986)। निष्पादन चौथा चरण होता है, अब समूह स्वयं आत्म-निर्भर हो जाता है, अपने सदस्यों की संभावनाओं के रूप में सभी कौशलों का प्रयोग करता है ताकि इसके लक्ष्य को प्राप्त किया जा सके और समस्याओं का समाधान निकाला जा सके। अंतिम चरण में समूह असंबद्ध हो जाता है या समाप्त हो जाता है।

(8) पूल का प्रारूप (Poole's Model)–मार्शल स्कॉट पूल ने बहु अनुक्रम प्रारूप का प्रतिपादन किया। यह प्रारूप निर्णय लेने की दिशा में काम करता है। इस प्रारूप में अनेक पद्धतियाँ हैं जैसे कि कार्य पद्धति, विषय पद्धति, संबंध पद्धति और विभंग बिंदु या समापन बिंदु। कार्य पद्धति उस प्रक्रिया की ओर इंगित करती है जिसमें समूह अपने लक्ष्य को प्राप्त करता है। विषय ट्रैक उस विशिष्ट वस्तु से संबंधित जिसमें समूह अपने समय पर चर्चा करता है। संबंध ट्रक समूह सदस्यों के मध्य अंतःवैयक्तिक संबंधों की चर्चा करता है तथा विभंग या समापन बिंदु उस समय होता है जब समूह एक ट्रैक से दूसरे ट्रैक में परिवर्तन करता है या चला जाता है (पूल, 1981)

(9) गेरसिक का प्रारूप (Gersick's Model)–गेरसिक का समयनिष्ठित सामंजस्य प्रारूप सुझाव देता है कि अकस्मात् निर्माण, संरक्षा, निष्पादन से समूह विकसित होते हैं। यह प्रारूप निम्न प्रकार से कार्य करता है। चरण-1 समूह कैलेंडर समय के प्रथम आधे में आरंभिक अभियान चलाया जाता है जिसमें समूह की प्रथम बैठक में ही दिशा-निर्देश स्थापित कर दिए जाते हैं। इस बैठक में सदस्य अपनी पूर्व संभावनाओं के आधार पर अपने व्यवहार से प्रभावित कर सकते हैं, विषय प्रयोजित संगठन से संबंधित हो सकते हैं और अपने व्यवहार को प्राथमिकता देने का प्रयास करेंगे। मध्य बिंदु परिवर्तन आबंटित कैलेंडर समय के मध्य बिंदु में समूहों के संक्रमण या परिवर्तन की स्थिति में होता है जिसमें समूह के निर्देशन दूसरे चरण के लिए परिवर्तित किए जाते हैं। गेरसिक इसे समस्या मूलक खोज और गति कहते हैं जो समूह की समस्याओं से संबंधित जागरूकता में बाधा डालती है। चरण-2 यह निष्क्रियता की अवधि होती है, जो संक्रमण के दौरान योजना निर्माण के चालू होने पर प्रकाश डालते हैं। यह निर्धारित गति के समापन के साथ ही उस बिंदु तक जाती है जहाँ पर प्रगति अपना विस्तार कर सकते हैं (कोले, 2005)

(10) व्हीलन का प्रारूप (Wheelan's Model)–सूजन व्हीलन के समूह विकास के 'एकीकृत प्रारूप' के पाँच चरण हैं अर्थात् निर्भरता और सम्मिलन, प्रतिनिर्भरता और संघर्ष, विश्वास/ढाँचा या सरंचना, कार्य/उत्पादकता और समापन। प्रथम चरण महत्त्वपूर्ण सदस्यों द्वारा विशिष्टीकृत किया गया है जिसमें पदधारित नेता, सुरक्षा की चिंताएँ तथा सम्मिलन मुद्दों पर निर्भरता का उल्लेख किया गया है। दूसरे चरण में सदस्य समूह का लक्ष्यों और प्रक्रियाओं से स्वयं ही सहमत न होना होता है। अगला चरण स्पष्ट करता है कि सदस्य निष्ठा, समूह के प्रति प्रतिबद्धता और सहयोग वृद्धि में विश्वास करना, उसका पालन करना है। समूह विकास के चौथे चरण में समय को गहनता के साथ टीम की उत्पादकता और प्रभावकारिता है। अंतिम में सदस्यों का समूह से अलग होना तथा दूसरे सदस्यों की आपस में प्रशंसा करना है।

(11) दल का प्रारूप (Team Model)–दल का मूल्यांकन एवं परिपक्वता (TEAM) प्रारूप की पहचान मोरगन, साल्स और ग्लीकमैन ने की है, इसे इन्होंने सात चरणों में विभक्त किया है–(क) प्रथम बैठक (निर्माण), (ख) अस्थायी स्थिति (हंगामा), (ग) स्थान ग्रहण करना (सामान्य), (घ) निष्पादन का अनुपयुक्त ढाँचा (निष्पादन-1), (ङ) पुनर्मूल्यांकन तथा परिवर्तन या संक्रमण (पुनर्निर्माण), (च) प्रभावी निष्पादन (निष्पादन-2) और (छ) दिए गए कार्य का पूरा होना (तद्नुसार पूरा होना)। दल प्रारूप दो विशिष्ट क्रियाकलाप पद्धति की मौजूदगी की माँग करती है जो इसके सभी चरणों में शामिल है अर्थात् वह क्रियाकलाप जो विशेष कार्य से संबद्ध है और उनको पूरा करना है तथा वे क्रियाकलाप जिनकी निष्ठापूर्वक अंत:क्रियाओं, अंतरनिर्भरता, सहयोग इत्यादि को विकसित करा उनकी संवृद्धि करना है।

प्रश्न 3. समूह विकास से आप क्या समझते हैं? विभिन्न विचारवादियों द्वारा बताई गई अवस्थाओं का संक्षेप में वर्णन कीजिए।

अथवा

समूह विकास क्या है? समूह विकास के चरणों पर प्रकाश डालिए।

अथवा

समूह विकास के विभिन्न प्रारूपों की चर्चा कीजिए।

उत्तर– समूह विकास किसी समूह का एक अवधि के बाद संपूर्ण परिपक्वता की ओर उन्नति और प्रगति की प्रक्रिया है जिसमें समूह के संबंधों पर विशेष ध्यान दिया जाता है। सामाजिक समूह कार्य में निर्देशित समूह अनुभवों के माध्यम से परिपक्वता के साथ जिम्मेदारी विकसित करने के लिए समूह की सहायता की जाती है। समूह की रचना संबंधी अवस्था से लेकर इसके समापन तक सजग और सुनियोजित कार्यक्रम गतिविधियों के माध्यम से समूह की अपनी अंत: शक्ति प्राप्त करने के लिए सहायता की जाती है। समूह की नियमित बैठकें, सदस्यों में परस्पर व्यापक संपर्क, एक निर्बाध वार्तालाप, हँसी-मजाक, सहयोग और समायोजन की सामान्य भावना किसी समूह में सकारात्मक वातावरण के चिह्न हैं जो समूह विकास का स्पष्ट संकेत हैं। इस प्रकार समूह का विकास प्रगति कार्य निष्पादन और सदस्यों की भावना एकीकरण जो विभिन्न अवस्थाओं में जारी

रहता है विशिष्ट स्तर कार्य की तालिका है। समूह विकास की अवस्थाओं की जानकारी समूह प्रक्रिया में मध्यस्थता के उपयुक्त तरीके अपनाने में सहायता करती है ताकि समूह की उस प्रगति और उत्प्रेरक व्यवहारों को अपनाया जा सके जो समूह के लक्ष्य प्राप्त करने में सहायता करते हैं।

समूह विकास सूचक (Indicators of Group Development)–निम्नलिखित सूचकों से यह पता लगता है कि समूह का विकास हो रहा है। इन सभी सूचकों की उपस्थिति में ही समूह विकास की अवस्थाओं की सही-सही जानकारी प्राप्त की जा सकती है।

- उपस्थिति
- समय निष्ठा
- निश्चित बैठक और उपस्थिति
- औपचारिक संगठन का विकास
- सदस्यों द्वारा अगुवाई और जिम्मेदारी लेने की इच्छा
- नव परिवर्तन और प्रेरणा में वृद्धि
- सदस्यों का नियंत्रित व्यवहार
- उच्च भागीदारी स्तर
- नेता की उत्पत्ति
- 'मैं' और 'मुझे' से 'हम' और 'हमारा' में परिवर्तन।

समूह विकास की अवस्थाएँ (Stages of Group Development)–किसी व्यावसायिक चुनौती का उद्देश्य लक्ष्य प्राप्त करना होता है और इसी उद्देश्य के साथ कार्य किए जाते हैं। सामाजिक समूह कार्य को एक व्यवस्थित प्रक्रिया के रूप में ग्रहण किया जाता है। जो विभिन्न अवस्थाओं से गुजरती है जिन्हें चरण भी कहा जाता है। एक समूह विकास की विभिन्न अवस्थाओं से गुजरता है आरंभिक अवस्था जो कुछ व्यक्तियों की एक सभा जैसी प्रतीत हो सकती है यह 'हम' की दृढ़ भावना के साथ एक समूह बनने तक जारी रह सकती है। इसके साथ जुड़ी अवस्थाएँ और गतिविधियाँ प्रक्रिया की संरचना और दिशा-निर्देश प्रदान करती हैं। सैद्धांतिक रूप से संकल्पना की व्याख्या के लिए हम समूह विकास की विभिन्न अवस्थाओं को अलग-अलग कर सकते हैं परंतु वास्तव में वे परस्पर गुंथी हुई होती हैं। सभी अवस्थाओं में सामाजिक समूह कार्यकर्त्ता के निश्चित संबंध होते हैं तथा एक तरह के सहयोगी संबंध बनाना तथा बनाए रखना और दूसरा लक्ष्य प्राप्त करने के लिए निर्देशित दिशा मे कार्य करना। चुने गए कार्य और गतिविधियाँ सामाजिक समूह कार्यकर्त्ता के उन विचारों को प्रकट करती है कि विभिन्न स्तरों पर उपयुक्त समय पर क्या-क्या चीज आवश्यक है।

विभिन्न विचारवादियों ने अपनी-अपनी व्याख्याओं के आधार पर समूह विकास की अवस्थाओं का अपना अलग-अलग स्वरूप प्रदान किया है जो नीचे तालिका में वर्णित हैं–

तालिका 2.1 : समूह विकास की अवस्थाएँ

बेल्स 1950	टकमैन 1963	कैलिन 1972	ट्रैकर 1972	गारलैंड जोन्स एवं कोलोन्डनी 1976	नोरदन एवं करलैंड 2001
दिशा-निर्धारित (orientation)	फोरमिंग (forming)	दिशा-निर्धारण (orientation)	प्रारंभ (Beginning)	मान्यता-पूर्व (Per-affiliation)	समावेश-दिशा निदेश (Inclusion-orientation)
मूल्यांकन (Evaluation)	स्टोरमिंग (storming)	विरोध (Resistance)	समूह भावना का आविर्भाव (Emergence of group feeling)	अधिकार एवं नियंत्रण (Power and control)	अनिश्चितता-पर्यवेक्षण (Uncertainty – exploration)
निर्णय लेना (Decision making)	नोर्मिंग (Norming)	समझौता (Negotiation)	मित्रता का विकास (Development)	घनिष्ठता (Intimacy)	पारस्परिकता एवं लक्ष्य सफलता (Mutuality and goal achievement)
	परफोर्मिंग (Performing)	घनिष्ठता (Intimacy)	सशक्त समूह (Strong group)	अलगाव (differentiation)	विभाजन-समापन (Separation-permination)
	एडजर्निंग (Adjourning)	समापन (Termination)	समूह भावना का पतन (Decline in group feeling)	विभाजन (Separation)	
				समाप्ति (Ending)	

प्रश्न 4. समूह विकास की महत्त्वपूर्ण अवस्थाओं पर अपने विचार व्यक्त कीजिए।

उत्तर— देश और विदेश के विभिन्न विचारकों ने अपनी रचनाओं में समूह विकास के अलग-अलग चरण बताएँ हैं। अध्ययन की दृष्टि से एवं सुविधा के लिए हमने यहाँ समूह विकास को पाँच चरणों में विभक्त किया है—

प्रथम अवस्था—समूह रचना (प्रारंभ)

द्वितीय अवस्था—पर्यवेक्षण (आरंभिक सत्र)

तृतीय अवस्था—निष्पादन (क्रियात्मक कार्य चरण)

चतुर्थ अवस्था–मूल्यांकन (समीक्षा या विश्लेषण)

पंचम अवस्था–समापन (अलगाव)

समूह विकास की विभिन्न अवस्थाओं पर व्याख्यान देने से पूर्व हमें यह जान लेना आवश्यक है कि भारतीय संदर्भ में अपनाया जाने वाला समूह कार्य पश्चिमी देशों में अपनाए गए समूह कार्य से भिन्न हो सकता है। उपचार या मनोरंजन उद्देश्यों के लिए स्वेच्छा से किसी समूह में शामिल होना लक्ष्य आबादी के लिए विदेशी संकल्पना हो सकती है परंतु पश्चिमी सैद्धांतिक संरचना का भारतीय संरचना के परिपेक्ष्य में किसी सामाजिक समूह कार्यकर्त्ता द्वारा इस पद्धति को अपनाने का कार्य बड़ा कठिन हो सकता है। समाज कार्य मध्यस्थता की उपचार पद्धति के रूप में समूह कार्य का महत्त्व धीरे-धीरे हमारे देश में अनुभव किया गया है। समूह विकास की विभिन्न अवस्थाओं को हम इस व्याख्यान भारतीय संदर्भ की दृष्टि से देखने का प्रयास करेंगे।

प्रथम अवस्था (समूह रचना आरंभ) [First Stage: Planning and Forming the Group (Beginning)]–लोग स्नेह प्राप्त करने और लोगों को तथा लोगों के द्वारा स्वीकार करने की अपनी आवश्यकताएँ पूरी करने के साथ आत्म-अभिव्यक्ति और सामाजिक सृजनशीलता के अवसर पाने के लिए समूहों में शामिल होते हैं। इस प्रक्रिया की पहली अवस्था में समूह कार्यकर्त्ता योजना बनाने और समूह की रचना पर ध्यान केंद्रित करता है।

भारत में अधिकतर समूह, समूह कार्यकर्त्ता द्वारा बनाए जाते हैं। कार्यकर्त्ता सामाजिक कल्याणकारी विद्यमान आश्रितों (क्लाइंटों) में से या खुले समुदाय से समूह की रचना करते हैं। समूह रचना से पूर्व समूह कार्यकर्त्ता को निम्नलिखित तथ्यों के साथ अभिकरणों/गैर सरकारी संस्था "चिह्नित सेवार्थी जनसंख्या" का अध्ययन करना चाहिए–

(1) भौगोलिक अवस्था

(2) आयु व लिंग

(3) सामाजिक-आर्थिक पृष्ठभूमि

(4) आवश्यकताएँ

(5) हित

(6) समूह में शामिल होने के कारण

(7) अन्य कोई संबंधित विवरण

प्रस्तुत सूचना समूह कार्यकर्त्ता की किसी एक सामान्य आधार पर समूह बनाने और उसके अनुसार समूह को लक्ष्य निर्धारित करने में सहायता करती है। इस अवस्था में चिह्नित जनसंख्या की आवश्यकताओं की सही जानकारी और विश्लेषण बहुत महत्त्वपूर्ण हैं ताकि समूह की अनुभूत आवश्यकताओं के लिए सदस्यों और कार्यकर्त्ताओं के बीच सह क्रिया में कोई अंतर न रहे।

भारत में समूह आरंभ में किसी संगठन या कल्याणकारी अभिकरण द्वारा बनाए जाते थे, क्योंकि प्राय: लोग स्वयं इसकी पहल नहीं करते। स्वैच्छिक और सरकारी संगठन दोनों ने ही समूह

कार्य को उपयोगी माना है। इसलिए भारत में कार्यकर्त्ता को लोगों के लिए पहले से ही निश्चित उद्देश्य के लिए समूह बनाने का विचार बनाना पड़ता है। योजना और समूह रचना बनाते समय जिन अन्य वितरणों पर ध्यान केंद्रित करना है, वे इस प्रकार हैं–

(1) **समूह का आकार (The size of the Group)**–समूह के आकार के बारे में निर्णय कई तथ्यों पर आधारित है, जैसे सदस्यों की आवश्यकता, समूह का उद्देश्य, समूह सदस्यता की प्रकृति आदि। उदाहरण के लिए आत्म सहायता समूह बड़े हो सकते हैं परंतु उपचारात्मक समूह का छोटा होना श्रेष्ठ माना जाता है। समूह का यद्यपि कोई आदर्श आकार नहीं है तो भी आठ से पंद्रह सदस्यों के बीच के आकार वाला समूह श्रेष्ठ आकार का हो सकता है।

(2) **समूह का गठन (Composition of the group)**–समूह गठन की योजना उसके उद्देश्य के साथ होती है। यह आत्म सहायता समूह है या कार्य समूह अथवा उपचारोन्मुख समूह, यह समलैंगिक अथवा द्विलैंगिक समूह हो सकता है। सदस्यों का स्वरूप निर्धारित करने से पूर्व समूह कार्यकर्त्ता को सेवार्थी (client) समूह के साथ उपरोक्त तथ्यों जैसे उनकी सामाजिक-आर्थिक पृष्ठभूमि आदि से परिचित होना चाहिए।

(3) **सत्रों की आवृत्ति और उनकी अवधि (Frequency of the sessions and their duration)**–इसका कोई कठोर नियम नहीं है, सत्रों की आवृत्ति समूह की आवश्यकताओं और उद्देश्यों के अनुरूप निर्धारित की जा सकती है, सत्रों के मध्य अधिक अंतराल नहीं होना चाहिए अन्यथा समूह बिखरने लगता है, मनोरंजन समूहों, उपचार समूहों की सप्ताह में कम से कम एक या दो बार अवश्य बैठक होनी चाहिए।

(4) **बैठकों का समय और स्थान (Time and place of meetings)**–समय का निर्धारण समूह की बैठक के स्थान का निर्णय सदस्यों की सलाह से निश्चित होता है। सदस्यों की सुविधा, पर्याप्त स्थान और संसाधनों की उपलब्धता इसके निर्धारण को मार्गदर्शित करती है।

(5) **समूह की अवधि (Duration of the group)**–क्या समूह दीर्घकाल या अल्पकाल तक चलेगा, यह भी समूह की आवश्यकताओं और लक्ष्यों के अनुसार निर्धारित किया जाता है। समूह के उद्देश्य प्राप्त होने के बाद इसे समाप्त किया जा सकता है और इसके लिए अनुमानित समय निर्धारित किया जा सकता है। फिर भी समय निर्धारित करने का निर्णय करते समय लचीलापन होना चाहिए।

द्वितीय अवस्था : पर्यवेक्षण (आरंभिक सत्र) [Second Stage: Explorations (Initial Sessions)]–

पर्यवेक्षण (Exploration)–आरंभिक सत्रों के समूह एक संगठित तंत्र लगने की बजाय भीड़ अधिक लग सकते हैं। प्रायः कम समूह चेतना इस अवस्था की विशेषता है। इसमें संकोच, हिचक, निर्णयहीनता और भागीदारी का अभाव हो सकता है। टकमैन ने पर्यवेक्षण की इस प्रक्रिया की व्याख्या करने के लिए 'कोलाहल' वाले शब्द का प्रयोग किया है।

इस अवस्था में निम्नलिखित चरण हैं–(1) दिशा निर्धारण एवं (2) प्रवेश

आरंभिक अवस्था महत्त्वपूर्ण है, क्योंकि इस पर समूह कार्य की सफलता या असफलता निर्भर

करती है। कार्यकर्त्ता को सदस्यों को अपना परिचय कराना चाहिए और समूह के रचना के उद्देश्यों सहित अपनी भूमिका का भी वर्णन करना चाहिए। सदस्यों को अपने बारे में, उनकी आशाओं और अभिलाषाओं के बारे में बोलने के लिए प्रेरित किया जाना चाहिए। आरंभिक सत्रों में सदस्यों को निश्चित संवेदनशीलता के साथ समूह में शामिल किया जाता है ताकि उनकी सांत्वना और सहजता की भावना का स्तर ऊँचा रखा जा सके। हो सकता है कि सदस्यों को अपनी कुछ वैयक्तिकता तथा साथ ही पूर्वाग्रह और पूर्व धारणाएँ छोड़नी पड़ें। उन्हें अधिक आत्म नियंत्रण और आत्म अनुशासन रखना पड़ सकता है। कुछ लोगों को आसानी से स्वीकार कर लिया जाता है और कुछ समूह को स्वीकार कर लेते हैं। जैसे-जैसे व्यक्ति में संबद्धता की भावना विकसित होती है उसके व्यवहार का स्वरूप भी परिवर्तित हो सकता है।

सदस्यों की रूपरेखा तैयार करना (Preparation of the Profile of the Members)—कार्यकर्त्ता को प्रत्येक सदस्य की एक रूपरेखा जिसमें उसकी आयु, पारिवारिक पृष्ठभूमि, शारीरिक विशेषताएँ, आदतें, रुचियाँ, यदि इसे आरंभिक सत्रों में एकत्रित तथ्यों/अवलोकनों के आधार पर बनाया जाए तो यह सहायता प्रदान करेगा। यह न केवल समूह सदस्यता स्तरों को व पारस्परिक संपर्क अच्छी तरह समझने में उसकी सहायता करेगा। अपितु समूह कहाँ से आरंभ किया जाए इसमें भी सहायक होगा। पुन: यह एक अवधि के बाद विकास की योजना बनाने में विशेषत: मूल्यांकन की अवस्था में भी सहायता प्रदान करेगा।

विशिष्ट उद्देश्य निर्धारित करना (Setting Specific Objectives)—समूह के कुछ बड़े उद्देश्य हो सकते हैं और हर हालत में उन्हें प्राप्त करने के लिए समूह संघर्ष करता है तो भी विशेष अंतरिम लक्ष्य भी बनाने की आवश्यकता है जो कार्यक्रम की योजना का आधार तैयार कर सकते हैं। यद्यपि पहली अवस्था में कुछ उद्देश्यों को ध्यान में रखकर समूह की रचना की जा चुकी है तो भी इस अवस्था में लक्ष्यों को विशेषरूप से प्रस्तुत करना होता है।

उद्देश्य और कुछ नहीं अपितु वे वक्तव्य हैं जो समूह कार्यकर्त्ता समूह कार्य प्रक्रिया के माध्यम से प्राप्त करता है। ये प्रक्रिया को सार्थकता प्रदान करते हैं। उद्देश्य वही कार्य करते हैं जो एक चुम्बकीय सूई करती है। वे अभिकरण और कार्यकर्त्ता को एक ज्ञात लक्ष्य के लिए मार्गदर्शन देते हैं (ट्रैकर, 1955, 57)। ये स्पष्ट एवं विशिष्ट होना चाहिए और बाद में उनका पूरा होने के संदर्भ में मूल्यांकन अवस्था में उनकी समीक्षा की जानी चाहिए। उदाहरण के लिए विद्यालय पढ़ाई के बीच में छोड़ने वाले बच्चों के समूह में मामले में कुछ उद्देश्य इस प्रकार हो सकते हैं—

(1) शिक्षण और सीखने की पद्धतियों को सरल करने के द्वारा पढ़ाई में रुचि बढ़ाना;

(2) औपचारिक विद्यालय में जाकर पढ़ने के लाभ समझने के द्वारा पढ़ाई पुन: करने के लिए प्रेरित करना;

(3) गणित आदि जैसे विषयों का भय समाप्त करना।

संरचना का निर्माण (Developing a Structure)—अब सदस्यों को तैयार किया जाए और भूमिका एवं जिम्मेदारी उठाने के लिए उन्हें प्रोत्साहित किया जाना चाहिए। उन्हें उनकी क्षमताओं और योग्यताओं के आधार पर कार्यों के संदर्भ में उनसे समूह की अपेक्षाओं के बारे में

बताया जाए। कार्यकर्त्ता द्वारा सदस्यों को अपनी दबी हुई क्षमताओं और योग्यताओं का उपयोग करने के लिए निरंतर प्रेरित किया जाता है। इस अवस्था में एक क्रियात्मक संगठन का उदय होना चाहिए ताकि सदस्य सक्रिय भूमिका ले सकें और जिम्मेदारी भरे फैसले कर सकें। "स्वतंत्रता और आत्म-निर्णय के लिए अभिलाषा रखने वाले प्रत्येक समूह को अपने स्थापित सदस्यों का तरीके से व्यवस्थित करना होता है कि वे स्वयं को 'संगठित' कह सकें", "यदि कोई समूह अपने कार्यक्रम बनाता है और उसे लागू करता है तो संगठन का प्रकार अपने आप में अधिक महत्त्वपूर्ण नहीं है। उसके पास जिम्मेदारी आवंटित है। उनके पास जानकारी प्रदान करने के तरीके होने चाहिए और ऐसे भी तरीके होने चाहिए जिनसे योजना बनाने, लागू करने और उन गतिविधियों का मूल्यांकन किया जा सके जिनके लिए कार्यक्रम बनाया गया है और अभिकरण तथा अन्य समूहों से सामान्य संबंध रखने वाली गतिविधियों में संपूर्ण समूह भागीदारी कर सके।

तृतीय अवस्था : निष्पादन (क्रियात्मक) [Third Stage: Performing (Action Phase)]–

क्रियात्मक चरण (Action Phase)–इस अवस्था में समायोजन और प्रगति के लिए अवसर प्रदान करने के लिए बनाए गए कार्यक्रम अनुभवों के प्रावधानों पर ध्यान केंद्रित किया जाता है। कार्यक्रम तात्कालिक और दीर्घकालिक उद्देश्यों के आधार पर दीर्घकालिक या अल्पकालिक हो सकते हैं। इस अवस्था में सत्र नियमित हो जाते हैं। उपस्थिति अधिक रहने की संभावना रहती है और यह स्थिति सदस्यों के शामिल और भागीदारी के बारे में होती है। इस चरण में गतिविधियाँ बढ़ जाती हैं, क्योंकि कार्यक्रम की योजना और क्रियान्वयन में पर्याप्त समय लगाया जाता है अर्थात् किसी समुदाय को युवाओं का दल जो अपने फुर्सत का समय उद्देश्यहीन व्यतीत करता है उनका एक समूह बना दिया जाता है। समूह कार्यकर्त्ता उनकी गाने और अभिनय की योग्यताएँ देखने के बाद उन्हें एक संगीतमय नाटक करने के लिए प्रोत्साहित करता है। समूह प्रेरित होता है और आलेख लिखने, गीत बनाने में और नृत्य कलाएँ बनाने में लग जाता है। समुदाय के समर्थन की सहायता से समूह अपना पहला नाटक प्रदर्शित करता है और धीरे-धीरे एक स्थापित नाट्यशाला समूह बन जाता है। क्रियात्मक चरण में आलेख लिखने, गीत रचना करने तथा प्रदर्शन के लिए निरंतर तीव्र अभ्यास करने से सदस्यों का अत्यधिक समय और प्रयोग करने में वे काफी व्यस्त रह सकते हैं। यह एक उदाहरण है, ऐसे कई उदाहरण हो सकते हैं।

इस अवधारणा के दौरान विकास काफी स्पष्ट हो जाता है और यह अधिक उपस्थिति नियमित बैठकें तथा सदस्यों द्वारा अधिक जिम्मेदारी लेने के रूप में झलकने लगता है। कार्यकर्त्ता द्वारा अधिकाधिक जिम्मेदारियाँ समूह को हस्तांतरित कर दी जाती हैं। समूह आगे तेजी से बढ़ने लगता है, आगे कार्यक्रम बनने लगता है और निरंतर अपने लक्ष्य में अग्रसर होने लगता है अब 'हम' और 'हमारे' की ध्वनि समूह में प्रचलित हो जाती है। सदस्य परस्पर सहज महसूस करते हैं, बेचैनी कम होने लगती है, नेतृत्व उभरने लगता है और सदस्य आगे नेतृत्व तथा जिम्मेदारी लेने के लिए तैयार होने लगते हैं। वे अपनी योग्यताओं के साथ सामने आते हैं तथा चुनौतियाँ और जटिल कार्यक्रमों का बीड़ा उठाने में अधिक तत्पर होने लगते हैं। यह समूह कार्य प्रक्रिया का सर्वाधिक क्रियात्मक चरण होता है तथा इसमें समूह की कार्य अवधि का काफी बड़ा हिस्सा लग जाता

है। अब समूह का अपने लक्ष्य प्राप्त करने के लिए अपने मार्ग पर अच्छा-खासा बड़ा हिस्सा लग जाता है। अब समूह अपने लक्ष्य प्राप्त करने के लिए पथ पर अग्रसर हो जाता है। कार्यक्रम की योजना विकास, उसका क्रियान्वयन एवं चेतावनी सूचक इस अवस्था की निश्चित विशेषताएँ हैं।

कार्यक्रम की योजना एवं क्रियान्वयन (Program Planning and Execution)– कार्यक्रम सदस्यों की रुचि और आवश्यकताओं की खोज के आधार पर गतिविधियों की एक शृंखला होता है। यह सामाजिक समूह कार्य प्रक्रिया का एक महत्त्वपूर्ण घटक है और इसकी योजना बनाना और भी अधिक महत्त्वपूर्ण है। यह कला और शिल्प से लेकर संगीत, नृत्य, सामाजिक घटनाएँ तथा पिकनिक व भ्रमण तक हो सकता है। इस अवस्था में समूह के अंदर कार्यक्रम के प्रति रुचि जागृत होने की संभावना रहती है। सदस्य अपने स्वयं के संसाधन खोजने और उनका उपयोग करने के लिए उत्साहित रहते हैं। कार्यक्रम की योजना और विकास प्रक्रिया समूह को उसका महत्त्व अनुभव कराने में सहायता करने का अपने आपमें एक महत्त्वपूर्ण साधन/उपकरण है।

कार्यक्रम का विकास सरल से जटिलता की तरफ होना चाहिए जिसमें गति के साथ योग्यता और तत्परता के रूप में समूह की प्रगति के रूप में परिणाम नजर आना चाहिए। "यदि हमारे कार्यक्रमों का अपेक्षाकृत अधिक महत्त्व है तो आरंभ में वैयक्तिक से समाजिक सामुदायिक मतलब की तरफ बढ़ना अंतिम उद्देश्य होना चाहिए।

कार्य समापन (Task accomplishment)–जब समूह आगे बढ़ने के लिए तत्पर होने के संकेत मिलने लगें तो कार्यकर्त्ता सदस्यों द्वारा विभिन्न और अपेक्षित अनुभवों की अपनी अभिलाषा जानने में मदद करनी चाहिए। जब समूह के सदस्य अपने अभावों को पूरा करने के लिए अपनी इच्छाएँ अभिव्यक्ति करने लगें और अपने कार्य में सुधार कर लें तो मान लेना चाहिए कि वे अपने विकास में उन्नत बिंदु पर पहुँच गए हैं। हो सकता है जो कार्यक्रम आत्म-केंद्रित रहे हों उन्हें अपेक्षाकृत बड़े अभिकरण और सामुदायिक उद्देश्यों पर जोर देने के लिए परिवर्तित किया जाना चाहिए। विशिष्ट रुचियाँ प्रकट हो सकती हैं। कार्यकर्त्ता की भूमिका समूह के लिए विशेषत: भावी संभावनाओं के लिए एक व्याख्याकार की हो जाती है। जब समूह को अपनी क्षमताओं पर भरोसा हो जाता है तो मूल्यांकन में काफी समय लगता है।"

चूँकि समूह अपने लक्ष्य और संबंधित कार्य पूरे करने के लिए उद्वेलित होता है अत: ऐसी कई बाधाएँ आ सकती हैं जो परिवर्तन में रूकावट बनें।

प्रगति पर नजर रखना (Monitoring Progress)–इस अवस्था में समूह कार्यकर्त्ता पीछे हट जाता है और समूह को कार्यभार सौंप देता है। फिर भी, उसे निरंतर चलाए जा रहे कार्यक्रम पर नजर रखना है और उसके तरीकों पर भी। जैसे ही कार्य समूह लक्ष्यों की तरफ गति से आगे बढ़ता है नियमित आधार पर प्रगति पर नजर रखना महत्त्वपूर्ण है।

चतुर्थ अवस्था : मूल्यांकन (समीक्षा या विश्लेषण) [Fourth Stage: Assessment (Evaluation)]–

मूल्यांकन (Evaluation)–क्रियात्मक चरण पूरा होने के बाद प्राप्त परिणाम निष्कर्ष का समूह को अपने प्रयासों से मुक्त स्पष्ट और विषयनिष्ठ मूल्यांकन करने के लिए तैयार रहना चाहिए।

मूल्यांकन समूह कार्य प्रक्रिया के दौरान निरंतर किया जाता है परंतु समूह की गतिविधियाँ समाप्त होने के बाद समापन चरण से पूर्व संपूर्ण अनुभूति का व्यापक मूल्यांकन अनिवार्य है। इससे सीखे गए पाठ से समूह कार्य अनुभूतियों को सुधारने में सहायता मिलती है, यह एक भावी मार्ग दर्शन के रूप में कार्य करता है।

मूल्यांकन की आवश्यकताएँ (Imperatives of Evaluation)—मूल्यांकन, अभिकरण, और कार्यकर्त्ता को अपने व्यवसाय को पुन: व्यवस्थित करने और मूल्यांकन से प्राप्त निष्कर्षों की रोशनी में अपने उद्देश्यों को संशोधित करने में सहायता करता है। मूल्यांकन की प्रक्रिया का सकारात्मक और निष्कर्षात्मक कार्य बनाने और पूर्वाग्रह मुक्त उद्देश्य मूल्यांकन करने के लिए यह आवश्यक है कि कुछ पूर्व निर्धारित संकेत विद्यमान रहें, ताकि उनके आधार पर मूल्यांकन किया जा सके।

संकेत (Indicators)—इन संकेतों को निर्धारित करने के लिए निम्नलिखित संदर्भों पर विचार किया जाना चाहिए—

(1) वैयक्तिक प्रगति (Individual growth)—सदस्यों के दृष्टिकोण से मूल्यांकन उनके कार्यों का प्रक्रिया के आरंभ से लेकर समापन तक परिणाम जानने का एक अवसर प्रदान करता है। यह विकास प्रक्रिया में सहायक है और निम्नलिखित संदर्भों में से कुछ का मूल्यांकन करने में सहायता करता है।

(क) आत्मविश्वास, निर्णय निर्माण आदि के संदर्भों में प्रत्येक सदस्य में प्रगति का स्तर;

(ख) अपनी रचनात्मक और योग्यता की अभिव्यक्ति के लिए सदस्यों को प्राप्त अवसरों के उपयोग की सीमा;

(ग) समूह कार्यक्रमों में उनकी भागीदारी और शामिल होने का स्तर;

(घ) 'हम' की भावना का विकास और संबद्धता की भावना;

(ङ) निर्बल करने वाले संघर्षों का समाधान और सहयोग तथा पारस्परिकता का पोषण करने के लिए क्षमता का विकास;

(च) सामाजिक सजगता का विकास और समुदाय में जिम्मेदारी तथा नेतृत्व ग्रहण कराने की योग्यता;

(छ) संप्रेषण, संगठनात्मक और परस्पर संपर्क दक्षताओं को व्यापक करना।

(2) कार्यकर्त्ता का निष्पादन (Worker performance)—

(क) मूल्यांकन समूह कार्यकर्त्ता को अपनी व्यावसायिक क्षमता या अक्षमता का आईना प्रस्तुत करता है। कार्यकर्त्ता का मूल्यांकन निम्नलिखित तथ्यों के साथ किया जा सकता है—

(ख) समूह की प्रगति और विकास का निर्णय करने के लिए संकेतों को पहचानने की योग्यता।

(ग) योजना की प्रभावशीलता तथा समूह सत्रों का संचालन।

(घ) समूह द्वारा उद्देश्यों और लक्ष्यों की प्राप्ति में सफलता की सीमा/यात्रा।

(ङ) गलतियाँ और त्रुटियों को पहचानना एवं चिह्नित करना।

(च) व्यावसायिक ज्ञान और दक्षता का उपयोग करने की योग्यता।

(3) अभिकरण का उद्देश्य (Agency's purpose)–

(क) मूल्यांकन अभिकरण वह सूचना प्रदान करता है जो उसे अपनी सेवाओं में सुधार करने और निम्नलिखित मार्गदर्शन के साथ अपनी नीतियों और कार्यक्रमों में सुधार करने के लिए आवश्यक होती हैं।

(ख) अपने कार्मिकों के मूल्यांकन के लिए उद्देश्य मानकों को वर्णन करना।

(ग) उन परिस्थितियों को सुनिश्चित करना जिसके अंतर्गत प्रभावी समूह कार्य किया जा सके।

(घ) अपनी आवश्यकताओं और प्रशासनिक प्रक्रियाओं में सुधार करना।

(ङ) अपनी आवश्यकताओं के अनुरूप समूहों और अभिकरणों के लिए पुनः उद्देश्य बनाना।

(च) कार्यक्रम की विषयवस्तु और पद्धति की समीक्षा।

अभिलेख रखना (रिकॉर्डिंग) (Record keeping)–अभिलेख संपूर्ण समूह कार्य प्रक्रिया का अभिन्न हिस्सा है परंतु मूल्यांकन के समय सर्वाधिक उपयोगी होता है। कार्यकर्त्ता को प्रत्येक सदस्य और प्रत्येक गतिविधि के विस्तृत अभिलेख रखने चाहिए। अच्छी तरह रखे गए अभिलेख सदस्यों की प्रगति का उनकी शक्तियों और त्रुटियों का उद्देश्यपरक मूल्यांकन में सहायता करते हैं। अन्य चीजों के साथ यह कार्यकर्त्ता को समझने में भी सहायता करते हैं कि किस कार्यनीति ने कार्य किया और किसने नहीं किया।

यद्यपि आंशिक निर्णय तो स्मरण-शक्ति के आधार पर किया जा सकता है लेकिन संपूर्ण मूल्यांकन तो तभी संभव है जब पर्याप्त अभिलेख रखे गए हों। इस अवस्था में कार्यकर्त्ता को पीछे के अपने अभिलेखों में जाना चाहिए तथा एक विश्लेषण और सारांश तैयार करना चाहिए। उसे न केवल समूह की प्रगति और विकास की समीक्षा करनी चाहिए, अपितु अपनी भूमिका और समूह के साथ संबंधों की तथा उसकी सदस्यों की परिवर्तित रुचियों और विकसित होती आवश्यकताओं को कहाँ तक सही समझा है, इनकी भी समीक्षा करनी चाहिए।

प्रतिपुष्टि (फीडबैक) (Feedback)–यद्यपि प्रत्येक सत्र की समाप्ति पर कई प्रकार की प्रतिपुष्टि की जाती है परंतु इस अवस्था में एक विस्तृत कार्य किया जाता है। प्रशंसा और रचनात्मक आलोचना का प्रभावी उपयोग प्रतिपुष्टि कार्य की स्पष्ट विशेषता है। समूह कार्यकर्त्ता को विभिन्न पहलुओं जैसे भागीदारी, कार्यक्रम का विकास और कार्यान्वियन, नेतृत्व, मिलकर कार्य करना (टीमवर्क) तथा समूह के उद्देश्यों के लिए सदस्य कहाँ तक संबद्ध रहे और क्या कार्य किया, आदि

पर अपनी प्रतिपुष्टि सदस्यों को प्रदान कर सकता है। कार्यकर्त्ता को प्रक्रिया को प्रभावित करने वाले अपने व्यवहार के बारे में मिलने वाली प्रतिपुष्टि का भी स्वागत करना चाहिए। उसे अपनी आलोचना का भी स्वागत करना चाहिए तथा इस पर अपनी सकारात्मक प्रतिक्रिया करनी चाहिए, क्योंकि यह प्रगति के मार्ग को प्रशस्त करता है और कार्यकर्त्ता को अपनी क्षमताओं और कमजोरियों से अवगत भी करता है। परिणाम युक्त प्रतिपुष्टि समूह कार्यकर्त्ता को अपनी सकारात्मक और नकारात्मक विशेषताओं के बारे में जानने में अधिक सहायता करती है। प्रतिपुष्टि देने और लेने के बारे में प्रदर्शित करना चाहिए—

(1) पहले सकारात्मक प्रतिपुष्टि देनी चाहिए।
(2) यह स्पष्ट होनी चाहिए।
(3) आलोचना को वैकल्पिक सुझाव के रूप में दिया जाना चाहिए।
(4) आरंभ में सदस्यों को लिखित प्रतिपुष्टि देने के लिए प्रोत्साहित किया जाए।
(5) कार्यकर्त्ता इस उद्देश्य के लिए कोई प्रारूप भी तैयार कर सकता है।

पंचम अवस्था (अंतिम चरण) : समापन (अलगाव) [Fifth Stage: Termination (Ending Phase)]—प्रत्येक समूह के जीवन में ऐसा समय आता है जो एक सकारात्मक या नकारात्मक अनुभूति होती है। जब यह कहा जाए कि समूह ने अपने लक्ष्य प्राप्त कर लिए हैं और समूह कार्यकर्ता एक उपयुक्त प्रक्रिया के द्वारा इसके अच्छे ढंग से समाप्त करने के बारे में निश्चित हो तो समूह का सकारात्मक समापन होना माना जाता है।

कुछ विद्वानों का मत है कि समूह की स्थापना के समय ही उसके समापन की तिथि भी घोषित कर देनी चाहिए ताकि सदस्यों को अपने लक्ष्य प्राप्त करने के लिए उन्हें मिलने वाले समय का पता रहे। अवधि इतनी अधिक होनी चाहिए कि समूह का विकास हो सके और व्यवहार में परिवर्तन हो सके। समूह को समय-समय पर अपनी प्रगति की समीक्षा करनी चाहिए तथा भावी कार्य के लिए उसके अनुसार निर्णय करने चाहिए।

जिस प्रकार समूह कार्यकर्त्ता ने विकास की पिछली अवस्थाओं में किया था, ठीक उसी प्रकार इस अवस्था में भी उसे यह सुनिश्चित करना पड़ता है कि समूह का समापन उचित तरीके से हो। अत्यधिक संतुष्ट अनुभूति के बावजूद कभी-कभी ऐसा समय आता है जब समूह अपनी स्वाभाविक जीवन-शैली में पहुँच जाता है उस समय रुचि में कमी हो जाती है तथा यह कभी उल्लेखनीय होता है।

समूह की समाप्ति (Ending the Group)—समूह की समाप्ति एक सुनियोजित तरीके से करनी होती है। सदस्य समूह समापन पर भिन्न तरीके से प्रतिक्रिया कर सकते हैं। कार्यकर्त्ता द्वारा समाप्ति समय के बारे में समूह को सूचित रखना चाहिए और एकदम अचानक सूचना नहीं देनी चाहिए। जब समूह का समापन अचानक किया जाता है तो करने के लिए कुछ नहीं होता अन्यथा समूह की समाप्ति एक सुनियोजित तरीके से की जा सकती है।

अंतिम सत्र (The last Sessions)—सामाजिक समूह कार्य प्रक्रिया की समाप्ति के समय

कार्यकर्त्ता को सदस्यों में समझौता करने में भी सहायता करनी पड़ती है कि अब कोई नियमित बैठकें नहीं होगीं और समूह समाप्ति के कारण होने वाली रिक्तता को पूरा करने की चुनौती का सामना करने के लिए कोई मार्गदर्शन नहीं होगा। कार्यकर्त्ता द्वारा समूह को निम्नलिखित के लिए तैयार करना चाहिए–

(1) समापन-अवस्था के लिए;

(2) अंतिम मूल्यांकन को समूह के साथ बाँटना;

(3) कुछ लक्ष्यों को पूरा करने में कहाँ तक सफल हुए और कुछ अन्य लक्ष्यों को पूरा करने में असफल हुए, जैसा भी मामला हो, विश्लेषण करना;

(4) सदस्यों को अपनी प्रसन्नता, चिंताएँ, भय अच्छी/बुरी अनुभूति की अभिव्यक्ति के लिए सदस्यों को अवसर देना एवं उनकी उपलब्धियों पर चर्चा करना;

(5) उनकी भावी योजनाओं के बारे में चर्चा करना;

(6) "समूह सदस्यों में नेतृत्व विकसित करने, सदस्यों में क्षमता बनाने और समूह की कार्य प्रणाली जारी रहने के लिए व्यवस्थाओं का विकास करने से समूह का समापन सहज हो सकता है" (सिद्‌दीकी, 2008)।

प्रश्न 5. समूह विकास की विभिन्न अवस्थाओं के दौरान सामाजिक समूह कार्यकर्त्ता की भूमिका पर निबंध लिखिए।

अथवा

सामाजिक समूह प्रक्रिया की विभिन्न अवस्थाओं की चर्चा कीजिए। प्रत्येक अवस्था या चरण में सामाजिक समूह कार्यकर्त्ता की भूमिका पर प्रकाश डालिए।

उत्तर– समूह कार्यकर्त्ता की भूमिका (Role of Group Worker)–सामाजिक समूह कार्य में समूह कार्यकर्त्ता की भूमिका बहुत महत्त्वपूर्ण होती है और ये भूमिका समूह के विकास की प्रत्येक अवस्था में परिवर्तित होती रहती है। मुख्य तथ्य यह है कि कार्यकर्त्ता को प्रत्येक अवस्था में समूह के स्तर को समझना होता है और समूह की गति के साथ आगे बढ़ना होता है। इसके लिए उसे समझने के लिए अध्ययन और विश्लेषण करना चाहिए कि सदस्य अपने विकास में कहाँ पर है। कार्यकर्त्ता विभिन्न प्रकार की भूमिकाओं का निर्वाह करता है, जैसे कभी सक्षम बनाने वाले के रूप में, सहायक, मार्गदर्शक और सुविधा प्रदाता, कभी समस्या निवारक के रूप में, मध्यस्थ और प्रशिक्षक और कभी-कभी अधिवक्ता या नेता के रूप में। उसे समूह की गतिविधियों की योजना बनाने और उन्हें लागू करने में समूह के सदस्यों को दिशा-निर्देश देने होते हैं। वह सदस्यों को संकल्प चुनने में सक्षम बनाता है तथा यथा संभव शीघ्र ही उन्हें आत्म-निर्देशित बनने में सहायता प्रदान करता है। सभी अवस्थाओं में कार्यकर्त्ता को व्यावसायिक व्यवहार विकसित और प्रदर्शित करना होता है।

आरंभिक चरण में समूह कार्यकर्त्ता की भूमिका (In the Initial Phase)–आरंभिक

चरण में समूह कार्यकर्त्ता सदस्यों में संबद्धता की भावना बनाने में सहायता करता है जो एक भावनात्मक अनुभूति है। सदस्यों में संबद्धता की भावना उत्पन्न करने में दक्षता और समझने का कार्य करना कार्यकर्त्ता का बहुत महत्त्वपूर्ण कार्य है। उसे उन स्थितियों को विकसित करना होता है जिसके अंतर्गत संबद्धता का विकास होता है। इसके लिए उसे समूह द्वारा और समूह को स्वीकार करने की आवश्यकता पड़ती है।

संबद्धता की भावना के साथ, वर्ग, उमंग, स्नेह, पारस्परिकता और प्रतिबद्धता के साथ-साथ दूसरे सदस्यों के लिए सम्मान तथा समूह के उद्देश्यों के लिए आदर की भावना भी जागृत होती है। आरंभिक अवस्थाओं में कार्यकर्त्ता के अधिक समय की तथा उसकी अधिक सक्रिय भूमिका की आवश्यकता हो सकती है।

आरंभिक चरण में जहाँ पर्यवेक्षण केंद्रीय होता है वहाँ सामाजिक समूह कार्यकर्त्ता को निम्नलिखित तथ्यों पर ध्यान केंद्रित करने की आवश्यकता है–

- अनुकूलन और भर्ती पर ध्यान देना तथा अभिकरण के मुख्य कार्य के बारे में सदस्यों को स्पष्ट जानकारी प्रदान करना;
- प्रत्येक सदस्य के बारे में सूचनाएँ प्राप्त करने और उनकी आवश्यकताएँ जानने के लिए प्रयास में पर्याप्त समय व्यतीत करना;
- समूह के उद्देश्य और लक्ष्य निर्धारित करने में समूह की सहायता करना;
- समूह के उद्देश्य को अभिकरण के संपूर्ण उद्देश्य के साथ संबंध स्थापित करने का प्रयास करना;
- सदस्यों में संबद्धता को मजबूत करने के तरीके तलाश करना।

इस अवस्था में समूह कार्यकर्त्ता अन्य बातों के साथ-साथ निम्नलिखित प्रयास भी कर सकता है–

- तालमेल स्थापित करना;
- परिचयकारी सत्र आयोजित करने के द्वारा सदस्यों को परस्पर परिचित होने में सदस्यों की सहायता करना;
- सदस्यों के खुलने और वार्तालाप करने तथा पारस्परिकता बढ़ाने में सहायता के उद्देश्य से सरल गतिविधियाँ आयोजित करना;
- यदि सदस्य पहले से ही एक-दूसरे को जानते हैं तो उन्हें समूह के उद्देश्य के बारे में सूचित करना;
- सदस्यों की अपनी चिंताएँ दूर करने और यदि कोई आशंका या भ्रांति है तो उसे दूर करने में सहायता करना;
- समूह की गतिविधियों के दौरान पालन किए जाने वाले बुनियादी नियमों को स्पष्ट करना।

माध्यमिक चरण में समूह कार्यकर्त्ता की भूमिका (In the Middle Phase)—माध्यमिक चरण में कार्यकर्त्ता की जिम्मेदारी एक प्रकार का कार्यकारी आयोजन करने में समूह की सहायता करना है जिससे उस कार्यक्रम को छांटना संभव हो सकता है जिसे समूह करना चाहता है। कार्यकर्त्ता समूह की रचना नहीं करता अपितु इसके स्वत: संरचित होने में सहायता करता है। मुख्य बात यह है कि संरचना को यथासंभव सरल रखा जाए। समूहों में संतुष्ट रचनात्मक संबंध बनाने और बनाए रखने के लिए व्यक्तियों की सहायता करते समय उनकी योग्यता के आधार पर भूमिका आवंटन को प्रोत्साहित करना चाहिए।

कार्यकर्त्ता के हाथ में कार्यक्रम एक महत्त्वपूर्ण साधन होता है और इस अवस्था में कार्यकर्त्ता के पास कार्यक्रम की योजना बनाने, विकास करने और लागू करने में तथा समूह की सहायता करने का उद्देश्य होता है। कार्यक्रम विकास में उसकी मुख्य भूमिका व्यक्तियों के लिए पारस्परिक संपर्क प्रक्रिया को प्रेरित करने और मार्गदर्शन प्रदान करने तथा समूह का विकास करने की है। वह समूह की अपनी क्षमताएँ और सीमाएँ समझने में सहायता करता है तथा समूह विकास की प्रक्रिया के संदर्भ में परस्पर संपर्क में मार्गदर्शन प्रदान करता है। वह न केवल समूह को प्रेरित करने में सहायता करता है, अपितु अभिकरण और सामुदायिक संसाधनों की खोज करने में, उपयोग करने में तथा समूह में स्थिति संसाधनों का उपयोग करने में समूह की सहायता करता है। वह निरंतर संभावित नेताओं की पहचान करने और उनके लिए नेतृत्व ग्रहण करने के लिए अवसर उत्पन्न करने के द्वारा समूह कार्य निष्पादन में और नेतृत्व विकसित करने में पहल करने के लिए सदस्यों को प्रोत्साहित करता है। इस अवस्था में समूह कार्यकर्त्ता समूह में उठने वाले शक्ति संबंधी मामलों को दूर करने के लिए अनुरोध कर सकता है। कुछ सदस्य समूह पर आधिपत्य जमाने और नियंत्रण का प्रयास कर सकते हैं जो न केवल संघर्ष और समूहवाद को जन्म दे सकता है अपितु सदस्यों के मध्य और यहाँ तक कि समूह कार्यकर्त्ता के प्रति भी द्वेष/बैर की भावना पैदा कर सकता है। कार्यकर्त्ता को शक्ति मामलों को निपुणतापूर्वक सुलझाना होता है जिसे वह सहयोग, साझेदारी और परस्पर सम्मान की भावना को बढ़ावा देने और विकसित करने के द्वारा कर सकता है। कार्यकर्त्ता उस नेतृत्व के साथ कार्य करने में विशेष रूप से सहायक होगा जो समूह से उत्पन्न हुआ है।

समूह विकास की क्रियात्मक अवस्था में कार्यकर्त्ता को अपनी भूमिका परिवर्तित करनी चाहिए। उसे स्वयं सक्रिय होने की अपेक्षा सदस्यों को जिम्मेदारी ग्रहण करने देना चाहिए। पृष्ठभूमि में रहते हुए उसका मुख्य कार्य समूह में होने वाले परिवर्तनों और प्रगति पर नजर बनाए रखना होना चाहिए। वह तीव्र प्रगति को नियंत्रित करेगा और यह सुनिश्चित करेगा कि समूह को सफलतापूर्वक कार्य संभालने के लिए की गई तैयारी की तुलना में उससे अधिक भार नहीं उठाना चाहिए। इस चरण के दौरान, दीर्घावधि कार्यक्रमों और अधिक भागीदारी वाले संगठन को प्रोत्साहित किया जा सकता है।

अंतिम चरण में समूह कार्यकर्त्ता की भूमिका (In the Last Phase)—अंतिम अवस्था में कार्यकर्त्ता की भूमिका समूह की अनुभूतियों की समीक्षा से आरंभ होती है और बिछड़ने की भावना को समझना होता है। इस चरण के लिए कार्यकर्त्ता द्वारा योजनाएँ बनाना महत्त्वपूर्ण है और इसे दक्षतापूर्ण और संवेदनशीलता के साथ संभालना चाहिए। समूह प्रक्रिया का समापन जिस प्रकार

हुआ वह इस बात को भी प्रभावित करेगा कि सदस्यों ने जो प्रगति प्राप्त की है, वे इसे किस प्रकार जारी रख सकेंगे। कार्यकर्त्ता को समूह में घटित सभी घटनाओं के अभिलेख बनाने के लिए उपयुक्त प्रारूपों का विकास करना चाहिए। अभिलेखों का अल्पकालिक और दीर्घकालिक उद्देश्य और उपयोग होता है। सामाजिक समूह कार्यकर्त्ता का एक महत्त्वपूर्ण कार्य अभिलेखों को गहन सुरक्षा और संवेदनशीलता के साथ संभाले रखना है। उसे सदस्यों के व्यवहार और प्रत्युत्तरों का संपूर्ण अभिलेख रखना चाहिए और ऐसा करते हुए अभिलेख सामग्री का चयन व्यवस्थित करने में पूरी सजगता रहनी चाहिए तथा समय-समय पर उसका विश्लेषण एवं सारांश तैयार करते रहना चाहिए।

अंतिम चरण मुख्य रूप से कार्यकर्त्ता द्वारा यह मूल्यांकन करने की अपेक्षा रखता है कि क्या वैयक्तिक और समूह के लक्ष्य सफलतापूर्वक प्राप्त कर लिए गए हैं और समूह के समापन के बाद परिवर्तन और निरंतर प्रगति बनाए रखने के लिए योजना बनाई गई है।

इस अवस्था में कार्यकर्त्ता को कार्यक्रम, वैयक्तिक प्रगति का तथा समूह विकास की विभिन्न अवस्थाओं में उसकी भूमिका के परिवर्तित और विकसित होने के कारणों का वास्तविक मूल्यांकन करना पड़ता है। उसे प्रक्रिया की समीक्षा करनी पड़ती है और समूह घटित सभी घटनाओं को समझना होता है तथा समूह विकास समापन में उसके पास निर्वाह की गई भूमिका का आरंभ से अवलोकन करना होता है। उसके पास मध्यस्थताओं के सावधानीपूर्वक तथा उद्देश्यपरक मूल्यांकन करने का तथा सूचना समूह को बनाते तथा सदस्यों द्वारा अपनी उपलब्धियों और असफलताओं का मूल्यांकन करने में उनकी सहायता करने का महत्त्वपूर्ण कार्य होता है। यदि समूह ने समाप्ति का निर्णय किया है तो कार्यकर्त्ता को सहज समाप्ति सुनिश्चित करनी चाहिए और यदि इसे बिना कार्यकर्त्ता के जारी रखने का निर्णय किया जाता है तो वह समूह की कार्यप्रणाली पर निरंतर नजर रख सकता है और संपर्क को बनाए रखता है।

अंतिम चरण में कार्यकर्त्ता को समूह में ऐसी परिस्थितियाँ उत्पन्न करनी चाहिए जहाँ सदस्य परिवर्तित व्यवहारों का स्वतंत्र रूप से अभिनय कर सके। इससे समूह को बाद में समूह की सहायता न रखने पर होने वाली स्थितियों के साथ समझौता करने में सहायता मिलती है। सफल समापन में समूह से बिछड़ने के लिए सदस्यों को अच्छी तैयारी करना तथा सदस्यों को समूह पर आश्रित रहने से अब आत्मनिर्भर रहने के पारागमन को व्यापक बनाना शामिल है। जी.पी.एच. की पुस्तकों का मुख्य उद्देश्य ज्ञान के साथ-साथ अच्छे नम्बर दिलाना है।

प्रश्न 6. समूह निर्माण से आप क्या समझते हैं? समूह निर्माण को प्रभावित करने वाले विभिन्न कारकों का वर्णन कीजिए। समूह निर्माण के सिद्धांतों एवं परिप्रेक्ष्यों को संक्षेप में स्पष्ट कीजिए।

अथवा

'समूह निर्माण' से आप क्या समझते हैं?

उत्तर– समूह लोगों का एक संग्रह है जिनकी समान विशिष्टताएँ, इच्छाएँ, लक्ष्य या उद्देश्य हैं, दो या इससे अधिक व्यक्ति जो एक-दूसरे के साथ एक जैसी अन्तक्रिया करते हैं तथा वह

ऐसी प्रक्रिया है जिसमें प्रत्येक व्यक्ति दूसरे व्यक्ति को प्रभावित करता है और दूसरे लोग उसी प्रकार से इन्हें प्रभावित करते हैं। यह दोनों ही आपस में समूह के रूप में मान्यता देते हैं और अन्य लोग भी इन्हें एक समूह के स्वरूप में ही देखते हैं।

एक समूह का निर्माण उसके सदस्यों की प्रोत्साहित क्रियाओं द्वारा एक हिस्से के रूप में लिया जाता है। नए समूहों की संरचना भी अवरोधों, अवसरों तथा माँगों के संदर्भ में जिसमें समूह स्थिति होती है, उसके हिस्से के रूप में निर्धारित होती है। जो लोग समूह के सदस्य नहीं होते हैं वे प्रायः नए समूहों के निर्माण साधन या स्रोत बनते हैं। लोगों के रूपांतरण, संसाधन तथा इस संदर्भ में इच्छाओं के कारण, बाहरी और आंतरिक दबाव व शक्तियाँ दोनों ही परस्पर जुड़ने तथा सक्रिय ढाँचे को उत्पन्न करता है।

समूह निर्माण लघु परिवर्तनों के साथ एकल प्रक्रिया नहीं है। यह बिल्कुल अलग घटनाक्रम नए और भिन्न समूहों के निर्माण का परिणाम हो सकता है। कार्टराइट और जैंडर (1968) ने तीन अलग-अलग परिस्थितियों की पहचान की है जिसमें समूह अपने अस्तित्व में आता है, ये इस प्रकार हैं–

- **सुविचारित निर्माण (Deliberate Formation)**–एक या उससे अधिक लोग अपने कुछ उद्देश्यों को पूरा करने के लिए समूह निर्माण करते हैं।

- **स्वैच्छिक निर्माण (Spontaneous Formation)**–समूह का निर्माण अंतर्वैयक्तिक रुचि व इच्छाओं के आधार पर होता है। समूह का निर्माण इसलिए होता है कि लोग एक साथ मिलकर अपनी इच्छाओं को पूरा करना चाहते हैं, उदाहरण के लिए, मित्रता समूह या मैत्री समूह, गैंग और व्यावसायिक समूह इत्यादि।

- **बाहरी पद (External Designation)**–इसका निर्माण इसलिए होता है कि उन्हें (व्यक्ति को) अन्य लोगों से समजातीय के रूप में व्यवहार करना होता है। यह बाहरी पदों का सृजन समूहों के सुविचारित निर्माण की दिशा में ले जा सकता है।

सुविचारात्मक निर्माण अथवा निर्मित समूह, बाहर के अभिकर्त्ता समूह के लिए लोगों को काम करने के लिए तैयार करते हैं और समूह के उद्देश्य के अनुसार विशेष प्रकार के पदों से सज्जित करते हैं। अनेक कार्य समूह, समस्या समाधान समूह, चिकित्सा समूह, सामाजिक क्रिया समूह तथा सलाहकार मध्यस्थ समूह और सबसे अधिक समूहों की भरमार सामाजिक मनोविज्ञान तथा शैक्षिक उद्देश्यों की प्राप्ति के लिए निर्मित सभी समूह इसी श्रेणी के अंदर आते हैं।

जैसा कि हमने ऊपर स्वैच्छिक संगठन के संबंध में बताया है, यह सब परिस्थितियों से निर्मित समूह होते हैं जहाँ पर घटनाएँ व्यक्ति को समूह निर्माण के लिए दबाव डालती हैं तथा सामूहिक कार्रवाई के लिए कारण और अंतर्क्रिया करने के लिए बाध्य करती हैं। स्वयं संगठित समूह वह होता है जो एक बड़ी और व्यापक स्थापना में लोगों के उप समूह के रूप में कार्य करता है। इसमें लोग समूह निर्माण के लिए अत्यधिक सक्रियता नहीं दिखाते हैं, यह केवल घटना मात्र होता है। अंदर जो ऊँचे स्तर के आंतरिक सदस्य होते हैं तथा समूह निर्माण से पूर्व अपने प्रभाव के माध्यम से अंतर्वैयक्तिक अंतःक्रियाओं से इसे प्रभावित कर चुके होते हैं।

समूह निर्माण को प्रभावित करने वाले कारक (Factors Affecting Group Formation)–समूह के सृजन में अनेक कारक अपनी भूमिका निभाते हैं। तोसी, रीज़ो और कारोल (1986) के अनुसार महत्त्वपूर्ण भिन्नताएँ हैं जो समूह निर्माण को प्रभावित करती हैं, जिनमें निम्नलिखित सम्मिलित हैं–

- वैयक्तिक विशिष्टताएँ, जिसमें भागीदारी का विश्वास, मूल्य प्रवृत्तियाँ, सुरक्षा की आवश्यकता और संबद्धता की आवश्यकता होती है।
- सामान्य हित और लक्ष्य या उद्देश्य।
- प्रभावित करना, समूह द्वारा और अधिक शक्ति प्राप्त करने के लिए प्रयास करना तथा समुचित ध्यान आकर्षित करने और कार्यवाही करने के लिए प्रभावित करना।
- अंत:क्रिया के लिए अवसर, यह घनिष्ठ संबंध और रिश्ते विकसित करने में सहायता करता है।
- अन्य कारक भी समान कार्यात्मक विभाग, सहकारिता, शारीरिक गतिविधियों, बौद्धिक प्रयास, भावनात्मक आवश्यकताएँ या संरक्षण, सावधानी और मित्रता बनाना आदि पर विल्सन तथा रीलांड (1949) ने विभिन्न कारकों पर प्रकाश डाला है जिसकी समूह निर्माण के समय ध्यान में रखने की आवश्यकता होती है, उन्होंने कहा कि "प्रत्येक सामाजिक कार्यकर्त्ता जो समूहों के साथ कार्य करता है, उन्हें इन कारकों की जानकारी रखना अत्यंत आवश्यक है, जैसे कि समूह का आकार, स्थापना-अभिकरण तथा समुदाय जिसमें समूह स्थापित करना है, सदस्यों का व्यक्तित्व और स्वास्थ्य, उनकी सांस्कृतिक, सामाजिक और आर्थिक पृष्ठभूमि तथा अभिकरण और समुदाय में इस समूह से दूसरे समूहों के संबंध इत्यादि। ये कारक अनुकूल और विपरीत हो भी सकते हैं–जैसे कि धार्मिक, नृजातीयता, राजनीतिक, आर्थिक, सामाजिक वर्ग तथा पीढ़ी-इन सबकी व्यापक भूमिका होती है चाहे वो समूह संख्या में छोटे ही क्यों न हों या फिर वे आयु में कम ही क्यों न हों।"

समूह निर्माण के सिद्धांत (Theories of Group Formation)–अनेक लेखकों तथा शोधकर्त्ताओं ने विभिन्न सिद्धांतों और परिप्रेक्ष्यों को प्रस्तुत किया है और स्पष्ट किया है कि क्यों और कैसे लोग समूह निर्माण के लिए एक साथ हो जाते हैं, इन परिप्रेक्ष्यों की समझ, उस समय लाभदायक सिद्ध होती है जब सदस्यता के परिदृश्य के साथ उद्देश्यों की तुलना करते हैं।

क्रियात्मक परिप्रेक्ष्य कहता है कि समूहों का निर्माण जीवन या जीने की आवश्यकताओं जैसे भोजन, संरक्षण, पालन-पोषण तथा पुनरुत्पादन या जनन क्रिया, मनोवैज्ञानिक संबद्धता शक्ति के लिए आवश्यकता, दूसरों पर नियंत्रण करने की आवश्यकता इत्यादि की पूर्ति करता है। शुल्ज (1958) के द्वारा दिए गए एफ.आई.आर.ओ. (FIRO) (फंडामेंटल इंटरपरसनिल रिलेशंस ऑरिनटेशन) अर्थात् मूल अंत:व्यक्तिगत संबंध अभिविन्यापक के अनुसार समूह में सम्मिलित होना (समूह का हिस्सा बनने की इच्छा) नियंत्रण समूह या स्नेह (अन्य लोगों के साथ सकारात्मक संबंध बनने की इच्छा)। आवश्यकताओं की एक तीसरी श्रेणी है और वह है सूचनात्मक

आवश्यकता जिसकी समूह द्वारा प्राय: सहजता से पूरी हो जाती है। लोग प्राय: अपनी आवश्यकताओं को निश्चित करते हैं यदि उनके विचार बिंदु एकदम ठीक और सही हैं। यह परिप्रेक्ष्य सुझाव देता है कि लोग समूह इसलिए ग्रहण करते हैं या उसमें शामिल होते हैं कि वे सामाजिक वास्तविकताओं को अच्छी तरह से जानना चाहते हैं।

समूह लोगों की अंतर व्यक्तिगत आवश्यकताओं की पूर्ति भी करते हैं। अनेक समूह सामाजिक सहयोग, भावनात्मक पुष्टि करना, सलाह और मूल्यांकन आधार सामग्री उपलब्ध करा सकते हैं। सामाजिक सहयोग समूहों का महत्त्वपूर्ण और मूल्यवान कार्य है तनाव के हानिकारक प्रभावों से हमारी रक्षा करना, अकेलेपन से जीवन को बचाना है।

अंतत: समूह हमारी महत्त्वपूर्ण सामूहिक आवश्यकताओं की पूर्ति कर सकते हैं को एक व्यक्ति के अकेले कार्य करने की तुलना में समूह कहीं ज्यादा लाभप्रद होता है। कुछ सामूहिक लक्ष्य जिन्हें समूहों द्वारा निष्पादित किया जाता है जिसमें कलाओं में व्यस्त रहना, अपने सदस्यों के खाली समय का प्रयोग कर उसको मूल्यवान व लाभदायक बनाना, समूह के बाहर लोगों के मत में परिवर्तन लाना या उसको बदलना और सरल वैयक्तिक के दैनिक कार्यों में व्यस्त रखना इत्यादि।

अंतर्वैयक्तिक आकर्षण परिप्रेक्ष्य के अनुसार कभी-कभी समूहों का निर्माण इसलिए होता है, क्योंकि व्यक्ति अकेले होते हैं और एक-दूसरे को चाहते हैं तथा और अधिक समय एक साथ बिताना चाहते हैं। अनेक कारक हैं जो हमारी पसंद प्रभावित करते हैं। जिसमें निम्नलिखित को सम्मिलित किया गया है–

- हमारी यह प्रवृत्ति होती है कि हम उन लोगों की ओर आकर्षित होते हैं जो हमारी तरह ही आचार-व्यवहार, विश्वास, सामाजिक-आर्थिक स्तर, शारीरिक गठन या समानता रखते हैं।
- हमारी प्रवृत्ति यह भी है कि हम लोगों से संबंध स्थापित करते हैं जो हमारे शारीरिक या भौतिक रूप में समान हैं, जो लोग हमारे पड़ोस में रहते हैं, या हमारी बगल में बैठते हैं तथा वो लोग जिनके साथ हम नजदीकी से एक साथ काम करते हैं।
- हम उन लोगों को पसंद करते हैं जो हमें पसंद करते हैं।
- हम उन लोगों को आकर्षित करते हैं जो शारीरिक रूप से प्रभावकारी होते हैं।

संतुलन सिद्धांत में कहा गया है कि व्यक्ति एक-दूसरे की ओर आकर्षित होते हैं, क्योंकि उनकी पहचान की प्रवृत्ति एवं उनके उद्देश्य समान होते हैं। इसमें आकर्षण और सामान्य प्रवृत्तियों के बीच एक ठोस संतुलन बनाए रखने का प्रसास किया गया है।

विनिमय सिद्धांत अंत:क्रिया के परिणामस्वरूप प्रतिफल-लागत के आधार पर है, जो ध्यान देने योग्य भी है। परिणाम का न्यूनतम सकारात्मक स्तर (अर्थात् लागत से अधिक प्रतिफल) को आवश्यक रूप से बनाए रखना चाहिए ताकि आकर्षण बना रहे। यहाँ अंत:क्रिया पर से प्रतिफल आवश्यकता की संतुष्टि करता है जबकि लागत तनाव का कारण बना है या माना गया है (द्वेदी 2001 पृ. 265-269)। अन्य दो और सिद्धांत हैं कि समजातीयता पर विशेष बल दिया गया है और

समूह निर्माण करने में यह महत्त्वपूर्ण है। शोधकर्त्ता **समान-आकर्षण सिद्धांत** तथा **स्वयं वर्गीकरण सिद्धांत** दोनों में सुझाव दिया गया है कि लोग उनको अधिक आकर्षित करना चाहते हैं जो नस्ल, आयु, और लिंग आदि के आधार पर समान होते हैं। अत: इसमें सुझाव दिया गया है कि स्वयं आयोजित समूह समजातीय होने की अधिक संभावना होती हैं।

प्रश्न 7. सामाजिक समूह कार्य में समूह रचना योजना का सविस्तार वर्णन कीजिए।

उत्तर– सामाजिक समूह कार्य की विभिन्न परिभाषाएँ, इस तथ्य पर प्रकाश डालती हैं कि यह उद्देश्यपूर्ण गतिविधि है, यह नियोजित है, तथा यह अपने क्षेत्र में व्यक्तियों, समूहों, समूह कार्यकर्त्ता सामाजिक अभिकरण तथा समुदाय जिसमें की समूह और समाज अभिकरण अपना कार्य करती है, उनको अपने में समाहित करती है। सहयोग या सहायता या स्व-सहायता समूह उन लोगों द्वारा निर्मित किए जाते हैं कि जो सामान्य चिंताओं में शामिल होते हैं अथवा उन्हें भी अन्य लोगों की समस्याओं की बेहद चिंताएँ हैं। समूहों में स्वास्थ्य देखभाल संस्थाएँ, सामाजिक सेवा अभिकरण अथवा गैर-लाभ कमाने वाले लोग।

सामाजिक समूह कार्य के प्राथमिक प्रयोजन में "व्यक्ति और उसके सामाजिक कार्यों के लिए सहायता करना" (कोनोप्का, 1963) यह प्रसंग भी उपलब्ध कराता है जिसमें व्यक्ति परस्पर सहायता करता है, इसका उद्देश्य समूहों और व्यक्तियों की सहायता करना तथा यह व्यक्ति को और समूहों को प्रभावित करता है तथा व्यक्ति, समूह, संगठनात्मक और सामुदायिक समस्याओं को हल करना इसका मुख्य उद्देश्य है।

समूह नियोजन (Planning a Group)–समाज कार्य की सभी गतिविधियाँ नियोजित और उद्देश्यपूर्ण होती हैं। कभी-कभी व्यस्तता या शीघ्रता के कारण समूह चलाने के लिए नियोजन पर ध्यान नहीं दिया जाता है। एक समाज कार्य समूह की सफलता के लिए व्यापक योजना नियोजन की अत्यंत आवश्यकता होती है। सेवा के प्रसंग के अंतर्गत समाज और अभिकरण में समूह के निर्माण के लिए निम्नलिखित नियोजन के परस्पर संबद्ध घटकों पर विचार करने की अत्यंत आवश्यकता है–

(1) **आवश्यकता (Need)**–समूह सदस्य परिप्रेक्ष्य के संदर्भ में कौन सी समस्याएँ, मुद्दे और क्षेत्र हैं।

(2) **उद्देश्य (Purpose)**–उद्देश्य की आवश्यकता के पूर्व घटक में बताया जा चुका है। समूह के सामूहिक प्रयासों का समापन और उद्देश्य क्या होंगे? समूह के सदस्यों के व्यक्तिगत उद्देश्य क्या होंगे?

(3) **संयोजन (Composition)**–समूह में कितने व्यक्ति सदस्य होंगे? उनके बीच कौन से महत्त्वपूर्ण बिंदु समान होंगे और कौन से भिन्न बिंदु होंगे?

(4) **संरचना (Structure)**–समूह संचालन की विशेष व्यवस्था तथा सुविधाएँ क्या होंगी? विशिष्ट रूप से समय और स्थान की क्या व्यवस्था होगी?

(5) **विषय (Content)**–समूह में वास्तविक क्या होगा या उसमें क्या किया जाएगा?

(6) पूर्व समूह सपंर्क (Pre-group contact)–यदि समूह सदस्य पहले से निश्चित कर चुके हैं, ऐसी स्थिति में संयोजन की प्रक्रिया आरंभ होती है।

उपरोक्त उद्देश्यों और संयोजन के घटकों को निम्नलिखित रूप से स्पष्ट किया गया है।

उद्देश्य (Purpose)–यह आवश्यक है कि प्रस्तावित समूह के उद्देश्य के विभिन्न अवबोधनों में से सबसे श्रेष्ठ को स्थापित या व्यवस्थित करना–उद्देश्य अभिकरण द्वारा समूह कार्यकर्त्ता द्वारा, व्यक्तिगत सदस्य द्वारा तथा संपूर्ण समूह द्वारा का प्रथम कर्त्तव्य है। उद्देश्य प्रस्तावित समूह के प्रकार को परिभाषित करता है (नार्दन और कुरलैंड, 2001, पृ. 126)।

(क) समाजीकरण और विकास-मूलक समूह (Socialisation and growth-oriented groups)–सदस्यों का विकास करना, सामान्य आवश्यकता के क्षेत्र में क्षमता बनाना, व्यक्तिगत विकास का विस्तार करना और विकासात्मक कार्यों की चुनौतियों से निपटना इत्यादि।

(ख) सहयोग तथा स्वयं सहायता समूह (Support and self-help groups)–संकटपूर्ण एवं तनावपूर्ण परिस्थिति में आपसी सहायता एवं हमजोलियों द्वारा सहायता प्रदान करना ताकि व्यक्तिगत सम्मान को स्थापित किया जा सके, जो कि पक्षपात एवं अवहेलना से उत्पन्न होता है। व्यक्तियों का शोषण एवं उत्पीड़न इत्यादि परिस्थिति, बीमारी, रंग, अंधविश्वास, भ्रांति से जन्म लेता है।

(ग) कार्य समूह दल और सामाजिक क्रिया समूहों को विशेष कार्य को संपन्न करना होता है। विकास मूल एवं सामाजिक क्रिया के समूहों के उद्देश्यों की सीमाओं में प्रायः धुंधलापन आ जाता है।

संयोजन (Composition)–संयोजन सदस्यों और कार्यकत्ताओं की संख्या और उनकी विशेषताओं को बताता है जो समूह में भागीदार होंगे। आवश्यकता की जानकारी या समझ तथा उद्देश्य की संभावित सूत्रीकरण संयोजन का मुख्य निर्धारक होता है।

संयोजन का स्वीकृत सिद्धांत यह है कि समूह समान (सम-जातीय) होना चाहिए, यह आवश्यकता की समानता को अत्यधिक रूप से निश्चित करती है। परंतु साथ ही असमानता भी (विषय जातीयता) अपने आप में होनी चाहिए, क्योंकि सदस्य एक-दूसरे के लाभ के लिए भरपूर अंशदान या सहयोग प्रदान करेंगे।

भविष्य में लिए जाने वाले निर्णय (Decisions to be taken)–समूह को स्थापित करने अथवा निर्मित करने से पहले समूह कार्य की प्रणालियों को लागू किया जाना चाहिए, व्यावसायिक समान कार्यकर्त्ता को कुछ महत्त्वपूर्ण प्रश्नों के उत्तर प्राप्त करने चाहिए तथा उसके पश्चात् निर्णय लिए जाने चाहिए।

(1) सामाजिक अभिकरण के क्या उद्देश्य, मिशन और कार्यक्रम हैं अथवा उसमें कोई मार्गदर्शन है जिसका समाज कार्यकर्त्ता संचालन करना चाहता है?

(2) सामाजिक अभिकरण का लक्ष्य समूह कौन स्थापित करेगा?

(3) क्या समूह कार्य लक्ष्य समूह की सहायता करने का सबसे श्रेष्ठ तरीका है? क्या सामाजिक वैयक्तिक कार्य के प्रयोग के माध्यम अच्छी सहायता कर सकते है? क्या कुछ आवश्यकताएँ समस्याएँ या चिंताएँ जिसे काफी लोगों की संख्या सहन करती है, वो कौन हैं? जिनका सामान्य उद्देश्य है, उसकी पहचान की जा सकती है? क्या समूह लक्षित जनसंख्या की सहायता के लिए लाभदायक तथा सक्षम साधन या उपाय सिद्ध होंगे? समूह के प्रयोग का निर्णय इसलिए लिया, क्योंकि यह किफायती (सामाजिक वैयक्तिक कार्य की तुलना में है, यह अवधारणा गलत है। समूह कार्य कार्यकर्त्ता पर इसकी अपनी माँग है तथा सदस्यों की जिसे गंभीर विचार की आवश्यकता है।

(4) क्या लोगों की सहायता के लिए समूह का प्रयोग समय, स्थान, उपस्कर, वित्त या कौशल, आवश्यक सहयोग, सामाजिक वातावरण की शर्तों में वांछित संसाधनों के दृष्टिकोण से व्यावहारिक हैं? क्या भावी सदस्यों और जो बाहर के सदस्य हैं उनके द्वारा समूह में शामिल होने पर क्या लागत आएगी और उनको क्या लाभ मिलेगा?

(5) प्राय: यह देखा गया है कि व्यावसायिक समाज कार्यकर्त्ता समाज कार्य की विशिष्ट प्रणालियों के प्रयोग में प्रशिक्षित नहीं होते हैं (विशेषकर सामान्य पाठ्यक्रम में) कार्यकर्त्ता समूह निर्माण की योजना अपने (स्त्री-पुरुष) की अपनी विशेषज्ञता और समूह के साथ कार्य करने की आराम या सुविधा के स्तर पर तय करता है।

(6) विचाराधीन समूह के विशिष्ट उद्देश्य क्या हैं? समूह का उद्देश्य कौन निश्चित करता है?—अभिकरण की सेवा प्रदान प्रणाली, कार्यकर्त्ता का दृष्टिकोण या निर्णय, कोई सामाजिक समूह या समुदाय का एक व्यक्ति।

(7) कार्यकर्त्ता चिह्नित जनसंख्या से लिए गए व्यक्तियों के लिए लाभ लेने की आशा कर सकता है? समूह का उद्देश्य सामाजिक अभिकरण के सेवार्थी समूह अथवा अभिकरण के अपने निर्णय से विकसित किया जा सकता है।

(8) समूह के कौन से भावी सदस्य होते हैं? किस प्रकार से उनका समूह में चयन और सूचीबद्ध किया जाता है?

(9) क्या आप उस जनसंख्या समूह से परिचित हैं, जहाँ से सदस्यों को लिया जाएगा? प्राय: एक समूह में कार्य करते हुए वहाँ की आवासीय संस्थान, अस्पताल या विद्यालय के लोगों से कार्यकर्त्ता अपने लक्ष्य समूह के लोगो से परिचित हो जाते हैं। फिर भी, समूह निर्माण के निर्णय में संभावित सदस्यों के व्यक्तिगत विशिष्टताएँ उनकी क्षमता और समूह अनुभव से लाभ प्राप्त करने की समता में गहन अंतर्दृष्टि की आवश्यकता होगी।

(10) क्या सदस्यों का चयन निम्नलिखित के आधार पर होगा—

(क) स्वयं-चयन के लिए व्यक्ति वहाँ पर मुक्त है जहाँ पर एक-दूसरे व्यक्ति या लोगों को जानते हैं, इसमें सामान्य हित-लाभ के कुछ क्षेत्र हो सकते हैं जहाँ पर घनिष्ठ संबंध हों।

(ख) कार्यकर्त्ता सुविचार के तहत अपने हित-लाभ, कौशल, आवश्यकता समस्या या

सरोकारों को ध्यान में रखते हुए प्रस्तावित समूह के लिए परिप्रेक्ष्य सदस्यों का चयन कर सकता है।

(ग) कुछ प्राधिकारियों के आदेश से भी सदस्यता प्राप्त होती है जैसे कि न्यायिक हिरासत में/प्रवीक्षा वाले लोगों को आदेश दे सकती है कि वे अमुक समूह की सदस्यता प्राप्त कर लें, अथवा प्रधानाचार्य अपने विद्यार्थियों की अनुशासनहीनता अथवा किसी अपराध के लिए आदेश दे सकता है कि वे समूह के सदस्य बन जाएँ।

(11) समूह कार्यकर्त्ता के लिए अत्यंत आवश्यक है कि वे समूह की संरचना तथा उसके विशेष लक्षणों के संबंध में विस्तृत नियोजन के निर्णय को तैयार करें।

(क) सत्रों की संख्या की शर्तों में समूह की संभावित अवधि कितनी हो सकती है (कहते हैं-10 से 20 सत्र) जिसके पश्चात् समूह कब अलग-अलग या इसका समापन हो जाता है अथवा वैसे कम होता है फिर भी खुले समुदायों में यह आशा की जा सकती है। खुला समूह जैसा कि एक खुले समुदायों के समूहों में होता है या आवासीय संस्थाओं में जहाँ नए सदस्य बनते हैं और पुराने छोड़ देते हैं।

(ख) सत्रों की बैठकों की अवधि और आवृत्ति अर्थात् कितने बार बैठक होगी, इसके लिए उदाहरण बैठकें साप्ताहिक होंगी तथा जिनकी अवधि एक घंटे या डेढ़ घंटा प्रत्येक बैठक के लिए होगी इत्यादि।

(ग) प्रस्तावित समूह का आकार क्या होगा? कितने सदस्यों का नामांकन होगा? सामाजिक समूह कार्य लघु समूहों के रूप में अधिक प्रभावी होता है जैसे कि सुविधा प्राप्त करने वालों की अंत:क्रिया संचार और भूमिका निष्पादन में सक्षमता अधिक होती है। वैसे प्राय: 7-8 सदस्यों की संख्या को वरीयता दी जाती है किंतु इनकी संख्या 5-10 तक स्वीकार की जाती है (नार्दन तथा कुरलैंड, 2001, पृ. 136 द्वारा यालोम उद्धृत)।

(घ) फिर भी, यह समूह के उद्देश्य पर निर्भर करता है, वैसे इसकी तुलना में बड़े समूह भी अच्छा कार्य कर सकते हैं। समूह के आकार संभावित सदस्यों की अंत:क्रिया की क्षमता पर निर्भर करता है। कम अंत:क्रियात्मक क्षमता वाले सदस्यों के समूह का आकार 4-5 व्यक्तियों से अधिक नहीं होना चाहिए (उदाहरण स्वरूप मानसिक रूप से पीड़ित बच्चों के संदर्भ में)

(ङ) समूह के संयोजन के संबध में निर्णय योजना बनाने के समय ही लिया जाना चाहिए। प्रस्तावित समूह में शामिल होने के लिए सदस्यों को एक कारक प्रभावित करता है वह उत्सुकता या उनकी स्वैच्छिकता। चिकित्सामूलक समूह में आकार और उनकी रचना या संयोजन का अत्यंत महत्त्व होता है।

(च) समूह में कौन से कार्यक्रमों का पालन किया जाएगा –चर्चा, खुली या विषय-मूलक, गतिविधियाँ–खेल, कला और शिल्प कला, नाटक, भूमिका निभाना, स्वांग, सामुदायिक सेवा इत्यादि; एक साथ होना या इनका संयोजन करना?

(छ) क्या समूह द्वारा स्थान, समय, वित्त तथा प्रौद्योगिकी के रूप में संसाधनों की आवश्यकता होगी? क्या सब अभिकरण/समुदाय में उपलब्ध होंगी अथवा इनका व्यवस्था या संग्रह करना होगा?

(12) क्या कार्यकर्त्ता को संभावित सदस्यों के साथ समूह बनाने से पहले संपर्क करने की आवश्यकता है अथवा उनके साथ पूर्व तैयारी के लिए उनके साथ जुड़ना चाहिए?

(13) यह निर्णय लेना कि किस प्रकार से समूह की शुरुआत की जाए, इसकी पूरी अवधि में समूह की निगरानी किस प्रकार की जाए, किस प्रकार से समूह के कार्य निष्पादन तथा विकास का मूल्यांकन किया जाए और कब और कैसे समूह को समाप्त किया जाए। यह सब समूह की सक्षम योजना के लिए समान रूप से महत्त्वपूर्ण है।

(14) अनेक गैर-सामाजिक कार्य संस्थान जैसे कि विद्यालय, अस्पताल, बंदीगृह, सामाजिक कार्यकर्त्ता को अन्य विषयों से संबंधित कर्मचारियों को सहयोग और सहायता प्रदान करने की आवश्यकता है? प्रस्तावित समूह के लिए यह निश्चित करना बहुत ही महत्त्वपूर्ण है कि अभिकरण के अंदर स्टाफ से आवश्यकता समूह प्राप्त करेगा।

(15) कार्यकर्त्ता को यह निश्चित कर लेना चाहिए कि क्या प्रस्तावित समूह को आरंभ करने के लिए किसी प्राधिकारी की अनुमति की आवश्यकता होगी। समुदाय में विद्यमान स्वयं सहायता समूह के मामले में समुदाय के नेताओं से सहयोग और सहायता लेना एवं अनुमति/स्वीकृति आवश्यक है, यह प्राय: समूह की सफलता के लिए व्यापक लाभदायक है।

प्रश्न 8. समूह निर्माण की प्रक्रिया में सामाजिक समूह कार्यकर्त्ता द्वारा किए जाने वाले महत्त्वपूर्ण कार्यों का वर्णन कीजिए।

अथवा

समूह निर्माण की प्रक्रिया को शुरू करने में सामाजिक समूह कार्यकर्त्ता के क्या कार्य हैं?

उत्तर– समूह कार्यकर्त्ता को वास्तव में बहुत सारे महत्त्वपूर्ण कार्य करने होते हैं। इन कार्यों का ब्यौरा इस प्रकार है–

(1) समूह का लक्ष्य निर्धारित हो जाने के पश्चात् समूह कार्यकर्त्ता समूह के लिए संभावित उद्देश्य को सूत्रबद्ध करता है। कार्यकर्त्ता लक्ष्य समूह की सामान्य आवश्यकता या उसकी रुचियों की पहचान करता है और संभावित समूह के परीक्षात्मक/प्रयोगात्मक उद्देश्यों को निश्चित करता है। निम्नलिखित स्थितियों में सहायता के अच्छे विकल्प के रूप में समूह कार्य के चयन के लिए प्रासांगिक उदाहरण हो सकते हैं–

(क) बहुत सारे लोग एक जैसी स्थितियों का समाना कर रहे होते हैं, वे अपने अनुभवों को एक-दूसरे के साथ बाँटने से लाभ उठा सकते हैं (मानसिक रूप से विकलांग बच्चों के माता-पिता)।

(ख) ऐसे व्यक्ति जो विकास की एक ही अवस्था से संबद्ध रखते हैं, जैसे कि किशोर

यह सकारात्मक समूह अनुभवों से लाभ उठा सकते हैं।

(ग) जब किसी एक व्यक्ति की किसी प्राधिकारी व्यक्ति से समस्या हो जाती है, दूसरों से संबद्ध के कारण या अलग रहने के कारण।

(घ) जब सामाजिक वातावरण में परिवर्तन का लक्ष्य हो जैसे कि स्वच्छता, शैक्षिक या स्वास्थ्य सेवाएँ इत्यादि तो यह नागरिक सुख-सुविधाओं को बढ़ाने की आवश्यकता होती है।

(ङ) जब लोग सरकार की कुछ लाभदायक उन्मुख योजनाओं का लाभ प्राप्त करने की इच्छा या उसको लेने की आवश्यकता महसूस करते हैं। ऐसी स्थिति में समूह निर्माण की आवश्यकता होती है, जैसे कि लघु ऋण प्राप्त करने के लिए स्वयं-सहायता समूह का निर्माण करना।

(2) यदि कार्यकर्त्ता पहले से ही निर्मित समूह के साथ कार्य करना चाहता हैं तो उसे चाहिए कि वह उस समूह में शामिल होने से पूर्व उसके व्यापक उद्देश्यों की जानकारी अवश्य ही प्राप्त कर लें।

(3) समूह का इच्छित प्रभावी संयोजन करना चाहते हैं तो यह कार्य निर्माण प्रक्रिया के दौरान बहुत ही कठिन है।

(4) कार्यकर्त्ता संभावित सदस्यों की पहचान पहले बताए गए विभिन्न मानकों के आधार पर नामित जनसंख्या समूह से करेंगे।

(क) कार्यकर्त्ता सदस्यों का चयन कक्षा के विद्यार्थियों से, गरीबी रेखा से नीचे रहने वाले परिवारों से, सर्वेक्षण के आधार पर बनाई गई सूची से, या कुछ विशिष्ट असक्षमता से प्रभावित बच्चों की सूची से जिन्होंने विशेष पाठ्यक्रम या प्रशिक्षण के लिए आवेदन किया था या न्यायालयों, अस्पतालों, चिकित्सकों, मनोचिकित्सक क्लिनिकों के सरकारी रिकार्ड से प्राप्त किए गए नामों से किया जाएगा।

(ख) कार्यकर्त्ता को विज्ञापन देने की आवश्यकता हो सकती है (मौखिक रूप से, पत्रक, इश्तहार, पुस्तिका, समाचार पत्रों में विज्ञापन देना, संस्थाओं को पत्र लिखना जैसे विद्यालयों को, जहाँ संभावित सदस्य मिल सकते हैं) जिसमें समूह को आरंभ करने तथा सदस्यों को शामिल होने के लिए आमंत्रित करना हो सकता है।

   (i) समुदाय पर आधारित अभिकरण में, कार्यकर्त्ता सामुदायिक नेताओं, स्थानीय पार्षदों और निगम सदस्यों के पास संभावित सदस्य व्यक्तिगत रूप से जा सकते हैं तथा समूह के उद्देश्यों को स्पष्ट करते हुए उन्हें उसके लाभों से अवगत करा सकते हैं।

   (ii) कुष्ठ रोगियों के क्लिनिकों में जहाँ बच्चे हों उनके साथ माता-पिता से सामाजिक कार्यकर्त्ता द्वारा उनसे संपर्क किया जा सकता है तथा प्रस्तावित समूह के विषय और संरचना तथा उद्देश्य से संबंध में स्वयं जाकर उद्देश्य को स्पष्ट किया जा सकेगा।

(iii) अनाथ बच्चों के लिए बने आवासीय 'होम' में जाकर कार्यकर्त्ता उनकी विभिन्न जिम्मेदारियों व संगठन के संबंध में उनके साथियों से संभावित सदस्यों का योगदान तथा समूह के बारे में भावी सभी सदस्यों की सूची और समूह के उद्देश्य और उसके ढाँचे के संदर्भ में जिसे आरंभ करना है, उन्हें व्यक्तिगत रूप से स्पष्ट किया जाए।

(5) समूह से पहले संपर्क समूह निर्माण प्रक्रिया के दौरान कार्यकर्त्ता के कार्य का एक महत्त्वपूर्ण हिस्सा है। इस संपर्क के उद्देश्य नियोजित किए जा रहे समूह के लिए उपयुक्त सदस्यों को सुरक्षित या निश्चित करना तथा उस समूह में भागीदारी के लिए उनको तैयार करना है।

(6) समूह निर्माण से पूर्व संभावित सदस्यों के साथ साक्षात्कार से सदस्यों को अपनी भूमिका, समूह की संरचना, आवश्यकता इत्यादि का स्पष्ट ज्ञान होता है।

(7) समूह के सदस्यों को समूह के उद्देश्य से संतुष्टी के बाद भी, यह चिंता रहती है कि उनका किस प्रकार का व्यवहार अपेक्षित एवं समूह किस प्रकार कार्य करेगा तथा आगे समूह निर्माण प्रक्रिया में सहजता प्रदान करता है। यह सदस्यों के बारे में महत्त्वपूर्ण सूचनाएँ प्रदान करता है जैसे उनकी प्रवृत्ति, आवश्यकता, दृष्टिकोण, क्षमता इत्यादि।

(8) कार्यकर्त्ता को समूह से पहले चर्चा करनी चाहिए या संपर्क करना चाहिए, चाहे संपर्क व्यक्तिगत साक्षात्कारों, संभावित सदस्यों की आवासीय स्थानों या समुदाय में रखी गई बैठकों पर आधारित हो मैं भाग लेना चाहिए।

(9) सदस्यों से आशा की जाती है कि वे प्रारंभ में कुछ नियमों तथा मानकों का पालन करेंगे जैसे गोपनीयता के मुद्दे, लोकतांत्रिक भागीदारी, पक्षपात का विरोध और संशोधित मानकों के तरीकों से समूह पूर्व संपर्क के दौरान संभावित सदस्यों को अवगत कराना चाहिए या उन्हें जानकारी दी जानी चाहिए।

कार्यकर्त्ता/अभिकरण के द्वारा समूह की योजना बनाने के ठीक उसी समय से समूह के उद्देश्य, संरचना, सदस्यता, प्रचार का कार्य हाथ में लेना, संभावित सदस्यों का चयन और भर्ती करना इत्यादि के संबंध में एक विस्तृत रूपरेखा तैयार कर लेनी चाहिए, कार्यकर्त्ता को बहुत ही महत्त्वपूर्ण कार्यों का निष्पादन करना होता है जिनका इसके लक्ष्य की उपलब्धियों में समूह की सफलता पर सीधा प्रभाव पड़ता है 'वे हैं व्यक्तिगत सदस्य तथा समूह। समूह निर्माण की व्यापक प्रक्रिया की पहले ही योजना बनानी चाहिए तथा समूह की सफलता के लिए प्रथम बैठक बहुत ही व्यापक एवं महत्त्वपूर्ण होती है।

प्रश्न 9. सामाजिक समूह कार्य के बुनियादी मूल्यों पर संक्षेप में टिप्पणी कीजिए।

अथवा

समाज समूह कार्य में मूल्यों का वर्णन कीजिए।

अथवा

सामाजिक समूह कार्य की बुनियादी मूल्यों पर एक संक्षिप्त नोट लिखिए।

उत्तर— मूल्य लोगों को अपने उद्देश्य, अर्थ या साधन तथा निर्देशन प्रदान करते हैं। इसी कारण सभी व्यावसायिक मूल्यों को महत्त्व दिया जाता है। वास्तव में मूल्य प्रस्ताव के निष्कर्ष अथवा सार होते हैं। राष्ट्रीय सामाजिक कार्यकर्त्ता संस्था (NASW) की नैतिक संहिता के अनुसार "व्यापक नैतिक सिद्धांत सामाजिक कार्यकर्त्ता के सेवा मूल्यों, सामाजिक न्याय, प्रतिष्ठा और व्यक्ति की गरिमा, मानव संबंधों का महत्त्व, निष्ठा और सक्षमता पर आधारित होते हैं।" ये सिद्धांत आदर्श स्थापित करते हैं जिनकी सभी सामाजिक कार्यकर्त्ताओं को आवश्यकता होती है, उनकी आकांक्षा होती है। समूह कार्य के आधारित मूल्य मानव संबंधों को महत्त्वपूर्ण बनाते हैं। इन आधारित मूल्यों को नार्दन (2007: 77) द्वारा प्रस्तुत किया गया है। जो निम्न प्रकार हैं—

प्रतिष्ठा और योग्यता (Dignity and Worth)— वैयक्तिक कार्य और सामुदायिक संगठन की तरह ही सामाजिक समूह कार्य का भी महत्त्वपूर्ण मूल्य है, विश्वास किया जाता है कि प्रत्येक व्यक्ति को सहज रूप से प्रतिष्ठा और योग्यता उत्तराधिकारी में प्राप्त होती है। सभी लोगों को यह स्वीकार करना चाहिए कि और उनकी विशेष शक्ति को मान्यता प्रदान करनी चाहिए। अपने सभी तरह के भेदभाव व भिन्नताओं के बिना उनको आदर सम्मान दिया जाना चाहिए तथा उनकी समानता और निष्ठा सबसे महत्त्वपूर्ण है। प्रत्येक व्यक्ति अपने आप में भिन्न है और उन्हें प्रतिष्ठा उत्तराधिकार में मिली है, जब वे संसाधनों तथा अवसरों का उपयोग कर रहे हों। उनके साथ अंत:क्रिया करते समय किसी प्रकार की चोट नहीं पहुँचानी चाहिए चाहे वे अपनी प्रतिष्ठा और व्यक्तित्व में विस्तार ही क्यों न कर रहे हों। नकारात्मक अनुमोदन के भय के बिना उन्हें स्वयं प्रस्तुत करने, अपने को व्यक्त करने की पूरी स्वतंत्रता होनी चाहिए। समूह कार्यकर्त्ता को चाहिए कि वह प्रत्येक सदस्य के व्यक्तिगत मूल्य को समझते हुए उसे मान्यता दे चाहे उस स्त्री/पुरुष में किसी भी प्रकार की कमियाँ हों अथवा किसी तरह की विकलांगता हो, वह सम्मान के योग्य है और सामाजिक के प्रतिष्ठित सदस्य के रूप में उसे समानता दी जानी आवश्यक है।

सामाजिक न्याय (Social Justice)— सभी सामाजिक कार्य में सामाजिक न्याय को बढ़ावा देना निहित होता है—जिसके अंतर्गत सभी संसाधनों एवं अवसरों को समान रूप से मिलना चाहिए। प्रगति का मूल्य सहज रूप से उत्तराधिकार में मिला होता है। प्रत्येक व्यक्ति को किसी नस्ल, जाति, धर्म, सामाजिक वर्ग, लिंग, यौन नवीनीकरण तथा क्षमताओं के भेदभाव के बिना नागरिक स्वतंत्रताओं और समान अवसर प्राप्त करने का अधिकार है। उन्हें वे संसाधन उपलब्ध होने चाहिए जो उनकी मूल्य आवश्यकता की पूर्ति करते हैं। व्यक्तिगत या व्यक्ति की संस्कृति और स्तर द्वारा लागू सीमाओं के अंतर्गत उन्हें स्वयं-निर्धारण करने और समूह निर्माण परिवार या संगठनात्मक निर्णय लेने और उनमें शामिल होने का अधिकार होना चाहिए। व्यक्ति को कई बार संसाधनों की आवश्यकता होती है जो उसे उपलब्ध नहीं होते हैं ऐसी स्थिति में कार्यकर्त्ता को उनके लिए समर्थन कर्त्ता अथवा उनकी वकालत करने की भूमिका में सामने आना चाहिए और उनके कार्यों में सहायता करनी चाहिए। व्यक्ति चाहे वह स्त्री हो या पुरुष सहायता समूहों और स्वयं सहायता समूहों की स्थापना करनी चाहिए ताकि उनके जीवन में कठिन समस्याओं को हल करने, उनके समाधान में लोगों की सहायता की जा सके।

परस्पर उत्तरदायित्व (Mutual Responsibility)—पारस्परिक जिम्मेदारी या उत्तरदायित्व का मूल्य इस विश्वास पर आधारित है कि लोग जीवित रहने तथा अपनी आवश्यकताओं की पूर्ति के लिए एक-दूसरे पर निर्भर हैं। न तो कोई व्यक्ति और न ही कोई समाज एक-दूसरे के सहयोग बिना किसी काम को पूरा करने की कल्पना भी नहीं कर सकते हैं। जब एक व्यक्ति अंतर्क्रिया करता है, वह प्रभावित करता है तथा दूसरे प्रभावित होते हैं, इस तरह से परस्पर क्रिया होती है। वे अन्य की सहायता करने में सक्षम होते हैं। इस अंतर्निभरता पर समूह कार्य अपना निर्माण करता है जो कि विकास और परिवर्तन के लिए लाभदायक सिद्ध हो सकता है। कार्यकर्त्ता की यह जिम्मेदारी है कि संचार या संप्रेषण तथा व्यवहार मानकों का ढाँचा विकसित करके सदस्यों की सहायता करे इस प्रकार से यह पारस्परिक सहायता एक-दूसरे के लिए पोषक हो सकती है। लोकतांत्रिक प्रक्रिया में सक्रीयता से भागीदारी करने के माध्यम से सदस्य समाज के प्रति अपनी जिम्मेदारी को पूरा करें, उसे निभाएँ।

प्रश्न 10. सामाजिक समूह कार्य अभ्यास में लागू होने वाले सिद्धांतों का सविस्तार वर्णन कीजिए।

अथवा

समाज कार्य के सिद्धांतों की व्याख्या अपने क्षेत्र कार्य से उपयुक्त उदाहरण देकर कीजिए।

अथवा

प्रजातंत्रिक समूह स्वयं निर्धारण के सिद्धांत को क्षेत्रकार्य के उपयुक्त उदाहरणों के साथ समझाइए।

अथवा

अपने क्षेत्र-कार्य से उदाहरण देते हुए सामाजिक समूह कार्य के सिद्धांतों को समझाइए।

उत्तर— सिद्धांत मार्गदर्शन का काम करते हैं। ये वो मौलिक सत्य होते हैं जिनकी जाँच परीक्षणों व आकलनों द्वारा की जाती है। आरंभ में सामाजिक समूह कार्य के कोई निश्चित सिद्धांत नहीं थें किंतु जैसे-जैसे सामाजिक समूह कार्य को लेकर लोगों की सोच बदली वैसे-वैसे इस विषय में भी सिद्धांतों का उद्‌गम हुआ। सामाजिक विज्ञान सिद्धांत हमेशा अस्थाई स्थिति में रहते हैं, क्योंकि इसमें परिवर्तन तथा विकास होता रहता है। सामाजिक समूह कार्य के सिद्धांत भी आए दिन बदलते रहते हैं। ट्रेकर ने सामाजिक समूह-कार्य के दस सिद्धांतों की रूपरेखा की संक्षिप्त में चर्चा की जिसके मुख्य बिंदु इस प्रकार हैं—

(1) नियोजित समूह निर्माण के सिद्धांत (The Principle of Planned Group Formation)—सामाजिक समूह कार्य प्रक्रिया व्यक्ति को सेवाएँ उपलब्ध कराने के लिए समूह को माध्यम के रूप में प्रयोग करती है, इसलिए समूह कार्यकर्त्ता के लिए समूह का निर्माण करने

की पूर्व शर्त है चाहे समूह कार्यकर्त्ता पहले से कार्य कर रहे समूहों में कार्य कर रहा है अथवा उसने अपना समूह निर्मित कर लिया है, उसे (स्त्री-पुरुष) एक समूह निर्माण करते समय कुछ कारकों के संबंध में जानकारी होनी अत्यंत आवश्यक है ताकि व्यक्ति के विकास के लिए सकारात्मक लाभदायक समूह बन सके।

समूह कार्य आरंभ करने से पहले एक समूह के नियोजित तरीके से निर्मित करना होता है। ट्रकर द्वारा स्पष्ट किए गए सिद्धांतों और मूल तत्तों को निम्न प्रकार से समाविष्ट किया गया है–

(क) समूह व्यक्ति की तरह भिन्न विकासात्मक और हमेशा परिवर्तनशील होता है एवं व्यक्तियों के व्यवहार को प्रभावित करता है।

(ख) सामाजिक समूह कार्य में समूह में एक जागरूक एवं गंभीर नियोजन के तत्व झलकने चाहिए।

(ग) समूह कार्यकर्त्ता समूह के सदस्यों से एक समान व्यवहार एवं एक ही प्रकार की आवश्यकताओं को रखने की अपेक्षा नहीं करनी चाहिए।

(घ) समूह कार्यकर्त्ता की कुशलता उसके समूह निर्माण में सहायता से साक्ष्य होता है।

(2) विशिष्ट समूह उद्देश्यों के सिद्धांत (The Principle of Specific Group Objectives)–व्यक्ति और समूह विकास के विशिष्ट उद्देश्यों की कार्यकर्त्ता द्वारा समूह की इच्छा तथा उसकी क्षमता एवं अभिकरण के कार्यों को ध्यान में रखते हुए जागरूकता के साथ सूत्रबद्ध करना चाहिए।

(क) अभिकरणों और उनके कार्यकर्त्ताओं को इसकी जानकारी हो जानी चाहिए कि लोग उनके समूह अनुभवों से क्या चाहते हैं और उनकी सहायता से क्या मिलेगा। इसकी सम्पूर्ण जानकारी होना आवश्यक है।

(ख) समूह कार्यकर्त्ता जिसने आवश्यकताओं की पहचान की है, उसे व्यक्ति के लिए विशिष्ट उद्देश्यों को सूत्रबद्ध करना चाहिए तथा एक अकेंद्रित कार्यकर्त्ता के स्थान समूह उद्देश्यपूर्ण बन जाना चाहिए तथा अव्यवस्थित अभ्यास के स्थान पर एक नियोजित समूह कार्य का निर्माण होना चाहिए।

(ग) उद्देश्य समूह के जीवन में नियंत्रण करने की शक्ति के रूप में बन जाते हैं तथा समूह कार्यकर्त्ता को समूह के सदस्यों को प्राप्त होने वाले लाभ के लिए, समूह के उद्देश्यों का स्पष्ट ज्ञान होना चाहिए।

(घ) जब कार्यकर्त्ता व्यक्ति और समूह उद्देश्यों पर ध्यान केंद्रित करता है तब वह समूह के मार्ग में से अपनी आवश्यकताओं को आने नहीं देता है।

(ङ) वह समूह सदस्यों को उनकी शक्ति और सीमाओं को अनुभव करने में सहायता करता है और उनको अपने उद्देश्यों को स्वयं स्थापित करने में योगदान देता है, ताकि वे अपने उद्देश्यों के साथ अपने अभिकरण के सूत्रबद्धित उद्देश्य को प्राप्त कर सकें।

(च) उद्देश्यों को सूत्रबद्ध करते समय सदस्यों की आशाओं और उनकी अपेक्षाओं पर विशेष ध्यान दिया जाना चाहिए और अपनी गतिविधियों को उसी तरह नियोजित किया जाना चाहिए।

(3) उद्देश्यपूर्ण कार्यकर्त्ता एवं समूह संबंधों के सिद्धांत (The Principle of Purposeful Worker Group Relationship)—परस्पर स्वीकृति कार्यकर्त्ता तथा समूह के सदस्यों के बीच जागरूकता के आधार पर उद्देश्यपूर्ण संबंध स्थापित होने चाहिए।

(क) कार्यकर्त्ता को समूह सदस्यों की सहायता करने से पहले एक-दूसरे के साथ संबंध स्थापित करने चाहिए, और उसे समूह के साथ सबसे पहले सार्थक तथा उद्देश्यपूर्ण संबंध स्थापित करने चाहिए।

(ख) कार्यकर्त्ता के समूह के साथ संबंध प्रमुख साधन होता है तथा इन संबंधों की गुणवत्ता और उनकी शक्ति ही निर्धारित करेगी कि समूह कितनी सहायता देने का इच्छुक है और उसमें वह अपना कितना हित लाभ देखता है।

(ग) जब समूह कार्यकर्त्ता इस सिद्धांत के द्वारा सुझाई गई प्रक्रिया को अपनाता है, वे अपना कार्य आरंभ कर देते हैं तथा सहायता प्राप्त करने के लिए समूह को प्रारंभिक रूप से समझने का प्रयास किया करते हैं।

(घ) समूह को अपने रूप में आने के लिए प्रोत्साहित करना तथा उसकी स्थिति को सामने रखना। इसके लिए कार्यकर्त्ता समूह के लिए सहायक के रूप में कार्य करता है।

(4) निरंतर व्यक्तिकरण के सिद्धांत (The Principle of Continuous Individualisation)—प्रत्येक समूह अपने आप में अतुलनीय होता है जिस तरह से समूह में सदस्य अलग-अलग होते हैं उसी प्रकार समूह भी एक-दूसरे से अलग होते हैं।

(क) जब समूह कार्यकर्त्ता समूह को एक इकाई के रूप में बना देता है एवं उसे एक तथ्य मानता है कि मानव प्राकृतिक रूप से भिन्न होता है।

(ख) समूहों के साथ काम करते हुए उनकी विभिन्नताओं तथा समानताओं के प्रति जागरूकता रखते हुए या जानते हुए इस विश्वास को पुन: बल मिलता है कि लोगों में परिवर्तन करने की क्षमता होती है, और जब भी उन्हें समुचित अवसर मिलता है और परिवर्तन करने में सहायता भी करते हैं।

(ग) कार्यकर्त्ता को अनुक्रिया की एकरूपता के स्थान पर विभिन्न अनुक्रियाओं को स्वीकार करना चाहिए।

(घ) स्त्री/पुरुष को व्यक्ति की क्षमता और विकास की भिन्नताओं को स्वीकार करने के लिए तैयार रहना चाहिए, उन्हें समझ कर व्यक्ति की सहायता करनी चाहिए और उनको जिन्हें विशेष आवश्यकताएँ हैं उनके व्यवहार में संशोधन कर या परिवर्तन करके सहायता करनी चाहिए।

(ङ) परिवर्तन की निश्चित्ता को मानने वाले समूह कार्यकर्त्ता को सदैव व्यक्तिकरण का सिद्धांत अपनाना चाहिए।

(5) मार्ग-दर्शिता समूह अंत:क्रिया के सिद्धांत (The Principle of Guided Group Interaction)—सामाजिक समूह कार्य एक प्रणाली है जिसमें एक अभिकरण के वातावरण में व्यक्तियों का व्यावसायिक रूप से प्रशिक्षित कार्यकर्त्ता द्वारा विभिन्न कार्यक्रम की गतिविधियों में उनकी अंत:क्रिया को मार्गदर्शित किया जाता है। उसके पीछे विचार यह है कि वे एक-दूसरे से संबंधित हैं और वे अपनी आवश्यकताओं और क्षमताओं के अनुसार विकास के अवसरों का अनुभव प्राप्त करते हैं।

(क) अंत:क्रिया एक प्रक्रिया है जिससे दो या उससे अधिक लोग अर्थपूर्ण कार्य के लिए संपर्क करते हैं, और वे अपना व्यवहार संशोधन करते हैं।

(ख) जब लोग समूहों में होते हैं उस समय अंत:क्रिया तथा अंतर-प्रेरणा की संभावना हमेशा बनी रहती है।

(ग) ऊर्जा का मुख्य स्रोत जो समूहों को बल देता या धकेलता है, वह है सदस्यों की अंत:क्रिया तथा समूह कार्यकर्त्ता अपनी योग्यता एवं भागीदारी से सदस्यों की अंत:क्रिया को प्रभावित करता है।

(घ) अंत:क्रिया के माध्यम से अंतर-प्रेरणा की संभावना हमेशा साधन होती है तथा सीधे ही सचेत होना चाहिए तथा इस प्राकृतिक सामाजिक प्रक्रिया का प्रयोग करना चाहिए।

(ङ) कार्यकर्त्ता की उपस्थिति जिसकी भूमिका अंत:क्रिया के प्रकार और उसका स्तर को सक्रियता से प्रभावित करती है। सामाजिक समूह कार्य प्रक्रिया में सामाजिक प्रक्रिया को बदल देती है।

(च) सर्वप्रथम कार्यकर्त्ता संपूर्ण रूप से समूह के लिए व्यैक्तिक और सामाजिक विकास के बारे में सहायता करने को इच्छुक होता है। यह मार्गदर्शित समूह अंत:क्रिया का परिणाम होता है।

(छ) वह (स्त्री-पुरुष) भागीदारी की भूमिका को अपनाने के लिए सदस्यों की सहायता करते हुए अंत:क्रिया के लिए संभावनाओं में वृद्धि करता है।

(ज) सामाजिक समूह कार्यकर्त्ता प्रणाली का प्रयोग करते हुए कि वे समूह को प्रेरणा देता है जिसमें उनकी अपनी स्थिति के विश्लेषण और समझ की पूरी संभावना होती है और इसके पश्चात् वह समाज के सांविधानिक सदस्यों द्वारा सामाजिक अंत:क्रिया के माध्यम से प्रभावित करता है।

(6) लोकतांत्रिक समूह स्वयं-निर्धारण के सिद्धांत (The Principle of Democratic Group Self-Determination)—स्वयं निर्धारण के सिद्धांत सामाजिक कार्य दर्शन के महत्त्वपूर्ण मूल्य हैं तथा कार्य प्रणाली न होते हुए भी इसका अभ्यास किया जाना चाहिए। सामाजिक समूह कार्य प्रणाली में सामाजिक कार्य की अन्य प्रणालियों में यह सिद्धांत बहुत ही महत्त्वपूर्ण है। इसमें यह विचार निहित है कि लोकतांत्रिक विचारधारा से हमें जोड़ दिया जाए।

(क) समूह को अपना निर्णय लेने और अपनी गतिविधियों के द्वारा सहायता करनी चाहिए, अपनी क्षमता तथा योग्यता के साथ इस संदर्भ में अधिक से अधिक जिम्मेदारी लेनी चाहिए।
(ख) समूह के पास अपना चयन करने का अधिकार तथा संतोषजनक निर्णय लेने की क्षमता है।
(ग) समूह कार्यकर्त्ता का उद्देश्य है कि समूह को अपनी कार्यवाही के लिए जिम्मेदारी लेने की क्षमता की वृद्धि करना।
(घ) यह सिद्धांत मानता है कि समूह केवल उसी समय विकसित हो सकते हैं जब उन्हें जिम्मेदारी से व्यवहार करने का अवसर दिया जाता है, किंतु इसमें ध्यानपूर्वक निर्णय लिया जाना चाहिए कि समूह को कितनी जिम्मेदारी दी जानी चाहिए और किस विकास की प्रक्रिया में।
(ङ) समूह कार्यकर्त्ता को सबसे पहले समूह में एक "जागरूक स्वयं समूह" की भावना विकसित करने में सहायता करनी चाहिए, इसके पूर्व की व स्वयं निर्णय लेने की स्थिति में आए।
(च) कार्यकर्त्ता को समूह पर प्राधिकार रखने की किसी भी आवश्यकता को त्याग देना चाहिए और इसके स्थान पर अपनी योग्यता और अपने अनुभवों तथा सक्षमताओं को भागीदार बनाते हुए कार्य निष्पादन करना चाहिए।

(7) लचीला क्रियात्मक संगठन के सिद्धांत (The Principle of Flexible Functional Organisation)—प्रत्येक समूह अपने निर्वाचित सदस्यों के साथ कुछ हद तक अनौपचारिक संगठन बनाए रखता है तब जाकर अपना कार्य आरंभ करता है। एक समूह विशिष्ट उद्देश्यों की पूर्ति के लिए निर्मित हुआ है, उसे औपचारिक संगठन बनाए रखना चाहिए और उसे अपने उद्देश्यों को प्राप्त करने के लिए संगठन की सहायता करनी चाहिए। इसके औपचारिक रूप में लचीला, अनुकूलन और समूह परिवर्तन होने पर इसमें परिवर्तन कर लिया जाना चाहिए।

(क) सिद्धांत स्वयं में शामिल करता है कि समूह कार्यकर्त्ता समूह का संगठन करे, उसे चाहिए कि समूह की सहायता करे, समूह स्वयं-संगठित हो जाएगा।
(ख) समूह को चाहिए कि वह अपनी आवश्यकताओं को स्पष्ट करे, उद्देश्य स्थापित करे, विशिष्ट कार्यों का निर्धारण करे, अपने स्वयं द्वारा निर्णय लेने के लिए समूह कार्यकर्त्ता द्वारा सहायता करनी चाहिए।
(ग) कार्यकर्त्ता को समूह की सहायता करनी चाहिए ताकि यह निर्णय लिया जा सके कि योग्यताओं और आकांक्षाओं के साथ कार्यों के निष्पादन का कौन नेतृत्व करेगा ताकि सदस्यों को यह पता लग जाए कि समूह उनसे क्या चाहता है।
(घ) इस औपचारिक संगठन का केवल संरचनात्मक विवरण ही नहीं होना चाहिए बल्कि प्रक्रिया के माध्यम से कार्यकर्त्ता समूह का मार्गदर्शन करे कि समूह

औपचारिक संगठन के रूप में बहुत महत्त्वपूर्ण है।

(ङ) समूह प्रयास व्यापक हो सकते हैं और अव्यवस्थित हो सकते हैं जब औपचारिक संगठन उपलब्ध हो, समूह सदस्यों को ऊर्जावान बनाने के लिए उन्हें समुचित रूप से माध्यम बनाया जाए।

(च) कार्यों और कर्त्तव्यों की पहचान की जाए और उन्हें ठीक तरीके से संचालित किया जाए तथा सदस्यों को अपने उत्तरदायित्व लेने के लिए उनकी सहायता तथा उन्हें प्रोत्साहित किया जाए। संगठन की यह प्रक्रिया विकास के लिए अपने आप श्रेष्ठतम वाहन है।

(छ) औपचारिक समूह संगठन, सरल, सहज, स्थायी, लचीले और खुले होने चाहिए और समूह की आवश्यकता होने पर इनमें आसानी से परिवर्तन हो जाए।

(ज) संगठनात्मक समस्याओं को हल करने में समूह सदस्यों के अनुभव अन्य कार्यक्रमों के अनुभवों से कम मूल्यवान नहीं हैं।

(8) प्रगतिशील कार्यक्रम अनुभव के सिद्धांत (The Principle of Progressive Program Experiences)–सामाजिक समूह कार्य में कार्यक्रम केवल गतिविधियाँ अथवा घटनाएँ ही नहीं होती हैं बल्कि एक व्यापक संकल्पना होती है जिसमें व्यक्ति सीमाएँ तथा समूह संबंध, अंत:क्रिया तथा अनुभव, समूह लक्ष्य को प्राप्त करने के लिए समूह कार्यकर्त्ता की सहायता सहित ध्यानपूर्वक नियोजित और उनको निष्पादित करना।

(क) समूह कार्यकर्त्ता को समूह अपनी कार्यक्रम योजना को बलपूर्वक थोपना नहीं चाहिए बल्कि उसे रुचि के विभिन्न समूहों के विस्तार के द्वारा उनके अपने कार्यक्रम को विकसित करने के लिए समूह की सहायता करनी चाहिए। वह संभावित कार्यक्रमों के लिए केवल अपने सुझाव दे सकता है।

(ख) कार्यक्रम विकास एक सतत् प्रक्रिया है तथा समूह की अंतरशक्ति के माध्यम से विकसित होती रहती है।

(ग) यह सिद्धांत यह कहता है कि सभी समूह कार्यक्रमों का एक आरंभिक बिंदु होता है। छोटी शुरुआत सीमा पर पहुँचकर एक बड़ा रूप ले सकती है तथा समूह प्रगति के रूप में यह अत्यंत चुनौतिपूर्ण कार्य हो सकता है।

(घ) कार्यक्रम अनुभव में जिसमें समूह सम्मिलित होते हैं, वह सदस्य की रुचि, आवश्यकता, अनुभव तथा सक्षमता के स्तर पर आरंभ होनी चाहिए और समूह की विकासशील क्षमता के साथ आश्चर्यजनक स्थिति में विकसित होनी चाहिए।

(ङ) कार्यकर्त्ता समूह की संभावनाओं और क्षमताओं के सत्य सामंजस्य से कार्यक्रम अनुभवों की प्रगतिशील श्रृंखला में समूह की सहायता करनी चाहिए। समूह से एक निश्चित समयावधि में सब कुछ करने की आशा नहीं की जा सकती है।

(च) सामान्य और सरल गतिविधियों में सफलता प्राप्त करने के पश्चात् समूह और अधिक

जटिल कार्यों के अनुभवों को प्राप्त करने के लिए प्रोत्साहित कर सकता है।

(9) संसाधन उपयोग के सिद्धांत (The Principle of Resource Utilisation) – यह सिद्धांत व्यापक रूप में व्यक्ति और समूह के लिए समूह अनुभव के विषय को समृद्ध व विकसित करने के लिए उपलब्ध संसाधनों का उपयोग करने के लिए, समूह कार्यकर्त्ता का मार्गदर्शन करता है। इसके लिए यह अत्यंत आवश्यक है कि सामाजिक समूह कार्यकर्त्ता को समूह अभिकरण तथा समुदाय में उपलब्ध संसाधनों के संबंध में संपूर्ण जानकारी होनी चाहिए। उसको (स्त्री/पुरुष) को अपने कौशल का पता लगाने के बाद उसका प्रयोग करना चाहिए और इसके पश्चात् विभिन्न संसाधनों के साथ समूह का पता लगाना जिसमें विभिन्न कार्यक्रमों के लिए समूह द्वारा उपयोग किया जा सकता है।

(क) कार्यकर्त्ता समूह और समुदाय के बीच कड़ी का काम करता है तथा इस संदर्भ में उसकी क्षमता यहाँ पर प्रदर्शित होती है, जिसे वह वातावरण से प्राप्त करता है।

(ख) वह स्त्री/पुरुष केवल समूह को कार्य करने के लिए ही प्रेरित नहीं करता/करती है बल्कि समूह अभिकरण और समुदाय का स्रोत या संसाधनों का पता लगाते हैं और उपयोग करने में सहायता करते हैं। उसे यह निश्चित करना चाहिए कि समूह सत्रों को सरलता से संचालन के लिए आवश्यक सामग्री सदस्यों को उपलब्ध हों।

(ग) कार्यकर्त्ता को सामग्री और मानव संसाधन दोनों को ही प्रोत्साहित करने के लिए पहल करनी चाहिए तथा सर्वजन के लिए सदस्यों द्वारा प्राप्त व उपलब्ध संसाधनों के प्रयोग की जाँच-परख करनी चाहिए।

(10) मूल्यांकन के सिद्धांत (The Principle of Evaluation) – कार्यकर्त्ता, अभिकरण और सदस्यों द्वारा निष्पादित कार्यों, प्रक्रिया और कार्यक्रमों का निरंतर मूल्यांकन केवल ऐच्छिक नहीं बल्कि आवश्यक भी है। सावधानीपूर्वक किए गए रिकार्ड मूल्यांकन को सहज एवं सरल बनाते हैं।

(क) सामाजिक समूह कार्यकर्त्ता को सावधानीपूर्वक नियोजित तरीके से परिणामों का मूल्यांकन करना चाहिए।

(ख) व्यवस्थित और क्रमबद्ध रिकार्ड के रखरखाव से मूल्यांकन प्रक्रिया में सहायता मिलती है।

(ग) मूल्यांकन उद्देश्यपूर्ण और निष्पक्ष रूप से करने पर व्यापक परिणाम स्पष्ट होते हैं जिससे यह भी पता लगता है कि समूह अपने लक्ष्य को प्राप्त करने में कितना सफल रहा है।

(घ) कार्यकर्त्ता की सहायता सहित आकलन और मूल्यांकन के साथ सदस्यों से प्राप्त आधार सामग्री के माध्यम से समूह सदस्य अपनी आंतरिक शक्ति और कमजोरियों का विश्लेषण करते हैं जिससे उनका विकास होता है।

(ङ) मूल्यांकन प्रत्येक सत्र के अंत में किया जाना चाहिए।

सिद्दिकी के मतानुसार समूह कार्य का मूल्यांकन सामान्यत: निम्नलिखित बिंदुओं पर प्रकाश डालता है–

(क) समूह ने अपना कितना लक्ष्य पूरा किया?

(ख) व्यक्तिगत आवश्यकताओं की कितनी पूर्ति हुई?

(ग) कितने कार्यक्रम और कार्यकलाप सफल हुए?

(घ) क्या कमियाँ रही हैं?

(ङ) अंत:क्षेप की प्रभावकारिता में सुधार करने के लिए कौन से परिवर्तनों से सहायता मिलेगी?

✦✦✦

अध्याय 3
सामाजिक समूह कार्य में नेतृत्व और कौशल विकास
(Concepts of Development)

प्रश्न 1. नेतृत्व के विभिन्न सिद्धांतों पर प्रकाश डालते हुए एक नेता के व्यवहारों पर टिप्पणी कीजिए?

अथवा

नेतृत्व शैली का वर्णन कीजिए।

अथवा

नेतृत्व के सिद्धांतों की चर्चा कीजिए।

अथवा

विभिन्न नेतृत्व सिद्धांतों का संक्षेप में वर्णन कीजिए।

उत्तर– समाजशास्त्रियों के अनुसार नेतृत्व वो क्षमता है, जो व्यक्तियों के समूह को निर्धारित उद्देश्यों की पूर्ति हेतु प्रोत्साहित करता है। अनुसंधानकर्त्ताओं ने नेतृत्व के अनेक सिद्धांतों को विकसित किया है।

उनमें से कुछ प्रमुख सिद्धांत इस प्रकार हैं–

(1) **जन्मजात (विशेष लक्षण) सिद्धांत (Trait Theory)**–नेतृत्व का जन्मजात या विशेष लक्षण सिद्धांत व्यक्तिगत गुणवत्ता और उसकी विशेषताओं पर प्रकाश डालता है अथवा उसका यह मुख्य केंद्र होता है। जो एक नेता को अन्य लोगों से अलग करता है। इस सिद्धांत के अनुसार नेतृत्व के लक्षण/चिह्न जन्म से ही उसके अंदर मौजूद होते हैं। ये लक्षण चमत्कारिक, उत्साहवर्द्धक और साहसपूर्ण होते हैं। एक नेता में विशेष लक्षण परिलक्षित होते हैं, जैसे नेतृत्व की इच्छा, महत्त्वकांक्षा और ऊर्जा, ईमानदारी तथा निष्ठा, आत्मविश्वास, प्रबुद्धता, उच्च आत्म-निरीक्षण करने की क्षमता तथा रोजगार–मूलक ज्ञान। अतः जन्मजात या विशेष लक्षण नेतृत्व करने की क्षमता की घोषणा कर सकते हैं। वे नेताओं के उद्गम की घोषणा के अंतर्गत

बेहतर कार्य संपन्न कर सकते हैं तथा उनका प्रादुर्भाव वास्तव में प्रभावी नेताओं और गैर प्रभावी नेताओं के बीच स्पष्ट भिन्नता रेखांकित करता है। बहरहाल, तथ्य है कि यदि कोई व्यक्ति अपने प्रयास से इन लक्षणों को प्रदर्शित करता है और अन्य लोग यह स्वीकार कर लेते हैं कि यह व्यक्ति एक नेता हो सकता है, इस व्यक्ति में वह सब गुण मौजूद हैं जो एक नेता में होने चाहिए, किंतु इसका यह अर्थ नहीं लगाना चाहिए कि वह अपने समूह को लक्ष्य तक पहुँचा ही देगा या लक्ष्य प्राप्त कराने में सफल हो जाएगा।

(2) **नेतृत्व का व्यवहारत्मक सिद्धांत (Behavioural Theories of Leadership)**– नेतृत्व के व्यावहारिक सिद्धांत यह प्रकट करते हैं कि विशिष्ट व्यवहार से परिपूर्ण नेता का व्यवहार अन्य गैर नेताओं की श्रेणी से उसे अलग करता है। जबकि जन्मजात सिद्धांत यह मानते हैं कि नेता जन्म से होता है, उसे बनाया नहीं जा सकता है, व्यवहारात्मक सिद्धांत यह विश्वास करता है कि यदि किसी व्यक्ति का विशिष्ट व्यवहार है तो उसकी नेता के रूप में पहचान की जा सकती है और उसे प्रभावी प्रशिक्षण और अन्य प्रकार के अंत:क्षेपों के माध्यम से नेतृत्व का पाठ पढ़ाया जा सकता है अर्थात् उसे एक अच्छा नेता बनाया जा सकता है।

कार्यमूलक नेतृत्व (Task Oriented Leadership)–एक कार्यमूलक वह नेता होता है जो अपनी व साथी सदस्यों की भूमिका को परिभाषित करता है एवं कार्यों को पूर्णरूप से निष्पादित करने का प्रयास करता है। वह स्त्री/पुरुष नियोजन, संगठन और समूह सदस्यों को कार्य सौंपता है तथा साथ में जोर देता है कि निर्धारित समय सीमा के अंतर्गत कार्य को पूरा करना नितांत आवश्यक और अनिवार्य है।

जनमूलक नेतृत्व (People Oriented Leadership)–एक जनमूलक नेता या जन समर्थक नेता समूह में संबंधों के प्रति अधिक ध्यान केंद्रित करेगा, वह अपने सदस्यों के प्रति बहुत ही सजग और चौकन्ना रहेगा तथा उनके आराम का स्तर, भावनात्मक हितैषी और उनकी संतुष्टि का सतत् ध्यान रखने का प्रयास करेगा। वह (स्त्री-पुरुष) अपने सदस्यों की व्यक्तिगत समस्याओं में सहायता करना, उनको सहयोग देना तथा हमेशा मिलनसार तथा कभी भी अपने सदस्यों का शोषण नहीं करेगा।

विकास-मूलक नेतृत्व (Development-oriented Leadership)–समाज समूह कार्य नेतृत्व के लिए सबसे अधिक उपयुक्त कौन सा नेता हो सकता है, इसका सीधा उत्तर है एक विकास-मूलक नेता वह है जो मूल्यवान परीक्षण या प्रयोग का उपयोग कर सकता हो, नए विचारों की खोज में रहता हो, कुछ नई रचना कर सकता हो और तथा परिवर्तन को लागू कर सकता हो। इस बदलते हुए विश्व में नेताओं को विकास-मूलक व्यवहार को प्रदर्शित करना चाहिए।

(3) **हेरसी और बलैंचार्ड का स्थितिमूलक सिद्धांत (Heresy and Blanchard's Situational Theory)**–यह सिद्धांत समर्थकों पर अपना केंद्र-बिंदु स्थापित करते हुए नेतृत्व के विषय पर प्रकाश डालता है। इस सिद्धांत के अनुसार नेतृत्व उसके समर्थकों की प्रतिबद्धता पर निर्भर करता है जो प्रदत्त कार्य को निष्पादित करने में सम्मिलित हैं। यदि उसके समर्थक निम्न प्रकार से हैं–

(क) ऐसे व्यक्ति जो कार्य को संपन्न करने में असक्षम और अनिच्छुक हैं, नेता इस

स्थिति को ठीक करने के लिए निश्चित तथा सही निर्देशन देता है।

(ख) कार्य को करने में असक्षम किंतु कार्य करने के लिए तैयारी करते हैं, ऐसी स्थिति में नेता सबसे पहले अपने समर्थकों की असक्षमता को सक्षमता बनाने के लिए उसकी क्षतिपूर्ति करता है तथा संबंधों का अभिविन्यास करता है और सही निर्देशन उपलब्ध कराता है।

(ग) कार्य करने में सक्षम है किंतु अनिच्छुक है, नेता इनकी सहायता करेगा तथा इस कार्य को निष्पादित करने में सक्रिय भूमिका निभाएगा।

(घ) सक्षम और उत्साहपूर्ण हैं तब नेता की भूमिका न्यूनतम है।

(4) नेतृत्व का पथ-लक्ष्य सिद्धांत (Path-goal Theory of Leadership) – यह सिद्धांत निश्चित करता है कि नेता की यह प्रमुख जिम्मेदारी है कि वह अपने सदस्यों को लक्ष्य तक पहुँचाने के लिए उनकी भरपूर सहायता करे तथा व्यक्ति का लक्ष्य और समूह के लक्ष्य केवल अनुपूरक हैं। यह कार्य नेता का है कि वह अपने समर्थकों को उनके लक्ष्य तक पहुँचाने के लिए उनकी सहायता करे तथा आवश्यक दिशा-निर्देश या सहयोग प्रदान करे जिससे कि उनको लक्ष्य तक पहुँचने का कार्य निश्चित हो सके तथा समूह के कार्यों को सुसंगत बनाने के लिए सभी लक्ष्य उपयुक्त हैं। पथ-लक्ष्य शब्द इस विश्वास से लिया गया है कि प्रभावी नेता अपने समर्थकों के मार्ग को सुगम बनाने के लिए कार्य करे ताकि वे अपने लक्ष्य को प्राप्त कर सकें और अवरूद्ध मार्गों को साफ करते हुए उनकी बाधाओं को कम करें और लक्ष्य तक पहुँचने के लिए आसान बनाते हुए सहयोग और सहायता प्रदान करे।

नेता के व्यवहार में हाँलाकि नेतृत्व की उपरोक्त विभिन्न शैलियाँ मौजूद हैं किंतु इनका प्रयोग परिस्थिति के अनुरूप किया जाता है। नेता का व्यवहार भी उसकी नेतृत्व क्षमता को प्रभावित करता है। यहाँ हम नेता के कुछ महत्त्वपूर्ण व्यवहारों की चर्चा करेंगे।

(1) निर्देश (Directive) – ऐसी परिस्थिति कई बार आती है जब कार्य निष्पादन के दिशा-निर्देश स्पष्ट न हों या उसको पूरा करने में कठिनाइयाँ आ रही हों, तब नेता का कर्त्तव्य है कि वह व्यक्तिगत कार्यों को स्पष्ट रूप से परिभाषित करते हुए उसके माध्यम से उसको सफलतापूर्वक पूरा करना सुनिश्चित करे और व्यक्तिगत रूप से सदस्यों की संभावित भूमिका को स्पष्ट करते हुए सही दिशा-निर्देश दे। इस तरह की स्थितियाँ या घटना होने पर उसका अंतःक्षेप बहुत ही महत्त्वपूर्ण होता है। बहरहाल यह शैली वहाँ पर उपयुक्त नहीं है जहाँ पर पहले से ही संबंधित कार्य पूरी तरह से परिभाषित हो और उसे सरलता से पूरा किया जा सकता हो।

(2) सहयोगात्मक (Supportive) – नेता को सदस्यों के साथ अपने संबंधों को मजबूत बनाने के लिए अपने समूह सदस्यों के समक्ष यह प्रकट करना पड़ेगा कि उसे उनकी बहुत चिंता है तथा वह उनकी आवश्यकताओं की पूर्ति करने का इच्छुक है। यह शैली उपयुक्त परिभाषित कार्यों पर काम करने वाले समूह के लिए उपयोगी है। सहयोगात्मक नेता के साथ काम करने वाले सदस्य बहुत प्रसन्न रहते हैं और अपने नेता से पूर्णरूप से संतुष्ट भी।

(3) भागीदारिता (Participative) – नेता समूह के सभी कार्यों और निर्णय लेने की

प्रक्रिया में समूह के साथ भाग लेता है। इनमें परिचर्चा, सलाह-मशविरा और समूह सहमति पर विशेष बल दिया जाता है। बहरहाल, इसके लिए वे सदस्य उपयुक्त हैं जो समूह की सफलता को पूरा करने में अपना महत्त्व समझते हैं और उसमें कुछ सहयोग दे सकते हैं।

(4) चमत्कारिता (Charismatic)–नर्मदा बचाओ आंदोलन को चलाने वाली मेधा पाटकर इस व्यवहार की अच्छी उदाहरण हैं। उन्हें निम्नलिखित कारणों से एक चमत्कारिक नेता माना जा सकता है।

(क) अपने समर्थकों को उस लक्ष्य प्राप्ति के लिए उत्साहित करना जो सामान्य आदमी के हित में हों। (ख) भविष्य के संबंध में दूरदृष्टि (ग) अपने समर्थकों की आवश्यकताओं और उनकी सीमाओं की समझ होना।

(5) रूपांतरकारिता (Transformational)–"रूपांतरकारिता व्यवहार उन नेताओं पर प्रकाश डालता है जो नेता अपने समर्थकों को स्वार्थों से दूर रहने के लिए प्रभावित कर सकें और जो अपने समर्थकों पर असाधारण प्रभाव डाल सकें। इस संबंध में सात विशेषताएँ निश्चित कि गई हैं, नेता की निष्कपटता, प्रतिबंधित, व्यक्तिगत संबंधों के माध्यम से एक परिवार के रूप में संगठन को विकसित करने के लिए प्रयास करना, सलाहकारी और भागीदारी, सामूहिकी कारण और टीम कार्य, सशक्तिकरण और सहयोग, आदर्श भूमिका के रूप में सेवा, सतत् नवीनीकरण करते हुए लगातार परिवर्तन करते रहना।"

प्रश्न 2. एक सफल नेता में क्या योग्यताएँ होनी चाहिए? अपने विचार व्यक्त कीजिए।

उत्तर– हर नेता का अपना एक अलग नेतृत्व कौशल होता है। नेतृत्व की विभिन्न शैलियाँ को प्रत्येक नेता परिस्थितियों और आवश्यकता के अनुरूप विकसित करके प्रयोग में लाता है। इस प्रकार नेता स्वयं ही अपना विकास करता है।

एक अच्छा नेता होने के लिए उसे विनोदप्रियता की सकारात्मक सोच रखने की आवश्यकता होती है कि उसे अनादर या अप्रिय व्यवहार नहीं करना चाहिए। साथ ही उसमें लोगों की बातों को सुनने का कौशल होना चाहिए तथा लोगों से मिलते समय सद्भावना से मिलना चाहिए और दूसरे लोगों के अच्छे विचारों को सुनकर उनको स्वीकार करने में हिचक नहीं रखनी चाहिए। नेता को आशावादी, शांत तथा कठिन स्थिति से निपटने के लिए उसमें क्षमता होना अत्यंत आवश्यक है।

नेता को अपना व्यवहार मित्रतापूर्ण प्रदर्शित करना चाहिए और समाजिक मानकों/सीमाओं के अंतर्गत अपना कार्य व्यवहार संपन्न करना चाहिए। इस मित्रतापूर्ण व्यवहार को उपयुक्त और समुचित रूप से निभाना चाहिए, जैसे कि न तो सबसे घनिष्टता बनाना और न ही किसी से अधिक दूरी रखना। एक नेता को खुले दिमाग का होना अनिवार्य है तथा आलोचनाओं को धैर्य के साथ सुनकर उनका यदि आवश्यकता है तो उत्तर देना होता है। बहरहाल, अपने कार्य से संबंधित होने वाली आलोचनाओं और अपनी (स्त्री-पुरुष) छवि को हानि पहुँचाने वाली आलोचनाओं पर चुप नहीं रहना चाहिए।

नेता को विभिन्न सांस्कृतिक पृष्ठभूमि वाले लोगों के साथ काम करना होता है। ऐसे में उसे व्यापक सांस्कृतिक दृष्टिकोण अपनाना चाहिए। इससे सांस्कृतिक प्रक्रिया को गति देने में सहायता प्राप्त होती है, यह एक "कुठाली" की तरह होता है। इसलिए इससे सहजता से लोगों के साथ अंत:क्रिया और समूह कार्य सरलता से संपन्न हो जाते हैं। नेता भी एक मानवी-गुणों से परिपूर्ण होता है, उसे अपनी सभी समस्याओं और भय से स्वयं ही निपटना चाहिए। परंतु एक प्रबुद्ध नेता पूरी तरह से जानता है कि उसे अपनी समस्याओं को अपने आप तक ही सीमित रखना आवश्यक है और विशेषकर वैयक्तिक समस्याओं को सदस्यों के समक्ष प्रकट नहीं करना चाहिए। यदि नेता अपने सदस्यों को इन पक्षों को सुनने के लिए तैयार करते हैं, तो एक अच्छा नेता जानता है कि वह अपनी ही हानि कर रहा है। वैयक्तिक कठिनाइयों के साथ सदस्यों पर अनावश्यक भार डालने से नेता के कार्य में बाधा आती है, उसे हानि होती है। एक नेता को आवश्यक रूप से अपने मनोभावों और क्रोधपूर्ण व्यवहार पर नियंत्रण रखना और इससे अधिक समूह पर अपनी इच्छाओं या महसूस की जाने वाली बातों को थोपने से सावधान रहना भी नितांत आवश्यक है।

अंत में, नेता को शारीरिक रूप से प्रतिष्ठापूर्ण व गौरवमय या भद्र (स्त्री/पुरुष) दिखाई देना चाहिए। नेता को निश्चित, स्वच्छ वस्त्र, ठीक से कंघी किए हुए बाल, सस्ती वस्तुएँ धारण न करना, चमकीले या चटकीले रंगों, अधिक बनाव-श्रृंगार अथवा आकर्षित पहनावों को धारण करने से बचना अनिवार्य है। नेता को यह भी निश्चित करना है कि उसकी छवि समूह की संस्कृति और उनकी आकांक्षाओं के अनुरूप है। उसे अनुपयुक्त आचरण और अशिष्टता से हमेशा बचना चाहिए। संक्षेप में यह कहा जा सकता है कि नेता के संतुलित और सुव्यवस्थित बने रहने से समूह अपनी सहज गति से अपना कार्य संपन्न करता है। जी.पी.एच. की पुस्तकों का मुख्य उद्देश्य ज्ञान के साथ-साथ अच्छे नम्बर दिलाना है।

प्रश्न 3. निम्नलिखित पर टिप्पणी कीजिए?

(i) नेतृत्व और निर्णय लेना

उत्तर– एक गलत निर्णय किसी भी समूह की क्षमता को छीन कर इसे उद्देश्यहीन करके छिन्न-भिन्न कर सकता है। समूह के लिए यह नितांत आवश्यक है कि वे किसी प्रमुख मुद्दे पर एकमत हो जाए और उस पर निर्णय ले, इसी से सफलता मिलने और लक्ष्यों को पूरा करने में सहायता मिल सकती है या लक्ष्य पूरा हो सकता है। एक निर्णय समूह की बुद्धिपूर्ण तर्कों या उन्मादपूर्ण बहस, चर्चा, परिचर्चा और वार्तालापों के आधार पर समय की उपलब्धता, समस्या की जटिलता तथा समूह सदस्यों की क्षमताओं के बल पर एक मत से लिया जाना आवश्यक है।

नेता का कर्त्तव्य है कि वह अपने समूह को यह समझाने में समर्थ हो कि इस लक्ष्य को पूरा करना बहुत महत्त्वपूर्ण है और लक्ष्य प्राप्त करने योग्य है अथवा समूह की क्षमता और संसाधनों के विपरीत इस कार्य को बलपूर्वक तैयार करना लक्ष्य के विपरीत होगा व असंगत होने के परिणामस्वरूप समूह का पतन हो सकता है। समूह के सदस्यों को कार्यभार सौंपते समय निर्णय लेना बहुत ही आवश्यक है। यह समस्याओं के समाधान की प्रक्रियाओं का महत्त्वपूर्ण पक्ष भी है।

एक नेता के लिए सदस्यों द्वारा सहमती से निर्धारित कार्य को संपन्न करना बहुत कठिन कार्य है। समूह सदस्यों को निर्णय तक पहुँचाने के प्रयास में नेता उपयुक्तता के कौशल का प्रयोग या अभ्यास करता है, समय की उपयुक्तता को ध्यान रखना तथा यह महसूस करना कि किस समय मुद्दे को उठाया जाना चाहिए और किस समय उसे छोड़ देना चाहिए। जब वह यह महसूस करने लगता है कि समूह आगे बढ़ने की स्थिति में है, उस स्थिति में निर्णय लेने के लिए कठोर दबाव डालकर इस अवसर का लाभ उठाता है। ऐसा भी आदर्श स्थिति हो सकती है जब निर्णय लेने से पूर्व समूह के समक्ष भावी लक्ष्यों को रखा जाता है और उन्हें प्रोत्साहित किया जाता है।

"नेता कई बार स्वयं को कठिन परिस्थितियों में डालने के लिए सहमत हो जाता है जब वह विशेष कार्य को संपन्न करने के लिए अत्यंत कठिन व विशिष्ट कूटनीति का प्रयोग करता है। समूह द्वारा एक अच्छे लिए गए निर्णय के विरुद्ध वह संभावित असफलता होने की स्थिति में भी लक्ष्य को पूरा करने की जिम्मेदारी अपने ऊपर ले लेता है। इससे समूह के सदस्य यह सीखते हैं कि जिम्मेदारी न लेना उनके लिए सर्वथा उचित है। इसके अतिरिक्त, यदि परिणाम असफल होता है, वे यह मान लेते हैं कि नेता निष्ठापूर्ण नहीं है, और उनकी अगला कार्य संपन्न करने के लिए भागीदारी का उत्साह शिथिल हो जाता है अथवा उसके लिए उत्साहित नहीं होंगे। अंत में (प्रायः अचेतन अवस्था में) वे अपने नेता के प्रति अप्रसन्नता प्रकट करने लगेंगे जिसकी पूरी तरह से संभावना होती है, कार्य का लक्ष्य असफल हो जाता है और पूरा खेल बिगड़ जाता है।

इसकी एक दूसरी विधि यह है कि नेता का यह कार्य है कि समूह को अपनी बुद्धि विलास यानी निर्णय लेने के लिए पूरा समय दिया जाना चाहिए, इस प्रक्रिया को बनाए रखना आवश्यक है। यदि एक न्यायसंगत समझ को ध्यान में रखते हुए सभी सदस्य यह कहते हुए बैठक से चले जाएँ कि केवल पाँच मिनट में वे स्वयं नेता के सभी अच्छे निर्णय ले सकते हैं तो यह स्थिति भी एक नेता के लिए नेतृत्व की असफलता ही मानी जाएगी।

(ii) नेतृत्व और संचार

उत्तर– अपने समूह के प्रत्येक व्यक्ति के साथ प्रभावपूर्ण संचार संबंध बनाना एक अच्छे नेता का एक आवश्यक गुण होता है। एक सफल समूह के सदस्यों के बीच संचार होना जरूरी होता है इसीलिए नेता का संपूर्ण समूह के साथ संचार स्थापित करने की क्षमता का होना अत्यंत महत्त्वपूर्ण होता है। यह एक ऐसा कौशल होता है जिसके अभाव में एक अच्छा नेता अपूर्ण होता है। नेता अच्छा समीक्षक होना चाहिए तथा उसे अपने समूह की आवाज गंभीरता से प्रदर्शित करनी चाहिए। उसे हमेशा तत्पर, सक्षम, योग्य तथा विश्वास के साथ अपने उद्देश्य को स्पष्ट रूप से रखना चाहिए विशेष कर उन लोगों के समक्ष जो पहले से उनसे जान-पहचान नहीं रखते हैं। नेता को सरल भाषा में अपनी बातों को रखना चाहिए ऐसा करने से उसका समाजिक संप्रेषण का कौशल विकसित होता है।

कुछ सदस्य अनेक कारणों के होते हुए चर्चा में भाग लेने में कठिनाई महसूस करने लगते हैं। इससे कुछ सदस्यों के व्यक्तिगत बात करने या अपने विचार रखने में भय हो सकता है और वे निश्चित नहीं कर पाते हैं कि अपने विचारों को सबके समक्ष किस प्रकार प्रस्तुत करें। यहाँ तक

वे अपनी बात कहने के लिए अनुभव के अभाव के कारण अपने विचारों को व्यक्त करने वाले शब्दों के चयन में भी असमर्थ होते हैं। सदस्यों की अल्प भागीदारी (अपनी बात को संप्रेषण करने की उनकी अपनी समस्या के कारण) का प्रबंधंन एक महत्त्वपूर्ण पक्ष है, इसे नेता अपने प्रयास के माध्यम से निपटा सकता है तथा वह व्यक्तिगत उदाहरण स्थापित करने के माध्यम से इस समस्या को आसानी से हल कर सकता है। नेता से यह उम्मीद की जाती है कि वह कम बोलने वाले सदस्यों को अपनी बात रखने के लिए प्रेरित करे। बैठक में चर्चा के समय नेता से आशा की जाती है कि वह सभी सदस्यों को सहज और एक-दूसरे के लिए भयमुक्त वातावरण तैयार करेंगे। ऐसा करते समय अपनी बात को स्पष्ट करने के लिए सरल व सहज वातावरण बनाते हुए एक-दूसरे से अपने विचारों का आदान-प्रदान करने के लिए प्रत्येक सदस्य को प्रोत्साहित करने का प्रयास करें।

परिचर्चा के दौरान यह महत्त्वपूर्ण है कि वह अन्य सदस्यों के विचार आने से पहले अपने विचार उनके समक्ष न रखे। आरंभ में नेता के द्वारा रखे गए विचारों का संभावित विरोध हो सकता है अथवा उसे स्वीकार किया जा सकता है- इस परंपरा को ध्यान में रखते हुए, कि "नेता का सुरक्षित पक्ष लेना" उचित होता है। संचार या संप्रेषण का महत्त्वपूर्ण पक्ष ध्यान से सुनना। एक नेता के लिए अच्छा श्रोता होना आवश्यक है, जो ध्यान से सुनते हैं व सदस्यों को बिना झिझक व अवरोध के अपनी बात रखने के लिए प्रोत्साहित करता है। अनुभवों से पता चलता है कि समूह की बैठक के संचालन से पहले और उसके पश्चात् यदि समय उपलब्ध होता है तो मुद्दों की स्थिति या स्तर और समूह के कार्यों के संबंध में सही चित्रण करने का सुअवसर होता है जिसे एक नेता को अनिवार्य रूप से उपयोग करना चाहिए।

(iii) आबंधन और संबंध

उत्तर– एक अच्छे नेता की छवि ऐसी होनी चाहिए जिसे समूह सहर्ष स्वीकार करे। समूह के लक्ष्यों को सफलतापूर्वक पूरा करने के आबंधन और संबंध निर्माण करना एक व्यापक अवयव है। नीचे कुछ ऐसे तरीके दिए जा रहे हैं जिनके माध्यम से एक नेता अपनी टीम या दल के साथ आबद्ध हो सकता है–

- समूह सदस्यों के सकारात्मक पक्षों पर ही प्रकाश डालना चाहिए तथा स्थिति भी सकारात्मक ही बनानी चाहिए न कि मुद्दों के नकारात्मक पक्षों को उजागर करके निराशाजनक स्थिति का निर्माण किया जाए।
- किसी समस्या का समाधान निकालने और किसी मुद्दे पर निर्णय लेते समय लोकतांत्रिक दृष्टिकोण में विश्वास रखते हुए कार्य करना।
- अन्य लोगों से उत्साहवर्द्धक बातों को सीखना चाहिए तथा समूह सदस्यों के अनुभव और विचारों के संयोजन के आधार पर नेता को अपने विचारों का संशोधन करते हुए कार्य निष्पादन करना।
- व्यक्तिगत समूह सदस्यों की क्षमताओं, विचारों, दृष्टिकोणों के विभेदों को गंभीरता से लेने पर समूह के कार्यों को निष्पादित करने में उनका अधिकतम सहयोग प्राप्त करना।

- जब यह जानकारी मिल जाए कि समूहों में भिन्नता या मतभेद है, ऐसी स्थिति में समूह के सदस्यों में परस्पर समझ का निर्माण करना और उनको समूह का एक शक्तिशाली हिस्सा बनाने के लिए प्रत्येक सदस्य की व्यक्तिगत रूप से सहायता करना।
- "सार्वजनिक रूप से प्रशंसा या सराहना करना और एकांत में डांट-डपट या फटकार लगाना" जैसे सिद्धांतों का पालन करना। सभी सदस्यों के अच्छे कार्यों के लिए तुरंत लगातार प्रशंसा करना इससे सदस्यों के बीच प्रोत्साहन और संतुष्टि का वातावरण बनेगा।
- व्यक्तिगत व्यवहार की समस्याओं को निपटाना तथा समूह के कार्यों में किसी प्रकार की बाधा डाले बिना व्यक्तिगत संबंधों का निर्माण करना।
- समूह पर यह प्रभाव डालना कि चाहे प्रत्येक व्यक्ति भिन्न या अलग होता है परंतु उनकी यह भिन्नता समूह का अमूल्य सकारात्मक गुण है।
- ऐसी स्थितियों का पता लगाना और उनका संरक्षित करना जिससे समूह के प्रत्येक सदस्य से अधिकतम योगदान प्राप्त हो।

(iv) नेतृत्व और शक्ति

उत्तर– शक्ति और नेतृत्व वास्तव में अंत:संबंधित है। एक कार्यकर्त्ता के पास समूह के भीतर और बाहर की स्थितियों को प्रभावित या परिवर्तित करने हेतु संसाधनों की उपलब्धता तथा मात्रा उसकी शक्ति का निर्धारण करती है। फ्रेंच और रॉवेन ने शक्ति के कुछ आधार बताए हैं, जो कि इस प्रकार हैं–

- **संबंध शक्ति (Connection Power)**–किसी को भी बुलाने में समर्थ हो और अपने प्रभाव के बल पर लोगों या संसाधनों का प्रयोग करना,
- **विशेषज्ञ शक्ति (Expert Power)**–समूह की सुविधा और कार्य के लिए ज्ञान और कौशलों का होना।
- **सूचना शक्ति (Information Power)**–ऐसी सूचनाएँ रखता हो जो मूल्यवान हों तथा अन्य लोगों को उनकी आवश्यकता हो।
- **विधि सम्मत शक्ति (Legitimate Power)**–प्राधिकार और आधिकार प्राप्त पद पर मौजूद हो जो कि संगठन में या व्यापक सामाजिक व्यवस्था में स्थित हो।
- **संदर्भ शक्ति (Reference Power)**–पसंद और समादर करते हों, समूह सदस्य कार्यकर्त्ता के साथ पहचान बनाने में इच्छुक हों।
- **पुरस्कार शक्ति (Reward Power)**–सामाजिक अथवा वास्तविक व ठोस पुरस्कार देने की योग्यता रखना।
- **बाध्यकारी शक्ति (Coercive Power)**–संसाधनों और सुविधाओं तक पहुँचने,

अनुमति देने, दंड देने या अस्वीकृत करने की बाध्यकारी शक्ति धारण करना।

प्रभावकारी नेता यह भली-भाँति जानता है कि एक नेता के पास समूह का निर्देशन करने के लिए विधि संगत शक्ति और तथा प्रभाव की आवश्यकता होती है विशेषकर उस आरंभिक स्थिति में जब समूह मार्गदर्शन के लिए अपने नेता की ओर निहारता है। नेता अपनी शक्तियों का प्रयोग असुविधाजनक व अत्यधिक नियंत्रण न रख कर परिपक्व रूप से करता है।

इन शक्तियों का प्रयोग समूह को शक्तिशाली बनाने, उनके कंधों पर उनकी इच्छानुसार जिम्मेदारी डालने और उनको सफल बनाने के लिए की जाती है। समूहों को नेता की आवश्यकता इसलिए होती है कि वे असंगठित और अव्यवस्थित न हों, नेतृत्व और शक्ति एक दूसरे से अलग नहीं की जा सकती है।

एक नेता को सदस्य से नेता तक संप्रेषण या संचार के स्थान पर सदस्य से सदस्य तक संचार के महत्त्व को प्रकट करने, उस पर प्रकाश डालने के लिए समूह के साथ शक्ति सहभागीदारी में सहायता करने की आवश्यकता होती है।

प्रश्न 4. एक समूह कार्यकर्त्ता के लिए प्रासंगिक विभिन्न कौशलों एवं तकनीकों की विवेचना कीजिए।

अथवा

समूह कार्य में प्रमुख कौशलों का उल्लेख कीजिए।

अथवा

सामाजिक समूह कार्य के लिए ट्रेकर द्वारा बताई गई कुशलताओं का उल्लेख कीजिए।

उत्तर– ट्रेकर के मतानुसार कौशल वह क्षमता है जिसके द्वारा व्यक्ति अपने ज्ञान का प्रयोग दी गई स्थिति को समझने के लिए करता है। समाज समूह कार्य में भी अन्य कार्यों की भाँति विशिष्ट कौशलों की आवश्यकता होती है। इन कौशलों को ट्रेकर ने इस प्रकार वर्गीकृत किया है–

(1) उद्देश्यपूर्ण संबंध स्थापित करने में प्रयोग होने वाले कौशल

(क) समूह की स्वीकृति प्राप्त करने और सकारात्मक व्यावसायिक आधारों पर स्वयं को समूह के साथ संबद्ध करने का कौशल

(ख) सामान्य प्रयासों में समूह के साथ एक-दूसरे को स्वीकार करने की दिशा में व्यक्तिगत रूप से सदस्यों की सहायता करने का कौशल

(2) समूह स्थिति का विश्लेषण करने में कौशल

(क) समूह के विकासात्मक स्तर निर्धारित करने के लिए निर्णय लेने और उसका मूल्यांकन करने का कौशल

(ख) विचारों, उद्देश्य का ढाँचा निर्धारण करने, तात्कालिक लक्ष्यों का स्पष्टीकरण और एक समूह के रूप में इसकी संभावनाओं और सीमाओं दोनों को देखने में समूह

की सहायता करने का कौशल

(3) समूह के साथ भागीदारी करने में कौशल

(क) समूह के साथ अपनी स्वयं की भूमिका को निर्धारण, व्याख्या, आकलन और संशोधित करने का कौशल

(ख) भागीदारी, उनमें से ही नेतृत्व की खोज करना तथा अपनी स्वयं की गतिविधियों के लिए उत्तरदायित्व संभालना जैसे कार्यों में समूह सदस्यों की सहायता करने का कौशल

(4) समूह की भावनाओं के साथ संबंध स्थापित करने का कौशल

(क) वास्तविकता के उच्च स्तर के साथ समूह के संबंध में अपनी स्वयं की अनुभूतियों पर नियंत्रण करना तथा प्रत्येक नई स्थिति का अध्ययन करने का कौशल

(ख) समूह की अपनी अनुभूतियों सकारात्मक और नकारात्मक दोनों को प्रस्तुत करने में सहायता करने का कौशल।

(5) कार्यक्रम विकास में कौशल

(क) समूह के विचारों में उनका मार्गदर्शन करने का कौशल

(ख) समूह की सहायता करने में कुशलता होना

(6) एजेंसी और सामुदायिक साधनों के प्रयोग में कौशल

(क) विभिन्न सहायक संसाधनों की खोज एवं समूह को उनके बारे में अवगत कराने का कौशल

(ख) आवश्यकता पड़ने पर व्यक्तिगत सदस्य की सहायता करने में कुशलता रखना

(7) मूल्यांकन में कौशल

(क) जिस समूह के साथ चल रहे कार्य में काम करते हुए विकासात्मक प्रक्रियाओं की रिकार्डिंग करने में कुशलता रखना।

(ख) सुधार के साधनों के रूप में इसके अनुभवों का पुनरीक्षण करने के लिए समूह की सहायता में अपने रिकार्डों का प्रयोग के कौशलों में पारंगत होना।

अतः समाज समूह कार्यकर्त्ता को अनेक कौशलों की आवश्यकता होती है किंतु कुछ महत्त्वपूर्ण कौशलों पर चर्चा नीचे की गई है–

समूह संयोजन निर्माण में कौशल (Skills in Building Group Cohesiveness)– समूह कार्यकर्त्ता को अपने समूह सदस्यों की जानकारी रखना आवश्यक है–उनकी शक्तियाँ, क्षमताएँ, भय, समस्याएँ तथा समूह की प्रगति में वे अपनी क्या भूमिका निभा सकते हैं। निम्नलिखित कुछ अन्य कारक भी हैं जिनका समूह के अंदर स्वयं का निर्माण करने में कार्यकर्त्ता को संकेंद्रित करने की आवश्यकता होती है;

(1) समूह सदस्यों के साथ प्रभावकारी सौहार्दपूर्ण संबंधों का निर्माण करना
(2) सदस्यों के द्वारा लोगों का विश्वास और निष्ठा पर विजय प्राप्त करना
(3) मित्रतापूर्ण और आपसी विश्वास के आधार पर अच्छे कार्य करने के लिए संबंध स्थापित करना
(4) विखंडित समूहों पर ध्यान न देने की क्षमता विशेषकर सभी समूह सदस्यों पर बल देते हुए और विचार के द्वारा उप समूहवाद की उपेक्षा करना
(5) विरोधी बातों को सुनते समय शांत और सुव्यवस्थित रहने का कौशल
(6) सभी उत्तरदायित्वों को अपने ऊपर लेने के स्थान पर समूह के कंधों पर जिम्मेदारी डालने के लिए उन्हें सहमत करने की क्षमता प्रदान करना।

सरलीकरण कौशल (Facilitation Skills)–सरलीकरण कौशल के अंतर्गत समूह के लक्ष्य को प्राप्त करने में समूह की सहायता करना तथा यह देखना की समूह सदस्य सामान्य निर्देशों की दिशा में कार्य पूरा करें जैसे कौशल आते हैं। समूह कार्यकर्त्ता इस कौशल को प्राप्त करने के पश्चात् समूह का कार्य पूरा करने के लिए एक प्रकार का जोश पैदा कर लेता है। लक्ष्य को पूरा करने के लिए समूह की सहायता करना, कार्यकर्त्ता विशिष्ट दिशा-निर्देशन में समूह की अंत:क्रिया करने में इसे प्राय: सहायक मानते हैं। किसी सदस्य के संचार में अवरोध उत्पन्न करके, किसी सदस्य को बोलने के लिए प्रोत्साहित करके, समूह के एक सदस्य की बात को समूह के अन्य सदस्यों के साथ संबंध स्थापित करके कार्यकर्त्ता संपूर्ण समूह की संचार-प्रणाली को नियंत्रित कर सकता है व उनका मार्गदर्शन कर सकता है। इस प्रणाली को उद्देश्यपूर्ण चयन करके संचार संरचना के रूप में संदर्भित किया जाता है। (मिडडल् मैन एंड वूड, 1990)। समूह संरक्षण या देखभाल करने से यह असंगत संचार को कम करने के द्वारा प्रभावकारी कार्यों पर ध्यान केंद्रित किया जा सकता है तथा उसे उन्नत किया जा सकता है तथा इसके माध्यम से मुद्दों और समस्याओं की जाँच पड़ताल करने में संपूर्ण ध्यान दिया जा सकता है। समूह कार्यकर्त्ता अनचाही अंत:क्रियाओं को कम से कम करके इसे आसानी से कर सकता है। इसके साथ संबद्ध तथा ठोस स्थानों की खोज-बीन, जाँच भी तीव्रता से संपन्न की जा सकती है।

सूचना संग्रह और मूल्यांकन का कौशल (Skills of Information Collection and Evaluation)–सूचना की शक्ति सर्वज्ञ है और इसकी महत्ता तब और बढ़ जाती है जब हम किसी समूह के साथ कार्य करते हैं। यह समूह में विज्ञप्ति स्वरूप निर्धारण करने का ठोस और दक्ष साधन है। सूचना एकत्रित करने और मूल्यांकन कौशल के माध्यम से समूह कार्यकर्त्ता समूह सरलीकरण की प्रक्रिया मूलक दृष्टिकोण तथा लक्ष्य प्राप्त करने, सदस्यों की आवश्यकताओं की पूर्ति के लिए कार्य कौशलों के प्रयोग के कार्यमूलक दृष्टिकोण के बीच खाई को पाटा जा सकता है अथवा दोनों के बीच पुल का काम किया जा सकता है। प्रभावी आँकड़े एकत्रित करने और आकलन कौशल के बिना कार्यकर्त्ता अंत:क्षेप स्थिति को पूरी तरह से समझने में सफल नहीं हो सकता। परिणामस्वरूप ऐसे समाधान सामने आते हैं जो समय से पूर्व हों, अति सरल हों जिनका सावधानीपूर्वक आकलन या विश्लेषण न किया गया हो।

सूचना माँगना, प्रश्न करना और जाँच पड़ताल (Requesting Information,

Questioning and Probing) – एक कुशल कार्यकर्त्ता विभिन्न प्रश्नों के द्वारा परिस्थितियों की जाँच परख करके आँकड़े एकत्रित करता है। संबंधित विषय में कार्य का व्यापक पुनर्लोकन करना तथा समूह को उत्साहित करना (इसके साथ अनुपूरक सूचना) से मिलकर समूह को असीमित लाभ मिलता है। प्रश्न करने के लिए शब्दों का सही चयन करने की आवश्यकता होती है—प्रमुख प्रश्नों, दोहरे प्रश्नों इत्यादि से बचना चाहिए। प्रश्न के लिए एक दक्ष सटीक सूचना जो कि स्पष्ट तथा संक्षिप्त हो कि आवश्यकता होती है। संवेदनशील मुद्दों तथा सरोकार के साथ चर्चा करते समय बहुत ही सावधानी बरतने की आवश्यकता होती है अर्थात् बहुत ही सावधानी से कार्य संपन्न किया जाना चाहिए।

विश्लेषण करने का कौशल (Analysing Skills) – विश्लेषण कौशल में निम्न सम्मिलित हैं—

(1) आँकड़ों में ढाँचों को इंगित करना,

(2) आँकड़ों में आई दूरी की पहचान करना, तथा

(3) आकलन पूरा करने के लिए आँकड़े प्राप्त करने के लिए रचनातंत्र की स्थापना करना।

संयोजन करने का कौशल (Synthesising Skills) – संयोजन करने के कौशलों के उदाहरणों में निम्नलिखित सम्मिलित हैं—

(1) सदस्य की क्रिया या शब्दों में छिपे हुए एजेंडों के अर्थों में संबंध स्थापित करना।

(2) अंतर्निहित अनुभवों या स्पष्ट विचारों का निर्माण करना।

(3) मुख्य विषय का बिंदु तथा सदस्य के कार्यों या शब्दों के संचार के बीच संबंध स्थापित करना।

संयोजन करने वाले कौशल यह जानने के लिए लाभदायक हैं कि उन्हें किस प्रकार से महसूस किया जाता है।

सुनने के कौशल (Listening Skills) – अनुसंधानों के परिणाम प्रकट करते हैं कि प्रभावी या ध्यान से सुनने का कौशल सफल नेता के लिए एक बहुत ही महत्त्वपूर्ण विशेषता है। सुनने के कौशल में पुन: बोलना या दोहराना या भावानुवाद अर्थात् एक सदस्य क्या कह रहा है तथा तदानुभाव और अपने उत्साह या जोश द्वारा सदस्यों के संचार का अर्थ समझना।

पुनर्संरचना और पूनर्परिभाषित करना (Reframing and Redefining) – समस्या को पुनर्परिभाषित तथा पुनर्संरचित करने से नए परिप्रेक्ष्य में समस्या को हल करने उसकी परीक्षा करने में सदस्यों को सहायता मिल सकेगी। अत: कार्यकर्त्ता एक मुद्दा या सरोकार जिनका सामना समूह को करना पड़ता है, वे इसे पुनर्संरचित या पुनर्परिभाषित कर सकते हैं।

कार्य कौशल (Action Skills) – कार्य कौशल से परिपूर्ण कार्यकर्त्ता मॉडल बनाने, भूमिका निभाने और समूह में स्थितियों का पूर्वाभ्यास करने में सक्षम होता है। कार्य कौशल, कार्य और समूह निदान दोनों में सहायक हो सकता है। कार्यकर्त्ता या एक सदस्य के द्वारा समूह में मॉडलिंग करना विशिष्ट स्थिति में अपने व्यवहार का प्रदर्शन करना होता है, इसे देखकर दूसरे सदस्य यह सीखते हैं कि उसे क्या करना चाहिए और कैसे करना चाहिए। साथ ही भूमिका निभाने का अर्थ होता है कि एक-दूसरे की सहायता करते हुए, समूह सदस्य किसी स्थिति से किस प्रकार निकलते

हैं। भूमिका निभाने के दो प्रमुख उद्देश्य होते हैं। एक अंतर्वैयक्तिक स्थिति में प्रतिक्रिया करने का सदस्य का कौशल तथा विशिष्ट अनुक्रिया को सुधारने के लिए सदस्यों की सहायता अनुक्रिया को आधार सामग्री, नई अनुक्रिया का पूर्वाभ्यास या कोचिंग के द्वारा सुधारा जा सकता है। बहुत ही दबाव वाली स्थितियों की अनुक्रिया सुधारने में सदस्यों की सहायता करने के लिए भूमिका निभाना एक बहुत महत्त्वपूर्ण साधन हो सकता है।

पूर्वाभ्यास का अर्थ है, नए व्यवहार का अभ्यास करना अथवा भूमिका निभाने के पश्चात् प्राप्त की गई आधार सामग्री पर आधारित अनुक्रिया करना। क्योंकि नए व्यवहार को सीखना बहुत ही कठिन होता है और स्वीकार्यता को न्यूनतम करना और कठिन होता है, परंतु स्वभावगत व्यवहारात्मक ढाँचे के संदर्भ में, सदस्य अनेक बार अनुक्रिया में अभ्यास कर सकते हैं।

परस्पर विरोध प्रकट करने का कौशल (Confrontation Skills)—परस्पर विरोध प्रकट करने का अर्थ किसी मुद्दे की स्पष्ट समीक्षा या परीक्षा और ऐसे व्यवहार को नियंत्रण में रखना जो व्यवहार, विचारों तथा अनुभवों को नष्ट करने का प्रयास करते हैं। इगेन (2002; तोसलैंड और स्पीलबर्ग, 1982)। बहरहाल उसे परस्पर विरोध प्रकट करने की स्थिति के दौरान उसके अंत:क्षेप की स्वीकार्यता के संबंध और घटनाओं या कार्यों पर सतर्कता पूर्व ध्यान रखना चाहिए। उसे पूरी तरह से जानना चाहिए कि विरोध बहुत शक्तिशाली है, भावनात्मक आक्षेप तथा पूर्वानुमानित सशक्त अनुक्रियाएँ हैं।

द्वंद्व संकल्पना के कौशल (Skills of Conflict Resolution)—समूह कार्यकर्त्ता को समूह के विकास के पोषण को ध्यान में रखते हुए द्वंद्व को शीघ्र निपटाने में समूह की सहायता करनी चाहिए। द्वंद्व यदि सकारात्मक और मुद्दों पर आधारित है, तो समूह को लक्ष्य की स्पष्ट दृष्टि को समझने में सहायता करनी चाहिए। इसके साथ सदस्यों की व्यक्तिगत शक्ति और कमजोरियों की खोज-बीन की जानी चाहिए। सभी अच्छी तरह से जानते हैं कि द्वंद्व तो घटित होते हैं। सक्षम समूह के माध्यम से द्वंद्व को कम-से-कम यानी न्यूनतम बनाया जाए और प्रतिद्वंद्वी की असहमति को नकार देना चाहिए अथवा उस पर ध्यान नहीं दिया जाना चाहिए।

समालोचना कौशल (Critiquing Skills)—समालोचना कार्यकर्त्ता के लिए बहुत महत्त्वपूर्ण है तथा जब समूह की प्रगति और उसकी गतिविधियों की आलोचना की जाती है उस समय बहुत कुछ सीखने को मिलता है। यह समूह के प्राथमिक उद्देश्य पर ध्यान केंद्रित करने में सहायक होता है। इसका अर्थ यह हुआ कि नेता के योगदान के बारे में उपयुक्त प्रश्न तथा समूह के सदस्यों का अंत: क्षेप सहयोग तथा समूह के कार्य करने के ढाँचों की आलोचना नेता के हिस्से में जाएगी। सदस्यों द्वारा आलोचना करना अच्छा रहता है तथा कभी-कभी अवरोधों का पूर्वानुमान करके उन्हें रोकने में भी सहायता मिलती है।

नेतृत्व का कौशल (Leadership Skills)—नेतृत्व कौशल सीखा जा सकता है। किंतु फिर भी ऐसा एक भी समाधान नहीं है या एक भी आकार या स्वरूप नहीं जो नेतृत्व सीखने के लिए उपयुक्त हो। समूह नेताओं को लगातार उन्हें यह याद रखना चाहिए कि वे मानवता के साथ अपना कार्य कर रहे हैं जिसमें उनके विभिन्न विचारों, व्यक्तित्वों और कार्य करने के भिन्न या

अलग-अलग तरीके हो सकते हैं। नेता का मुख्य कौशल संप्रेषण करना है तथा हर समय समूह के अंदर संचार के चैनलों को खुला रखना अत्यंत आवश्यक है। इसका अर्थ यह हुआ कि नेता को सभी सदस्यों के साथ चर्चा में बने रहना चाहिए चाहे कोई सदस्य छोड़ जाए, चाहे कोई सदस्य समूह में सहजता से वार्तालाप नहीं करता है अथवा वो जो आसानी से चुप हो जाते हैं, उसे तो सबसे चर्चा करनी होगी। इसके अतिरिक्त कुछ निम्न प्रमुख कौशल हैं—

(1) सर्वसम्मति बनाए रखना,

(2) दरबान का कार्य करना,

(3) स्तर बनाए रखना या स्थापित करना,

(4) स्वयं की समझदारी जो कि संचार को व्यापक दिशा में ले जाती है।

(5) अंतर्वैयक्तिक आपसी समझ जिससे विचार बिंदु पर सदस्यों की आपसी समझ को जाना जा सके।

विघटनकारी व्यवहार की रोकथाम जैसे कि ध्यान बदलना या दिशा बदलना, प्रतिरोध करना, प्रभुत्व स्थापित करना, चुप या शांत रहना, अपनी ओर ध्यान आकर्षित करना, सहानुभूति प्राप्त करने का प्रयास करना इत्यादि।

प्रश्न 5. जीवन कौशल से आप क्या समझते हैं? जीवन कौशल शिक्षा में समूह कार्यकर्त्ता की भूमिका पर प्रकाश डालिए?

अथवा

जीवन कौशल शिक्षा पर प्रकाश डालिए।

अथवा

जीवन कौशल शिक्षा में समूह कार्यकर्त्ता की भूमिका की चर्चा कीजिए।

अथवा

जीवन कौशल शिक्षा में समूह कार्यकर्त्ता की भूमिका की व्याख्या कीजिए।

उत्तर— शुरुआत में जीवन कौशल शिक्षा विशेषकर किशोरों को ध्यान में रखकर उन्हें सशक्त या समर्थ करने के लिए विकसित की गई थी। जिसमें उन्हें चुनौतियों और अवसरों, सफलताओं के साथ जीवन का सामना करने के लिए उनकी अभिवृत्ति को तैयार करना था।

"हाल के वर्षों में संपूर्ण विश्व के समुदायों में स्वास्थ्य और सामाजिक मुद्दों के बारे में शिक्षा के लिए बेहद उत्साह जागा है, अथवा उसके प्रति विशेष ध्यान दिया गया है। यद्यपि इसी विषय को विभिन्न नामों से जाना गया है— "जीवन कौशल", "जीवन कौशल आधारित शिक्षा", "कौशल आधारित स्वास्थ्य शिक्षा" अथवा "स्वास्थ्य और परिवार जीवन शिक्षा" में केंद्र बिंदु समाविष्ट है। युवा वर्ग, विशेषकर लड़कियाँ और युवा महिलाएँ नियमित रूप से जोखिम उठाती रहती हैं जो उनके स्वास्थ्य की चुनौतियाँ उत्पन्न करती हैं तथा उनके सीखने के अवसरों को सीमित करती हैं।

जीवन कौशल शिक्षा की समझ (Understanding Life Skills Education)–जीवन कौशल, समस्या समाधान का एक तरीका है, जो हमारे दैनिक जीवन में होने वाले व्यवहार को नियमित करने में उपयुक्त और कर्त्तव्यनिष्ठ साधन है। यह प्रयोगात्मक वयस्क शिक्षण के सिद्धांत में सम्मिलित है। जीवन कौशलों के प्रशिक्षण योग्य, कार्ययोग्य, घटकों तथा समूह सदस्यों को पढ़ाना इत्यादि भागों में विभक्त किया जा सकता है। जीवन कौशलों को हमारे जीवन के पाँच क्षेत्रों में प्रयोग कर सकते हैं। (स्वयं, परिवार, कार्य/विद्यालय, अवकाश के समय, और समुदाय)।

इस प्रकार जीवन कौशल शिक्षा विषयों की व्यापक परिधियों को समाहित करने के लिए प्रयोग में लाई जा सकती है, जो कि युवाओं से सरोकार रखती हो और इसे किसी विशिष्ट वातावरण में बाँधने या समाहित नहीं किया जा सकता। यूनीसेफ के अनुसार "जीवन कौशल आधारित शिक्षा एक व्यवहार परिवर्तन है अथवा व्यवहार विकास दृष्टिकोण है जिसकी अभिकल्पना तीन क्षेत्र - ज्ञान, अभिवृत्ति और कौशलों को संतुलित करने के लिए की गई है।

जीवन कौशल व्यक्ति के व्यक्तिगत कार्यों तथा लोगों के कार्यों की दिशा निर्देशित करता है। इसी प्रकार स्वास्थ्य की सहायता में व्यापक वातावरण या पर्यावरण के परिवर्तन में सहायता करता है। इसमें उन भेदों या वस्तु-विषयों को भी शामिल किया गया है जिसकी मंशा केवल युवा लोगों की व्यक्तिगत पहचान के लिए ही कार्य करना ही नहीं, बल्कि उन्हें इसके लिए भी तैयार किया जाता है कि जब उनके संबंध में अनुचित टिप्पणियाँ की जाती हैं जो उनके व्यवहार के अनुरूप नहीं हैं तथा जिन पर वे विश्वास नहीं करते या उनको सच नहीं मानते हैं तो वे इनका सीधे तौर पर खंडन करें।

जीवन कौशल शिक्षा समूह (Life Skills Education Groups)–जीवन कौशल शिक्षा कार्यक्रम भागीदारों के समूह के साथ संचालित किया जाता है जिसका नेतृत्व प्रशिक्षित समूह कार्यकर्त्ता करते हैं। सदस्य समूह के प्रकार जो भी हों (पेशेवर युवा समूह, स्वास्थ्य, व्यावसायिक विकास) वे विभिन्न कौशलों में सक्षम होते हैं तथा विभिन्न प्रकार से अपने कौशलों का प्रयोग करते हैं। क्रमवार या धीरे-धीरे वे स्व की जागरूकता तथा अपने कौशल स्तर के आकलन द्वारा अपनी आवश्यकताओं तथा आकांक्षाओं का आकलन करना सीखते हैं। जीवन कौशल शिक्षा कार्यक्रम के समूह सदस्यों से आशा की जाती है कि वे (1) समस्या समाधान व्यवहार को सप्तक या स्वरग्राम से प्रेरणा लेकर अभिरुचि उत्पन्न करें (2) आत्म-विश्वास के साथ दैनिक जीवन के दुखों का सामना करना तथा (3) अच्छा समायोजित, स्व-दृढ़निश्चयात्मक नागरिकों की तरह से विकास करना, आगे बढ़ना।

जीवन कौशल शिक्षा में समूह कार्यकर्त्ता की भूमिका (Group Worker's Role in Life Skills Education)–एक कुशल समूह कार्यकर्त्ता ज्ञान, कौशल और जीवन कौशल शिक्षा कार्यक्रम में पारंगत तथा समूह के साथ प्रभावकारी काम करने के साथ समुचित सज्जित (प्रायः समाज कार्य में) प्रशिक्षित व्यावसायिक होता है। उससे यह आशा की जाती है कि वह क्लाइंटस के साथ व्यापक रूप से कार्य करे, उनकी समस्याओं को सुलझाए तथा उनके व्यक्तित्व का विकास करे, एक समूह कार्यकर्त्ता जीवन कौशल शिक्षा कार्यक्रम समूह सदस्यों को भी सुसाध्य बनाता है–

- सत्यनिष्ठा के साथ सर्वाधिक रूप से आत्म-दर्शन या आत्म-मंथन करना।
- अधिक उत्पादकता के लिए विचार करना।
- यह समझना कि अपनी चुनौतियों और संघर्ष में वे अकेले नहीं हैं।
- उनके विचार करने के तरीकों का अनुभव करना और उसमें सम्मिलित होना।
- स्वयं को समस्या समाधान कौशलों के प्रयोग के लिए तैयार करना।
- उनकी बौद्धिक, शारीरिक तथा भावनात्मक आवश्यकताओं में संतुलन स्थापित करना।
- विपरीत महत्त्वाकांक्षाओं का निर्माण करना।

प्रश्न 6. जीवन कौशल शिक्षा कार्यक्रम पर विस्तार से चर्चा कीजिए?

उत्तर– जीवन कौशल शिक्षा का महत्त्व विश्वव्यापी है। प्रत्येक देश इसका महत्त्व समझता जा रहा है। सांस्कृतिक भिन्नताओं के आधार पर इसके घटकों को व्यापक और सरल बनाया गया है। यद्यपि जीवन कौशल शिक्षा का कोई निश्चित पाठ्यक्रम नहीं है अपितु मनोसामाजिक और अंतर्वैयक्तिक कौशलों के सामान्य महत्ता दी गई है।

बहरहाल, विश्व स्वास्थ्य संगठन ने युवा वर्ग के लिए जीवन कौशलों का विशिष्टीकरण किया है तथा इस विषय को ध्यान में रखते हुए जीवन कौशलों के शिक्षकों और व्यावसायिकों के लिए कुछ मार्ग दर्शन उपलब्ध कराएँ हैं।

"विश्व स्वास्थ्य संगठन (WHO) ने **जीवन कौशलों पर** विशेष रूप से बल दिया है तथा मार्गदर्शिका प्रस्तुत की है जो कि विश्वभर के सभी युवा लोगों के लिए अत्यंत आवश्यक है। वर्ष 1977 में विश्व स्वास्थ्य संगठन ने इस मुद्दे को बहुत ही महत्त्व देते हुए उठाया था और जीवन कौशल विकास का समुचित अनुसंधान किया हुआ पैकेज प्रस्तुत किया गया था। "जीवन कौशल जीवित कौशल है अथवा अनुकूलनता और सकारात्मक व्यवहार के लिए योग्यताएँ व सक्षमताएँ हैं जिनके परिणामस्वरूप व्यक्ति को दैनिक जीवन की आवश्यकताओं तथा चुनौतियों से निपटने के लिए सक्षम व प्रभावी रूप से तैयार करती है, उसे योग्य बनाती है।" (WHO, 1977) निम्नलिखित जीवन कौशल शिक्षा के 10 सामान्य कौशलों को इस आशा के साथ प्रस्तुत किया जा रहा है कि इनसे परिवर्तन होना संभव होगा। ये कौशलों से संबंधित पाँच जोड़ें हैं।

आलोचनात्मक विचारधारा (Critical Thinking)–इसमें सूचना विश्लेषण की क्षमता होती है तथा उद्देश्यपूर्ण तरीके में अनुभव प्राप्त होते हैं।

रचनात्मक विचारधारा (Creative Thinking)–यह एक ऐसी योग्यता है जो कि हमारे प्रत्यक्ष अनुभव से आगे देखने की क्षमता प्रदान करती है, हमें सहायता व सहयोग देती है और घोषित मुद्दों से हट कर नए परिप्रेक्ष्य में मुद्दों को देखती है। यह हमारे दैनिक जीवन की स्थितियों में नवीनता और लचीलापन लाती है। यह विभिन्न उपलब्ध विकल्पों तथा हमारे कार्यों या गैर-कार्यों

के विभिन्न परिणामों के संबंध में व्यापकता से निपटने में सक्षम तो बनाती ही है साथ में समस्या समाधान और निर्णय लेने की क्षमता की वृद्धि करने में योगदान करती है।

निर्णय-लेना (Decision-Making)—सभी संभावित/उपलब्ध विकल्पों एवं उन्हें चयन करने से पड़ने वाले प्रभावों का आकलन करने के पश्चात् ही उन पर प्रभावकारी निर्णय लिए जा सकते हैं।

समस्या समाधान करना (Problem Solving)—निर्णय लेने के पश्चात् विकल्प के प्रत्येक कोण पर दृष्टिपात करते हुए उनमें से सबसे उपयुक्त का चयन, जब तक समस्या का सकारात्मक परिणाम प्राप्त नहीं हो जाता है, अपनी प्रक्रिया के माध्यम से लगातार प्रयास करते रहना।

अंतर्वैयक्तिक संबंध (Interpersonal Relationship)—यह वह कौशल है जो दूसरे लोगों के साथ हमारे संबंधों को समझने में सहायता करता है तथा उनके साथ सकारात्क रूप से जोड़ता है। यह मित्रों या परिवार के सदस्यों से संबंधों को बनाए रखने में सहायता करता है और हमें सकारात्मक संबंध स्थापित करने के योग्य भी बनाता है।

प्रभावकारी संचार (संप्रेषण) (Effective Communication)—यह हमें उपयुक्त तरीके से मौखिक तथा गैर-मौखिक दोनों ही प्रकार के विचारों को प्रकट करने की योग्यता प्रदान करता है। इसका अर्थ यह हुआ कि अपनी इच्छाओं या माँगों को व्यक्त करने, विचार करने और अपने डर-भय को प्रस्तुत करने की क्षमता तथा सहायता प्राप्त करने और समय पर सही सलाह-मशविरा प्राप्त करने की क्षमता देता है।

मनोभावों के साथ साझेदारी करना (Coping with Emotions)—यह एक ऐसी योग्यता है जो दूसरे के मनोभावों को समझते हुए उसमें साझेदारी बनाना, स्वयं के मनोभावों को समझकर दोनों में तालमेल बनाना तथा यह जानकारी भी रखना कि यह किस प्रकार से व्यवहारों को प्रभावित करते हैं और मनोभाव का उत्तर उसी मनोवेग से देने की कला व कौशल है।

तनाव की स्थिति से निपटना (Coping with Stress)—यह एक योग्यता है जो हमारे जीवन में होने वाले तनाव के स्रोत, इसके प्रभाव जो हमारे ऊपर पड़ते हैं, उनको समझना और तनाव के हमारे स्तरों पर नियंत्रण करने के लिए ऐसे कार्य करना जिनके माध्यम से तनाव कम करने में सहायता मिल सके। उदाहरण के लिए भौतिक वातावरण, जीवन-शैली, शांत रहना या सहजता से व्यवहार इत्यादि करना।

स्वः जागरूकता (Self-Awareness)—इसमें स्वयं की पहचान, मान्यता, हमारा चरित्र, ताकत और कमजोरियाँ, पसंद और नापसंद, रुचियों व अरुचियों इत्यादि तत्त्वों को सम्मिलित किया गया है। प्रभावी संचार अंतर्वैयक्तिक संबंध और विकासशील तदानुभूति के लिए यह सब पूर्व शर्तें हैं।

तदानुभूति (Empathy)—यह वह कल्पना करने की योग्यता है कि अन्य व्यक्ति का जीवन किस प्रकार का है अथवा वे कैसा जीवन व्यतीत कर रहे हैं, यहाँ तक की उन स्थितियों में भी जिनसे हम परिचित नहीं होते। यह हमको जानकारी या समझ प्रदान करती है कि हमें अन्य लोगों को सहर्ष स्वीकार करना चाहिए और उनके व्यवहार को भी समझना चाहिए, वह हमारे स्वयं के

व्यवहार से बिल्कुल भिन्न हो सकता है।

साक्ष्य मौजूद हैं कि जीवन कौशल एक व्यापक विषय है जिसमें विभिन्न क्षेत्रों को सम्मिलित किया गया है जैसे कि विचार, व्यवहार और भावना या अनुभूति इत्यादि। इसका अंतिम लक्ष्य स्व-जानकारी, आत्म-प्रतिष्ठा तथा अन्य को स्वीकार करने की प्रवृत्ति है। एक व्यक्ति में जीवन कौशल का विकास सक्रिय तरीके के तहत अनेक वर्षों तक सतत् प्रयास का परिणाम होता है। अनेक ऐसे कौशल हैं जिनकी सफलता के लिए प्रत्येक अंतर्क्रिया के लिए आपसी समझौते की आवश्यकता होती है।

प्रश्न 7. सामाजिक समूह कार्य में जीवन कौशल शिक्षा की प्रासंगिकता पर प्रकाश डालिए?

उत्तर– सामाजिक समूह कार्य में जीवन कौशल शिक्षा की प्रासंगिकता (Relevance of Life Skills Education in Social Group Work)—समूह कार्यों और जीवन कौशलों दोनों का सामान्य लक्ष्य अपने सदस्यों के सामाजिक कार्यों में वृद्धि करना है। आरंभ से ही समूह कार्य अभ्यास और सिद्धांत के वास्तविक स्रोत "समाज सुधार, सामाजिक उत्तरदायित्व, लोकतांत्रिक आदर्श तथा सामाजिक अनुक्रिया व सामाजिक संबद्धता एवं मानव आवश्यकता या संयोजन जैसे विशेष तत्त्व रहे हैं।" समूह में किए गए कार्य को उद्देश्यपूर्ण गतिविधि के रूप में देखा गया था जो कि प्रक्रिया में सम्मिलित रहा है और उसको समूह में व्यक्ति व समूह स्वयं में तथा व्यापक समुदाय में समाहित या समाविष्ट किया गया है।

समूह कार्य समूह नेतृत्व की एक प्रणाली है जिसका प्रयोग संगठन में तथा समूह की विभिन्न गतिविधियों में किया जाता है। जबकि समूह कार्य सबसे पहले मनोरंजन तथा स्वैच्छिक अनौपचारिक शिक्षा से विकसित हुआ है, इसका प्रयोग उन क्षेत्रों तक ही सीमित नहीं रहा है। इसका प्रयोग संस्थाओं के विभिन्न प्रकारों अस्पतालों और क्लिनिक्स और इसी प्रकार की समान परिस्थितियों में विद्यालयों में पढ़ाई के अतिरिक्त अन्य गतिविधियों में लगातार बढ़ रहा है। इस प्रकार के नेतृत्व का मार्गदर्शक उद्देश्य एक लोकतांत्रिक समाज है, जिसमें हम प्रत्येक व्यक्ति को अपनी स्वतंत्रता के साथ उसकी क्षमताओं का उपयोग करने के लिए अवसर प्रदान करते हैं। दूसरे लोगों को समुचित सम्मान देते हैं तथा हमारे लोकतांत्रिक समाज के सतत् सुधार के लिए अपनी सामाजिक जिम्मेदारियों का निर्वाह करते हैं।

इस प्रकार जीवन कौशल शिक्षा समूह कार्य का महत्त्वपूर्ण पक्ष है। "समूह कार्य को जीवन कौशल शिक्षा में लागू करने के लिए लचीलेपन की विशेष भूमिका है। समूह विकास को स्थापित करने का उत्तरदायित्व निभाना, कार्यकर्त्ता और सदस्यों के बीच मानव स्थितियों के साथ भागीदारी करते हुए सहज रहना है। एक व्यक्ति को अपने समूह के लिए समूह सदस्यों के साथ आदरपूर्वक व्यवहार करना, यह मात्र दिखावा नहीं अपितु समूह के जीवन के एक वास्तविक घटक के रूप में होना चाहिए। जैसे कि भागीदारों के लिए, समूह सदस्यों को प्रोत्साहित करने वाले और सक्षम लोगों के रूप में देखे जाते हैं जिनका शिक्षण अनुभवों में भाग लेने के लिए चयन किया गया हो।

वे अनौपचारिक समूह अंतर्क्रिया को प्रोत्साहित करने के लिए पूछताछ करने की प्रक्रिया के माध्यम से एक-दूसरे से सीख सकते हैं। समूह नेता का प्रमुख कार्य शिक्षण संसाधनों को प्रोत्साहन देना, सुविधा देना, उनकी वृद्धि व विकास करना है।

शिक्षण के विषय-दो कारणों से पाठ्यक्रम का विषय महत्त्वपूर्ण होता है, अपने मूल्य के कारण तथा एक ऐसे साधन के कारण जिसमें अंतर्वैयक्तिक शिक्षण, भूमिका-विस्तार और व्यवहारात्मक मानक कार्य कर सकें।"

रेडिन (1975: 605-613) ने कहा है कि विद्यालय के समाज कार्यकर्त्ताओं का विद्यालय के सभी बच्चों के साथ संपर्क होना चाहिए उनकी चिंता होनी चाहिए न कि केवल उन्हीं, बच्चों की जो समस्याओं से पीड़ित हैं, क्योंकि सभी बच्चों ने समाज में अपने भविष्य की भूमिका के लिए तैयारी करनी होती है। समाज कार्यकर्त्ता को प्रत्येक विद्यार्थी से संपर्क के अतिरिक्त अधिक विद्यार्थियों के साथ कार्य करना आवश्यक है। वहीं पर समूह में कार्य करते समय समूह के साथ केवल व्यक्ति को ही अपने कार्य क्षेत्र में शामिल करके अनेक समूहों के संगठनों के साथ भी अपना कार्यव्यवहार संचालित करते रहना पड़ता है।

समूहों में विद्यार्थियों से मिलने के अनेक लाभ हैं, जैसे व्यक्तिगत समय की बचत और विशेष खोज को प्रोत्साहन मिलता है परंतु इस प्रकार के परिणाम कुछ समूह अंतर्क्रिया के ही माध्यम से प्राप्त होते हैं। व्यक्तिगत शिक्षण में कम-से-कम एक से अधिक व्यक्तियों के साथ भागीदारी में कार्य संपन्न किया जाना चाहिए। विद्यार्थियों को एक या अधिक प्रकार के समूह के द्वारा अनुभव अधिक कारगर हो सकते हैं। अतः समूह कार्य का प्रयोग इस तरह से किया जाना चाहिए जिससे विद्यार्थी अपने आप को जोड़ सकें। (रूथ, 1995, क्रूजर, 1998)। समूह कार्य ऐसा संदर्भ उपलब्ध करता है जिसमें सदस्य परस्पर एक-दूसरे की सहायता करते हैं व एक-दूसरे से सीखते हैं। सबसे महत्त्वपूर्ण बात यह है कि समूह कार्य अपने सदस्यों को एक लोकतांत्रिक जीवन-शैली में कार्य करना सिखाते हैं। समूह कार्य भागीदारी शिक्षण की एक प्रणाली भी है (रूथ, 1999) जो लोकतांत्रिक अभ्यास पर आधारित है। यह समूह में सदस्यों को सशक्त बनाने में सहयोग देता है। समूह कार्य की प्रणाली एक प्रयोगात्मक होती है और समूह कार्यकर्त्ता इसमें सुविधादाता की भूमिका निभाता है।

समूह में कार्य करना ही अपने आप में एक जीवन कौशल है (नेल्सन-जोनस 1991:89)। कोनाप्का के अनुसार एक स्वस्थ समूह जीवन में निम्नलिखित तत्त्व होते हैं-

- समानता में पहचान के लिए प्रावधान
- एक से अधिक व्यक्तियों से स्नेहपूर्ण संबंध रखने का प्रावधान है। जब कोई एक ही व्यक्ति बहुत अधिक प्रिय रहता है तो इसको खो देने का संभावित भय बहुत त्रस्त करता है तथा स्थिति अत्यंत भयानक हो जाती है। यदि जीवन के गतिविधियों में व्यापक संबंध स्थापित नहीं होते है।
- एक व्यक्ति का अपने विचार को स्वतंत्रतापूर्वक व्यक्त करना एवं दूसरों से भिन्न होना।

- अपनी पसंद के मित्रों को चयन करने की स्वतंत्रता, यदि उनको आवश्यकता हो तो जिम्मेदारीपूर्वक उन्हें स्वीकार करना चाहे अत्यधिक मैत्रीपूर्ण संबंध न भी स्थापित हो।
- अपने व्यक्तिवाद को व्यक्त करने का अवसर एवं अन्य व्यक्तियों के अद्वितीय हो का आनंद लेना।
- अपनी स्वतंत्रता का अभ्यास करना तथा जब आवश्यक हो एवं माँगा जाए दूसरों पर निर्भर रहने का अभ्यास जिस प्रकार बचपन में या वयस्क जीवन को तनावपूर्ण स्थितियों में होता है।
- अन्य लोगों को अवसर प्रदान करना और उसी प्रकार उनसे अवसर स्वीकार करना।
- यह अनुभव करना कि व्यक्ति या समूह के रूप में एक व्यक्ति में इतनी शक्ति होती है कि वह अपने भाग्य को प्रभावित कर सके। (कोनाप्का; 1972:31)।

शिक्षा का आधार अधिकतर वैयक्तिक, प्रतियोगितात्मक शिक्षण और अध्यापन शैली होती है। इसका अर्थ यह है कि सदस्यगण यह सीखने के अवसर प्राप्त करते हैं कि किस प्रकार से सहयोग, समझौता और समूह का कार्य और समुदाय के संदर्भ में संपन्न किए जाएँ (रूथ 1999, क्रूजर 1998)। अनुभूत्तिमूलक शिक्षण की प्रणाली के अतिरिक्त समूह कार्य के अन्य भी कई लाभ हैं। अध्यापक समूह कार्य के प्रयोग को लगातार बढ़ा रहे हैं तथा उन्हें पता लग रहा है कि यह अध्यापन और शिक्षण के लिए अदभुत प्रणाली है। (नेल्सन-जोनस, 1991)।

समाज समूह कार्य अपने सहकर्मियों को प्रोत्साहित करने व उनका मूल्य आंकने में सदस्यों की मदद करता है। वे यह जानते हैं कि उनके व्यक्तित्व में परिवर्तन का कारण मुख्य रूप से अन्य सदस्यों का योगदान ही है। इसके परिणामस्वरूप आत्म-विश्वास, समाज कौशलों और समूह कार्यों की भूमिका में वृद्धि होती है। इस प्रक्रिया में समूह कार्य की भूमिका को कम करके नहीं आँका जा सकता है। इसके साथ ही, समूह कार्य के कार्य विषय को अधिकता से समाविष्ट करते हैं, जिसके परिणामस्वरूप इसके सदस्यों की भूमिका और अंतर्क्रियाओं में लगातार वृद्धि होती है। समूह कार्य में सम्मिलित होने के परिणामस्वरूप उत्तरदायित्व में वृद्धि होती है व व्यक्ति में सशक्तिकरण की भावना आती है। विद्यार्थियों में सशक्त होने की आकांक्षा ऐसी स्थिति में केवल समूह कार्य ही एक ऐसा उपाय है जो उनकी इस आवश्यकता की पूर्ति करता है (रोजर्स, 1983, रूथ; क्रूजर 1998)।

समूह कार्य में जीवन कौशल शिक्षा का उद्देश्य अपने सदस्यों को व्यक्ति या बड़े झुंड की बजाए एक समूह में कार्य करने के लिए प्रेरित करना होता है। समूह के ढाँचे में, सदस्यगण विविध कार्यों को संपन्न करके बहुत प्रकार से सीखने की प्रक्रिया को प्रोत्साहित करते हैं। प्रत्येक समूह सदस्य का साँझा प्रयास महत्त्वपूर्ण है। समूह में जीवन कौशलों को परिणाम आधारित शिक्षा के घटकों के संदर्भ में प्रस्तुत करना एक अन्य उद्देश्य है। कक्षा के कमरों में समाज समूह कार्य करना, समाज कार्य का प्रतिबंधित क्षेत्र है, क्योंकि समाज कार्य के किसी भी क्षेत्र का अंतिम उद्देश्य प्रतिबंध ही है अत: ऐसा विश्वास किया जाता है कि प्रतिबंधित क्षेत्र में अनुसंधान कार्य करने से विद्यालय समाज कार्य में महत्त्वपूर्ण योगदान होगा।

प्रश्न 8. उन विमर्शों का उल्लेख कीजिए जो कि समूह कार्य में कार्यक्रम के संबंध में लिए गए निर्णयों को प्रभावित करते हैं?

अथवा

कार्यक्रम योजना क्या है?

उत्तर– प्रत्येक समूह के पास एक कार्यक्रम होता है। समूह अपने निर्णय को एक आस्तित्वात्मक सर्जना के सहज आधार पर संचालित करता है, कार्यक्रम के निर्णय के रूप में दौरों, चर्चाओं तथा संरचनाबद्ध कार्यकलापों की समय तालिका को विस्तारित करता है। कुछ मूलभूत विचार-विमर्श कार्यक्रम के बारे में लिए गए निर्णयों को प्रभावित करते हैं।

- **संरचना और स्वभाविकता (Structure and Spontaneity)**–सभी समूह पूर्व निर्धारित संरचना और स्वभाविक विकास के बीच संतुलन बनाकर कार्य निष्पादन करते हैं। कुछ समूह पूर्व नियोजित और अपने कार्यपालन में कठोर होते हैं, इसलिए वहाँ पर व्यक्तिगत सदस्यों और उनके विशेष समूह की आवश्यकताओं की अनुर्क्रिया करने के अवसर नहीं होते हैं। कुछ समूह इस प्रकार के होते हैं कि वे अस्पष्ट तथा गैर-संरचनात्मक होते हैं जो कि बिना किसी उद्देश्य के चलते हैं, वे नहीं जानते हैं कि वास्तविकता क्या है अथवा वे क्यों है और उनको क्या करना है। समूहों के लिए संरचना की सुरक्षा तथा सीखने और परिवर्तन के लिए लचीलापन महत्त्वपूर्ण तत्त्व हैं।
- **व्यक्ति और कार्य (Person and Task)**–प्रत्येक समूह लोगों के रूप में अपने सदस्यों और अपने कार्यों जिनको पूरा करना है से संबंधित होते हैं। व्यक्ति-केंद्रित एक समूह मनोचिकित्सा के रूप में व्यक्ति-केंद्रित कार्यक्रम के उपाय निकाल लेता है। एक समूह जो कि उच्च कार्य-मूलक कार्य के लिए उद्यत होता है, फिर वह कार्य चाहे व्यक्ति, समूह या समुदाय स्तर पर ही क्यों न स्थित हो वे कार्यक्रम की व्यापक प्रक्रिया, निर्णय पर बल देते हैं और कार्य पूरा करने के लक्ष्य को प्राप्त करने के लिए संपूर्ण निगरानी करते हैं। अधिकतर समाज कार्य समूह व्यक्तियों और कार्य पर अपना ध्यान केंद्रित करते हुए दोनों के बीच संवेदनात्मक संतुलन बनाए रखते हैं। यही कारण है कि कार्यक्रम बनाना समूह कार्य का उच्च कौशल होता है।
- **व्यक्तिगत कारक (Individual Factors)**–कार्यक्रम सदस्यों की क्षमताओं पर निर्भर करता है और यह उनकी आयु, मौखिक योग्यता, प्रोत्साहन तथा नियंत्रण के अनुसार होती है। समूह में योग्यता या क्षमता की व्यापक सीमा होती है, कार्यक्रम में गतिविधियों व्यक्तिगत विभिन्नताओं या मतभेदों के बावजूद स्वीकार्यता की भावना को सम्मिलित किया जाता है।
- **समूह कारक (Group Factors)**–कार्यक्रम को निश्चित कारकों के आधार पर बनाया जाता है जैसे कि समूह संयोजन और आकार तथा समूह के विकास की स्थिति कहाँ तक पहुँची है और वर्तमान में क्या स्थिति है इन सबके साथ जुड़े

विभिन्न कारकों को भी शामिल किया जाता है। इसमें चरित्र, संयोजन, द्वंद्व तथा कार्य पूरा करने के निश्चय का स्तर सम्मिलित है।

- **व्यक्ति और समूह (The Individual and the Group)**–प्रारंभिक संविदा में व्यक्ति और समूह के साथ निर्माण का समय, किन विषयों पर सहमति हुई है, यद्यपि समूह के विकसित होने पर आवश्यकता और अभिरुचि में परिवर्तन हो जाता है तथा पुन: समझोता कार्यक्रम के अवसर उपलब्ध होने चाहिए। कार्यक्रम गतिविधियों में मिश्रित होता है जिसमें व्यक्ति अपने स्वयं या जोड़े में या उपसमूहों को साथ लेते हुए सम्मिलित होता है। व्यक्ति और जोड़े की गतिविधि जो कि प्रारंभिक अवस्था में होती है और जब समूह कुछ सदस्यों के लिए भयभीत होते है, ऐसी स्थिति में मार्गदर्शन की नितांत आवश्यकता होती है।
- **संसाधन (Resources)**–बहुत सी गतिविधियों में संसाधनों की आवश्यकता पड़ती है जिसमें नकद और वस्तुएँ दोनों ही होते हैं। कार्यक्रम पर वास्तविक सीमाओं को निश्चित किया जाना चाहिए तथा मौजूदा क्रियाकलापों के लिए सदस्यों की अकांक्षाओं को अनैतिक रूप से नहीं बढ़ाना चाहिए जब तक आवश्यक संसाधन उपलब्ध नहीं होते।

प्रश्न 9. समाज समूह कार्यक्रम के नियोजन को प्रभावित करने वाले कारकों का वर्णन कीजिए?

अथवा

कार्यक्रम की योजना को प्रभावित करने वाले कारकों पर प्रकाश डालिए।

उत्तर– एक समूह कार्यकलापों के द्वारा अपने उद्देश्यों की पूर्ति करता है। कार्यक्रम एक संकल्पना है जो कि केवल कार्यकलापों के द्वारा ही नहीं बनाई जा सकती है, बल्कि इसमें भावनात्मक पक्ष सम्मिलित होना चाहिए जैसे कि समूह आबंधन, संचार, अनुभव इत्यादि। एक महत्त्वपूर्ण पक्ष यह है कि इन सबकी प्राप्ति कार्यकर्त्ता के मार्गदर्शन के अंतर्गत समूह द्वारा संचेतन नियोजन के परिणामस्वरूप होती है। अत: कार्यक्रम एक प्रक्रिया है, न कि प्रक्रिया का सर्वाधिक चरमोत्कर्ष। कार्यक्रम नियोजन प्रक्रिया विभिन्न कारकों द्वारा प्रभावित होती है जैसे कि (1) सदस्यों की माँगों और कल्याण के स्रोतों को लगातार खोजना, (2) उस केंद्र-बिंदु की जिम्मेदारियों का कार्यक्रम आरंभ करना है, (3) कार्यक्रम अनुपालन में सम्मिलित कार्यक्रम की जिम्मेदारियों का अध्ययन और जाँच-परख करना, (4) विभिन्न सदस्यों को उनके कार्यों और जिम्मेदारियों को सौंपना, (5) समूह सदस्यों और कार्यक्रम मूल्यांकन करने में सद्भावना के लिए व्यक्ति के समकालिक प्रयास और प्रोत्साहन करना है।

कार्यक्रम के लिए प्रथम जिम्मेदारी समूह तथा इसके समूह सदस्यों में निहित होती है–इस संपूर्ण प्रक्रिया में समूह कार्यकर्त्ता केवल एक सुविधादाता होता है। कार्यक्रम व्यक्ति-केंद्रित होगा और इसके सदस्यों की आवश्यकताओं को पूरी करने वाला होगा। इसलिए समूह सदस्य कार्यक्रम

नियोजन में स्वयं को समर्पित करके पूरी क्षमता से कार्य करेंगे, यह समझते हुए कि इसके सफलतापूर्वक कार्यांवयन के लिए उनके सहयोग और योगदान की आवश्यकता है।

यदि कार्यक्रम व्यक्ति-केंद्रित है तो उसे समूह सदस्यों की माँगों और कल्याण के लिए अनुकूल होना चाहिए। समूह कार्यकर्त्ता को समूह को यह समझाना आवश्यक है कि (1) समूह सदस्यों की माँग और उनके कल्याण कार्यों के बीच व्यापक अंतर है (2) इनको उस समय एकत्रित किया जा सकता है जब समूह सदस्य कार्यक्रम नियोजन सत्र के दौरान अपने विचारों का आदान-प्रदान करें। बहरहाल जब समूह कार्यक्रम के लिए विचारों को ठीक से वर्णित करना आरंभ करे तो कार्यकर्त्ता को चाहिए वह सामुहिक हित, अच्छी-स्थापना, संसाधनों तथा एजेंसी उद्देश्यों की शर्तों में व्यवहारिकता, समूह के सहयोग के सहित, सदस्यों के व्यक्तिगत भाग लेने की व्यवहारिकता के आधार पर ध्यानपूर्वक मूल्यांकन करे।

यह भी सामान रूप से महत्त्वपूर्ण है कि कार्यकर्त्ता को लगातार समूह और इसके कार्यकर्त्ताओं की माँग या आवश्यकताओं और कल्याण के लिए संपर्क में रहना चाहिए। व्यापक सूचनाओं को एकत्रित करने के लिए एकत्रित होना केवल एक समय का कार्य नहीं है जो कि कार्यक्रम के आरंभ की अवस्था में किया जाता है बल्कि थोड़े समय के अंतराल के बाद सावधिक रूप से एकत्रित होते रहना चाहिए ताकि यह निश्चित किया जा सके कि कार्यक्रम अपने सही पथ पर चल रहा है अथवा नहीं। कार्यकर्त्ता को यह समझ लेना चाहिए और समूह सदस्यों को भी बता देना चाहिए कि कार्यक्रम नियोजन लगातार चलने वाली प्रक्रिया है जो कि सिलसिलेवार रूप से विकसित होती है, इसलिए एक व्यक्ति को समूह की अच्छी प्रगति को समझना होगा।

समाज समूह कार्य में कार्यक्रम की किसी चर्चा में विषय और क्षेत्र, अभिव्यक्ति का माध्यम, और संचालन की प्रणाली को ध्यान में रखना अत्यंत आवश्यक है। कार्यक्रम क्षेत्र या विषय जीवन अनुभवों का हिस्सा है जिसका विकास के विशिष्ट बिंदु पर व्यक्ति के लिए सामान्य अर्थ है। कार्यक्रम प्रक्रिया विभाजन योग्य नहीं है, वास्तविक कार्य में ये सब अंत: संबंधित हैं और पूर्णतया: विभक्त या अलग नहीं की जा सकती (ट्रेकर; 1955)। अपने कार्यक्रमों को विकसित करने और लागू करने के लिए समूह को निम्नलिखित प्रणाली को अपनाना होगा–

- निर्णय लेना और समूह सदस्यों से इसका समर्थन प्राप्त करना।
- जिम्मेदारियों और इसकी विश्वसनीयता का प्रतिनिधित्व करना।
- कार्यक्रम के सभी चरणों जैसे कि नियोजन, कार्यान्वयन, मूल्यांकन इत्यादि के रूप में सभी सदस्यों को हृदय से सम्मिलित करना।
- एजेंसी और इसके सदस्यों के कार्यों का प्रतिदिन निर्देशन करना।

समूह कार्यकर्त्ता समूह को कार्यक्रम नियोजन और कार्यान्वयन में उनकी भूमिका को समझने के योग्य बनाता है– कार्यक्रमों की सफलता मुख्य रूप से सदस्यों की स्वेच्छा से अपनी जिम्मेदारियों को निभाने पर निर्भर करती है। नियोजन के चरणों के दौरान समूह सदस्यों के स्पष्ट रूप से कार्यभार तथा कर्त्तव्य स्वीकार करना और जिम्मेदारियाँ निभानी चाहिए। समूह के अंदर व्यक्ति, जोड़े या

छोटी-छोटी समितियों की स्थापना करके इन कार्यों का निष्पादन करना चाहिए। समूह कार्यकर्त्ता समूह सदस्यों को संगठित कार्य-करने में सहायता करता है।

समूह सदस्यों के बीच स्वस्थ, उद्देश्यपूर्ण तथा मित्रतापूर्ण संचार कार्यक्रम नियोजन और विकास का सार होता है। यहाँ समूह कार्यकर्त्ता की भूमिका अतुलनीय होती है। वह समूह सदस्यों को अर्थपूर्ण संचार के लिए संचालित करता है जो कि समूह के कार्य को उद्देश्य एवं एजेंसी के कार्यक्रम में परस्पर तारतम्य बिठाता है। अत: संचार समूह के लक्ष्यों को प्राप्त करने के मार्ग में यह मूल प्रणाली है।

प्रश्न 10. समाज समूह कार्य में रिकॉर्डिंग के सिद्धांतों व प्रकारों का वर्णन कीजिए?

अथवा

समूह कार्य अभिलेखन (record) की विषय-वस्तु क्या है?

अथवा

सामाजिक समूह कार्य में रिकॉर्डिंग के प्रकारों पर प्रकाश डालिए।

अथवा

सामाजिक समूह कार्य में रिकॉर्डिंग के सिद्धांत को सूचीबद्ध कीजिए।

उत्तर— रिकॉर्ड संपूर्ण समूह कार्य प्रक्रिया का एक अभिन्न एवं महत्त्वपूर्ण अंग है। यह मूल्यांकन के समय सर्वाधिक उपयोगी होती है। समूह कार्यकर्त्ता को प्रत्येक सदस्य एवं प्रत्येक गतिविधि का विस्तृत रिकॉर्ड रखना आवश्यक है। रिकॉर्डिंग के माध्यम से सदस्यों को बेहतर सेवा भी प्रदान की जा सकती है। समूह रिकॉर्ड अध्ययन, अनुसंधान और परीक्षण करने की स्थिति में यह आदेशसूचक होते हैं। रिकॉर्डिंग के कुछ प्रमुख सिद्धांत हैं—

लचीलेपन का सिद्धांत (Principle of Flexibility)—रिकॉर्ड के लिए एजेंसी के उद्देश्य को अपनाना आवश्यक हैं क्योंकि समूह कार्य अभ्यास तथा एजेंसी उद्देश्य या प्रयोजन एक-दूसरे से अलग नहीं किए जा सकते हैं, यह एक-दूसरे से गुंथे हुए हैं।

चुनाव का सिद्धांत (Principle of Selection)—कार्यकर्त्ता अपने रिकॉर्ड में सभी चीजों को शामिल नहीं करता है बल्कि व्यक्ति और समूह विकास को ध्यान में रखते हुए महत्त्वपूर्ण सामग्री का रिकॉर्डिंग के लिए चयन करता है।

सुपाठ्यता का सिद्धांत (The Principle of Readability)—किसी भी लेखन कार्य का स्वरूप और उसकी शैली महत्त्वपूर्ण होती है तथा सभी प्रकार की लेखन सामग्री के लिए कथन को स्पष्ट और पठन योग्य रखना बहुत ही महत्त्वपूर्ण होता है।

गोपनीयता का सिद्धांत (The Principle of Confidentiality)—रिकॉर्ड व्यावसायिक दस्तावेज होता है, इस प्रकार से इसके विषय व्यावसायिक आचार संहिता के विचार को निर्देशित करते हैं।

कार्यकर्त्ता द्वारा स्वीकृति का सिद्धांत (The Principle of Worker Acceptance)— कार्यकर्त्ता को रिकॉर्ड लिखने की अपनी जिम्मेदारी को आवश्यक रूप से स्वीकार करना चाहिए। क्योंकि यह उसकी प्रतिबद्धता है कि व्यावसायिक सेवा की उच्च गुणवत्ता को बनाए रखने में रिकॉर्ड एक महत्त्वपूर्ण दस्तावेज है।

समाज समूह कार्य में रिकॉर्डिंग के प्रकार (Types of Recording in Social Group Work)—समाज समूहों की प्रकृति की जटिलता रिकॉर्डिंग को एक कठिन कार्य बनाती है। कार्य मूलक केंद्र-बिंदु के साथ समूह में रिकॉर्डिंग स्पष्ट कार्य योजना, और निर्णय लेने के संबंध में होगी। व्यक्ति-केंद्रित समूह में जहाँ पर भावनाएँ, संबंध और अमौखिक संचार होता है को सर्वोच्च प्राथमिकता दी जाती है, जो कि स्पष्ट नहीं होता है शायद इसी लिए, इन सबके बारे में लिखना बहुत ही कठिन कार्य होता है। अधिकतर समूह विषय-वस्तु तथा प्रक्रिया दोनों ही प्रकार के रिकॉर्ड रखने का प्रयास करते हैं। समूह कार्य रिकॉर्डिंग करने के अनेक प्रकार हो सकते हैं, जो निम्न हैं–

(1) एजेंसी की आवश्यकताएँ

(2) प्रशिक्षण और कौशल विकास

(3) नियोजन मूल्यांकन और अनुसंधान

(4) सदस्यों के कार्य में प्रत्यक्ष प्रयोग (ब्राउन, ए; 1994: 99-100)।

अत: समूह कार्य में रिकॉर्डिंग करना (क) विषय-वस्तु और (ख) प्रक्रिया पर आधारित होता है।

विषय वस्तु रिकॉर्डिंग (Content Recording)—पंजीकरण, नामांकन तथा व्यक्तियों और समूहों की उपस्थिति पर आधारित सूचना अंकों में होनी चाहिए। कार्यक्रम रिपोर्ट प्रक्रिया रिकॉर्डिंग समूह के कार्यकलापों के प्रकारों पर निर्भर करती है।

समूह कार्य रिकॉर्ड की विषय-वस्तु नीचे सार रूप में प्रस्तुत की गई है जिसे रिकॉर्ड में शामिल किया जाना चाहिए;

(1) समूह कार्यकर्त्ता का व्यक्तिगत व्यवहार या आचरण

(2) समूह के कार्यों में सदस्यों की संलिप्तता की प्रकृति और स्तर

(3) सुझावों के स्रोत और प्रगति, प्रारंभिक तथा नवचार या नवीनता

(4) कार्यकर्त्ता के प्रत्येक मिनट का विवरण कि वह अपनी जिम्मेदारियों के अनुपालन में वास्तव में क्या करता है

(5) कार्यकर्त्ता समूह की स्थिति के संबंध में क्या सोचता और महसूस करता है

(6) सदस्यों एवं संपूर्ण समूह के रूप में विकास, रूपांतर और मूल्यांकन का अवलोकन करना

(7) समूह तथा एजेंसी समुदाय संबंधों की आपस में संबद्धता।

रिकॉर्डिंग प्रक्रिया (Process Recording)—समूह कार्यकर्त्ताओं द्वारा एक अन्य प्रकार

का रिकॉर्ड भी रखा जाता है, समूह कार्य प्रक्रिया को विकसित होने के कार्यक्रम के रूप में व्यक्त किया जाता है। इस प्रकार के रिकॉर्ड में समूह की प्रत्येक बैठक का विवरण विस्तार से रिकॉर्ड किया जाता है। यह रिकॉर्ड प्रक्रिया इस विचार में निहित होती है कि इसमें प्रमुख रूप से समूह के कार्यों में प्रत्येक व्यक्ति की भूमिका के निर्धारण को ध्यान में रखने के साथ-साथ भागीदारी और सदस्यों के अंत:क्रियाओं पर विशेष बल दिया जाता है। विवरणात्मक प्रक्रिया रिकॉर्ड का प्रमुख मूल्य कार्यकर्त्ता के एक निश्चित बिंदु को ध्यान में रख कर किया जाता है जिससे कि यह कार्यकर्त्ता को समूहों के साथ और अधिक प्रभाव पूर्ण कार्य करने में सहायता प्रदान करता है। प्रत्येक अन्य उद्देश्य इस प्रमुख का उप उद्देश्य है: समूह के लिए उपलब्ध कराए जाने वाले अनुभवों की गुणवत्ता में सुधार करना है। अत: रिकॉर्ड समूह की आपसी समझ तथा किस प्रकार से सीखा जाए जिससे यह सहायक हो सके की प्रक्रिया में एक साधन है। कार्यकर्त्ता को यह प्रक्रिया रिकॉर्ड बहुत सहायता करती है (1) समूह के सदस्यों का और अधिक जागरूक बनाने में (2) व्यक्ति के उभरते और बदलते हितों को देखने में (3) विकसित आवश्यकताओं और किस प्रकार से इन आवश्यकताओं को पूरा किया जाए को देखने में (4) कौशलों और सामाजिक प्रकृतियों के विकास को देखने में (5) विशेष समस्याओं को साथ गंभीरता से निपटाने में जो व्यक्ति को समूह का संपूर्ण उपयोग करने में बाधक हो (6) समूह के अंदर व्याप्त अंतर्वैयक्तिक संबंधों के विभिन्न ढाँचों को प्रदर्शित करने में (7) कार्यकर्त्ता के संबंधों और भूमिका के विकास को ध्यानपूर्वक निर्धारित करने में यह भी देखना आवश्यक है कि जब वह समूह की सहायता करता है तब इन्हें किस प्रकार से पूरा करता है।

✦✦✦

अध्याय 4
विभिन्न स्थापनों में सामाजिक समूह कार्य
(Concepts of Development)

प्रश्न 1. स्व-सहायता समूह से आप क्या समझते हैं? इनकी विशेषताएँ क्या होती हैं?

अथवा

स्वयं सहायता समूहों के आदर्श विशेषताओं को लिखिए।

उत्तर— स्व-सहायता समूहों का विकास मुख्यत: मनो सामाजिक मुद्दों के निपटारन हेतु पश्चिमी देशों में हुआ। इसका प्रयोग मुख्य रूप से भावनात्मक सहयोग प्रदान करने और लोगों को प्रशिक्षित करने के लिए किया जाता था। विकासशील देशों में स्व-सहायता समूहों की भूमिका विकासशील देशों से अलग है। यहाँ इनकी शुरुआत सशक्तिकरण तथा आर्थिक विकास के लिए हुई।

स्वसहायता समूहों की संकल्पना (Concept of SHGs)—भारतीय रिजर्व बैंक की परिभाषा के अनुसार स्व-सहायता समूह सूक्ष्म या लघु उद्यमियों का पंजीकृत या गैर पंजीकृत समूह होता है जो समानरूप से सामाजिक-आर्थिक पृष्ठभूमि के स्वैच्छिक लोग होते हैं, तथा वे एक साथ मिल कर बहुत ही छोटी राशि को बचाकर आपसी सहमति से योगदान करते हैं और सामान्य फंड बनाते हैं तथा जब इसके सदस्यों को आवश्यकता पड़ती है तो उसे सहायता के आधार पर इस जमा राशि में से दे देते हैं ताकि वह अपनी आवश्यकता को पूरी कर सके। समूह सदस्य सामूहिक उच्च भावना तथा समान दबाव के अंतर्गत एकत्रित धनराशि का समुचित रूप में प्रयोग करते हैं, ऋण लेते हैं और उसको निश्चित अवधि में पुन: भुगतान कर देते हैं। वास्तव में समान व आपसी दबाव से धन एकत्रित करने का प्रभावी विकल्प हमारे सामने होता है और हम उसे मान्यता प्रदान करते हैं। मैकालम हार्पर स्व सहायता समूह कि परिभाषा देते हुए कहते हैं कि समूह की महिलाएँ जो प्राथमिक उद्देश्य के लिए कुछ धन की बचत करती हैं और उसे ऋण के रूप में अपने सदस्य साथियों को दे देती है, शुरू-शुरू में यह अपने ही द्वारा एकत्रित की गई धनराशि से ही उधार देती थी किंतु बाद में यह बैंकों से ऋण दिलाने में सफल रही हैं।

स्व-सहायता समूहों की विशेषताएँ (Characteristics of SHGs)–स्व-सहायता समूह की आदर्श विशेषताएँ इस प्रकार हैं–

(1) समूह सदस्यों की संख्या 8 से 15 तक होनी चाहिए। सबसे अच्छी आदर्श संख्या 12 सदस्यों तक की हो सकती है।

(2) सामाजिक पृष्ठभूमि में एकरूपता या समानता होनी चाहिए।

(क) यद्यपि समूह में सभी पुरुष सदस्य हों किंतु इस तरह के समूह में केवल महिला सदस्य ही होनी चाहिए।

(ख) समूह एक ही जाति या उपजाति का हो। मौजूदा सदस्यों को समूह के अंदर समूह एकता की निष्ठा पैदा करनी चाहिए तथा समूह के अंदर पैदा होने वाले विवादों की रोकथाम करनी चाहिए।

(ग) आर्थिक रूप से एक ही वर्ण के सदस्य होने चाहिए तथा उनकी आय के स्तर में अधिक अंतर नहीं होना चाहिए।

(घ) एक साथ रहने चाहिए तथा पैदल जाने योग्य दूरी होनी चाहिए।

(ङ) समूह को एक अच्छा लाभ हो सकता है यदि उसके सभी सदस्य गरीबी रेखा से नीचे के लोग हों, क्योंकि ऐसे सदस्यों को सरकार से सब्सिडी या अनुदान राशि मिलती है जिसके कारण उनकी पूँजी में वृद्धि के साथ समूह की नैतिक वृद्धि भी होती है।

(3) समूह में सदस्य एकजुट रहते हैं तथा अपने नेताओं से मार्गदर्शन व निर्देश लेने के लिए तैयार रहते हैं।

(4) सदस्यगण एक निश्चित धनराशि स्व-सहायता समूह के पास जमा कराते हैं और अपना सहयोग प्रदान करते हैं।

(5) समूह के संबंध में जो चर्चा-परिचर्चा होती है व लोकतांत्रिक और भागीदारी प्रणाली के अनुसार होती है।

(6) कुछ समय के पश्चात् स्व-सहायता समूह को पंजीकृत कराया जा सकता है (अनेक स्व-सहायता समूह बिना पंजीकरण के मौजूद हैं) तथा स्व-सहायता समूह का लेखा या खाता खुलवा लेना चाहिए तथा इसके कार्यों को विधिवत संचालित करना चाहिए। स्व-सहायता समूह के संचालन के लिए नियम-उपनियमों की रचना करनी चाहिए।

(7) समूह को समूह के अध्यक्ष, सचिव और खंजानची की निर्धारित भूमिका के लिए चुनाव कर लेना चाहिए।

प्रश्न 2. स्व-सहायता समूह की निर्माण प्रक्रिया में कौन-कौन सी अवस्थाएँ आती हैं?

अथवा

स्वयं सहायता समूह गठन की प्रक्रिया का वर्णन कीजिए।

अथवा

स्वयं सहायता समूहों (SHGs) के निर्माण की प्रक्रिया की संक्षेप में चर्चा कीजिए।

उत्तर– एक समूह अपनी निर्माण प्रक्रिया की सभी अवस्थाओं को पूरा करते हुए ही विकसित होता है। ट्रेकर ने समूह विकास के कुछ सिद्धांत का प्रतिपादन किया जो कि सर्वमान्य माने जाते हैं, ये सिद्धांत इस प्रकार हैं–

(1) निर्माण या स्थापना (2) उत्साह या उत्तेजना (3) नियामक करना (4) निष्पादन करना तथा (5) स्थगित करना।

प्रथम अवस्था (First Stage)–सरकारी और गैर-सरकारी संगठन अथवा बैंक स्व-सहायता समूह की स्थापना करते हैं। प्रायः कर्मचारी या स्वैच्छिक कार्यकर्त्ता जो किसी भी संगठन के हो सकते हैं, वे ग्रामीण समुदायों और शहरी मलीन बस्तियों में रहने वाले समुदायों के पास जाते हैं। वे समुदाय की महिलाओं से संपर्क करते हैं और उन्हें स्व-सहायता समूह के लोगों के संबंध में स्थिति स्पष्ट करते हैं अथवा स्व-सहायता समूह के निर्माण के लिए प्रोत्साहित करते हैं। गरीब व्यक्ति (अधिकतर महिलाएँ) आपातकालीन स्थिति में स्थानीय ऋणदाता से अत्यधिक ऊँची ब्याज दरों पर ऋण लेते हैं। ये दरें इतनी ज्यादा होती हैं कि कुछ समय पश्चात् ऋण लेने वाले को और अधिक ऋण लेकर उसे चुकाना पड़ता है। इस प्रकार से वह फिर से गरीबी रेखा के नीचे चला जाता है। वह ऋण के बोझ के अंदर दब जाता है। एक कुशल संप्रेषणकर्त्ता समुदाय के सदस्यों के समक्ष उनकी वित्तीय स्थिति स्पष्ट करते हैं और तब वे उनको उनकी धन की समस्या के समाधान के बारे में उपाय बताते हैं। तब समूह कार्यकर्त्ता स्व-सहायता समूह की स्थापना को उनकी समस्याओं के समाधान के लिए प्रस्तुत करेंगे। महिलाओं को स्व-सहायता समूह की स्थापना के लाभों की एक सूची दी जाएगी जिसमें बचत करना, सस्ती दर पर ऋण प्राप्त करना और जमा अच्छे लाभ के बारे में बताया जाता है। समूह कार्यकर्त्ता यह भी स्पष्ट करते हैं कि किस प्रकार से उनके समूह को बैंक से जोड़ा जाएगा और यदि सदस्य गरीबी रेखा से नीचे के लोग रहें तो उन्हें सब्सिडी भी प्राप्त हो सकती है (इसे वापस भुगतान की आवश्यकता नहीं होती है)।

लोगों की प्रायः कुछ शंकाएँ होगी, जो स्व-सहायता समूह के कार्यों से संबंधित हो सकती हैं–

- सदस्यों से एकत्रित की गई धनराशि को कौन अपने पास रखेगा?
- धनराशि का लेखा-जोखा कौन रखेगा? धनराशि जो एकत्रित की जाएगी उसे बैंक में कौन जमा कराएगा?
- यह कौन निश्चित करेगा कि किस को ऋण दिया जाएगा?
- सदस्यों में विवाद उत्पन्न होने की स्थितियों में इसका निर्णय कौन करेगा? क्या इसमें धन की हानि होने का खतरा है?
- उस स्थिति में क्या होगा यदि एक व्यक्ति ऋण लेता है किंतु उसका वापस भुगतान नहीं करता है?

- स्व-सहायता समूह के पास धन राशि को वसूलने के लिए क्या विकल्प या उपाय हैं?
- क्या सदस्य भी स्व-सहायता समूह को आवश्यकता पड़ने पर उसके कार्य को पूरा कर सकते हैं?
- क्या सभी सदस्य आपस में सहयोग करेंगे? क्या सभी लोग बैठकों में शामिल हो सकेंगे और समय पर नियमित रूप से अपना अंशदान जमा करा सकेंगे?
- उस समय क्या होगा जब सदस्य के पास न्यायोचित कारण है जिसकी वजह से वह बैठकों में शामिल होने और धनराशि जमा कराने में असमर्थ होगा?

उत्साहवर्धकर्त्ता सभी प्रश्नों का यह कहते हुए उत्तर देगा कि समूह सदस्य स्वयं अपने उद्देश्यों की पूर्ति कर सकते हैं यदि आवश्यकता हुई तो वे उनको बैठकें करना, बही खातों की देखभाल या रखरखाव और बैंक की धनराशि को जमा कराने जैसे कार्यों के लिए प्रशिक्षण दे सकेंगे।

उपस्थिति और धन जमा कराना अनिवार्य होगा और जो सदस्य बैठकों के समय अनुपस्थित होंगे या अपना हिस्सा जमा कराने में असमर्थ होंगे उन पर जुर्माना किया जाएगा। उत्साहवर्धक (animator) स्पष्ट करेगा कि ये नियम और विनियम समूह के संचालन के लिए अत्यंत आवश्यक हैं तथा ये सब पर समान रूप से लागू होंगे। स्व-सहायता समूह के कार्यों की सफलता की स्थिति होने पर और सदस्यों को उसका लाभ मिलने की स्थित में, इसके परिणामस्वरूप सदस्यों के आत्मविश्वास में तीव्रता से वृद्धि करेगा।

यदि समुदाय के सदस्य सहमत हो जाते हैं, ऐसी स्थिति में गाँव में से एक या दो समूह आसानी से स्थापित हो सकते हैं। प्राय: स्व-सहायता समूह को स्थापित करने के लिए एक या दो महीने हर सप्ताह समुदाय के पास जाना पड़ता है यदि ऐनीमेटर उस समुदाय को जानता है या उससे परिचित है अथवा कोई प्रभावशाली व्यक्ति उसका परिचय करवाता है, ऐसी स्थिति में स्व-सहायता समूह का निर्माण या स्थापना बहुत ही शीघ्र और आसानी से हो जाती है। यदि कुछ समुदाय के लोगों को जमा कराने और ऋण लेने से संबंधित कार्यक्रम के बारे में बहुत ही कड़वा अनुभव रहो हो जिसमें बहुत सारे लोगों की बचत धनराशि को कुछ बेईमान व अनैतिक लोगों ने हड़प ली हो। ऐसी स्थिति होने पर ऐनीमेटर को उन लोगों में पुन:विश्वास पैदा करने के लिए अधिक परिश्रम करने की आवश्यकता होगी।

सदस्यों का चयन निर्धारित मानदंडों के आधार पर होगा। एक ही समूह के घनिष्ठ रिश्तेदार सदस्य नहीं बन सकते हैं जैसे कि माता-पुत्री, सास और पुत्र, पुत्री और भाभी – जैसे संबंधों के एक ही समूह में सदस्य बनाने पर पाबंदी होगी।

प्राय: जब एक बार किसी समूह का गठन हो जाता है तब उसके सदस्यों को उसके नामकरण के लिए कहा जाता है। समूह का नामकरण किसी फूल जैसे गुलाब, किसी स्थान के नाम पर, यहाँ तक कि किसी सदस्य के नाम पर भी हो सकता है। इसके पश्चात् सदस्यों के कार्य निष्पाद के संबंध में विस्तार से बताया जाएगा- बैठकें आरंभ करना, हाजरी लगाना, प्रक्रिया को संचालित करना, लोगों की देखभाल करना, बैठकों की मिनिट्स को लिखना, सदस्यों द्वारा हस्ताक्षर या अंगूठा

लगाना, समूह के कार्यों के संबंध में निर्णय लेना और बैठक समापन करने के संबंध में विस्तार से बताया जाएगा। इसके पश्चात् सदस्य समूह की बैठकों की जिम्मेदारी लेने के लिए तैयार हो जाएँगे। बैठकें प्रत्येक सप्ताह में होनी चाहिए और नहीं तो महीने में कम से कम एक बार बैठक होना अनिवार्य है।

निम्नलिखित दस्तावेज जरूरी हैं–(1) एक मिनिट्स बुक होनी चाहिए जिसमें बैठकों के कार्य संचालन को रिकॉर्ड किया जाना है। (2) बचत और ग्रहण से संबंधित रजिस्टर हों जिसमें विधिवत धन राशि का रिकॉर्ड रखा जाए। (3) साप्ताहिक रजिस्टर हों। (4) सदस्यों को पास बुक उपलब्ध कराई जाए जिसमें व्यक्ति की बचत और उसके ऋण का विवरण अंकित किया जाए।

कुछ नियम और विनियम हैं जिन पर सभी का निम्न प्रकार से सहमत होना अनिवार्य होगा–

- सभी सदस्यों की सुविधा के अनुसार बैठक का स्थान और समय निश्चित हो।
- गैर हाजिर होने पर और देर से उपस्थित होने पर जुर्माना देने का प्रावधान हो।
- प्रत्येक सदस्य के लिए बचत राशि पर अनुबंध करना।
- एक-दूसरे के लघु ऋण देने के लिए प्रक्रिया लागू करना जिसमें ब्याज दर और भुगतान करने की सूची हो।
- बैंक से ऋण लेने और उसका वापस भुगतान करने के संबंध में निर्णय लेने की प्रणाली बनाना और उसका पालन करना।
- समूह के संबंध में अन्य निर्णय लेने के लिए प्रक्रिया।

एक विशिष्ट बैठक सप्ताह के निश्चित समय पर आरंभ हो जाएगी। बैठक का स्थान सदस्यों के किसी आवास, विद्यालय भवन या गैर-सरकारी संगठन का कार्यालय अथवा अन्य कोई स्थान, जो सदस्यों के लिए सुविधाजनक हो सकता है। निश्चित समय पर जिसको निर्धारित किया गया है, बैठक आरंभ हो जाएगी। सदस्यों से आशा की जाती है कि बैठक में स्वयं उपस्थित हों न कि अपने बच्चों अथवा किसी अन्य को बैठक में उपस्थित होने के लिए भेज दें। जिसकी राशि सामान्य सूची में दर्शायी जानी चाहिए।

उचित कारण बताने पर जुर्माने से छूट मिल सकती है किंतु ये निर्णय समूह सदस्यों द्वारा लिया जाता है। एक बार सब सदस्यों के उपस्थित होने पर प्रार्थना-गीत गाया जाए, विशेषकर ऐसी स्थिति में जब बैठक में कोई अतिथि उपस्थित हो। सबकी उपस्थिति हाजिरी रजिस्टर में लगानी चाहिए, इसके पश्चात् सभी सदस्यों से अंशदान राशि ली जानी चाहिए। सदस्यों से लिया गया अंशदान उनकी व्यक्तिगत पासबुक में रिकॉर्ड की जानी चाहिए और इसके साथ एकांउट रजिस्टर में भी राशि को दर्ज किया जाना चाहिए। समूह का सचिव बैठक की मिनिट्स को लिखेगा और वहीं पर खंजाची लेखा रजिस्टर को पूरा करेगा यानी लेन-देन का रिकॉर्ड लिखेगा।

उसके बाद सामान्य हितों के मामलों पर चर्चा की जाएगी। सदस्य अपने व्यक्तिगत कारणों से ऋण की माँग कर सकते हैं तथा नए उद्यम में निवेश करने के लिए कह सकते हैं। कोई भी महिला सदस्य सामान्य निधि से 1000 रुपए के ऋण के लिए आवेदन कर सकती है। सदस्यों को यह निर्णय लेना है कि क्या ऋण दिया जाए अथवा निवेदक को मना कर दिया जाए। उन्हें ऋण

के आवेदन के लिए दिए गए कारणों पर जो संगत हो निर्णय लिया जाएगा, ऋण को वापस करने की सदस्य की क्षमता, पूर्व में लिए गए ऋण को वापस करने में सदस्य की पहले की निस्पादिता, समूह के पास उपलब्ध धनराशि तथा अन्य कारकों पर विचार किया जाएगा। एक ही समय में एक से अधिक सदस्य ऋण के लिए माँग कर सकते हैं। ऐसी स्थिति में समूह को निर्णय लेना है कि किस को ऋण दिया जाए और किस को ऋण न दिया जाए। समूह सदस्य चाहें तो समुदाय द्वारा सामना की जाने वाली किसी समस्या पर चर्चा कर सकते हैं तथा समस्या को किस प्रकार से हल किया जाए, इसके लिए उचित कदम उठा सकते हैं। उदाहरण के लिए आँगनवाडी को नए कार्यकर्त्ता की आवश्यकता है, समूह निर्णय ले सकता है और पंचायत में अपनी याचिका प्रस्तुत कर सकता है। समूह सदस्यों को विभिन्न जिम्मेदारियों को वितरित कर देना चाहिए। इन सभी चर्चाओं को मिनिट्स बुक में रिकॉर्ड किया जाना अनिवार्य है। यदि मिनिट्स लिखने में समूह सदस्य असमर्थ हों, ऐसी स्थिति में किसी बाहरी व्यक्ति से मिनिट्स लिखने के लिए निवेदन किया जा सकता है।

इस अवस्था में द्वंद्व के अनेक स्रोत बन जाते हैं-सदस्य यह बात नहीं समझ पाते हैं कि वे क्यों जुर्माने की राशि भुगतान करें जबकि उन्होंने नियमों को जानबूझ कर तोड़ा है, जबकि विशेष रूप से कहा जाता है कि यह समूह आपका है, सदस्य अपने कार्यों से क्रोधित हो जाते हैं और अपराधी बन जाते हैं तथा दूसरे लोगों पर आक्षेप करने लगते हैं, सदस्य उस समय भी आपराधिक व्यवहार करने लगते हैं। तब उनके ऋण की माँग को समूह द्वारा ठुकरा दिया जाता है। विरोधी सदस्य महसूस करते हैं कि हमने धन जमा करने में इतना समय लगाया और हमें आवश्यकता के समय ऋण नहीं मिल रहा है। बहुत सारे उदाहरण ऐसे भी हैं कि द्वंद्व समूह से बाहर हुआ है परंतु समूह के कार्यों को बहुत ही बुरी तरह से प्रभावित किया है।

प्राय: समूह कार्यकर्त्ता इन विवादों को बातचीत करने के माध्यम से ही सुलझा लेते हैं तथा सदस्यों को सहमत कर लेते हैं कि नियम सबके लिए समान हैं और इनका पालन करना भी सबके हित में है। इस तरह से सदस्यों को समूह से बाहर नहीं जाने दिया जाता है, उन्हें समूह के अंदर बनाए रखा जाता है। इस कार्य में सफलता का स्तर समूह कार्यकर्त्ता और सदस्यों के बीच सौहार्द संबंधों की प्रकृति पर निर्भर करता है।

द्वितीय अवस्था (Second Stage)–यदि समूह प्रारंभिक अवस्था या चरण को सरल से पार कर लेता है, तब इसके बाद अगली अवस्था सामने आती है।

समूह की दो या तीन बैठकों के पश्चात् बैंक में बैंक बचत खाता खुलवा देना चाहिए। परंतु प्राय: इसमें अधिक समय व्यतीत हो जाता है, क्योंकि स्व-सहायता समूह के कार्यों के आरंभ करने में देरी होती है तथा सदस्यों में आत्म विश्वास पैदा होने में समय लग जाता है जिसके कारण यह विलम्ब हो जाता है। बैंक में खाता खुलवाना या उसका आरंभ करना यह ऋण प्राप्त करने की दिशा में पहला कदम होता है जिसे स्व-सहायता समूह बैंक संबंध के रूप में जाना जाता है। समूह सदस्य सामूहिक रूप से यह संकल्पना पास करते हैं और इसके पश्चात् वे बैंक में खाता खुलवाने के लिए आवेदन करते हैं। तीन सदस्यों को खातों के लेन-देन के लिए प्राधिकृत करना चाहिए, और उनमें से दो व्यक्ति खातों का संचालन कर सकते हैं। स्व-सहायता समूह के नियम-विनियमों की एक प्रति बैंक को प्रस्तुत की जानी चाहिए। प्राय: सचिव और खंजानची ही समूह लेखा का

संचालन करते हैं तथा वे सर्वाधिक रूप से समूह से धन एकत्रित करके बैंक में जमा कराते हैं इसे बैठक के दो दिन पश्चात् पूरा कर लिया जाता है। पास बुक अद्दतन करने के बाद आगामी बैठक में संबंधित सदस्यों को दे दी जाती है।

बैंक में जमाराशि की बढ़ोतरी समूह के नाम से होती है और ऋण पर लिया गया ब्याज सभी सदस्यों को मिलता है।

एक बार स्व-सहायता समूह की स्थापना होने के पश्चात् बैंक निर्णय लेता है कि उन्हें कितने समय के पश्चात् ऋण दिया जाना चाहिए। यह अवधि का निर्धारण अलग-अलग बैंकों का अलग-अलग होता है अर्थात् यह बैंकों की नीति पर निर्भर करता है। उदाहरण के लिए आंध्रा बैंक की शर्त है कि समूह के स्थापना के कम-से-कम 6 महीने के पश्चात् ऋण देना आरंभ करता है। साथ में यह भी देखता है कि क्या वास्तव में समूह स्कीम है या नहीं।

बैंक जो ऋण देता है वह समूह के नाम देता है न कि किसी व्यक्ति विशेष के नाम पर। स्व-सहायता समूह के नाम से ऋण लिया जाता है और इसके सदस्य प्रतिभू (guarantor) होते हैं। प्रथम ऋण की राशि जो राशि समूह द्वारा जमा कराई जाती है, उसका चार गुना अधिक धन राशि का ऋण उपलब्ध कराया जाता है। व्यक्ति के आधार पर सदस्यों द्वारा लिया गया ऋण आवर्ती निधि (चक्र) का एक हिस्सा बन जाता है। इसके विकल्प के रूप में समूह सामूहिक रूप से आय उत्सर्जन कार्यक्रम आरंभ कर सकते हैं। सदस्यों द्वारा एक बार ऋण लेकर उसका भुगतान करने के पश्चात् दुबारा ऋण ले सकते हैं। यहाँ तक कि इसके पश्चात् यह क्रम लगभग बचत का आठ गुणा धनराशि तक भी ऋण लिया जा सकता है।

परंतु स्व-सहायता समूह की प्रथम बाधा या कार्यों का आकलन करने के पश्चात् बैंक मानदंडों का मूल्यांकन करता है, जो उसने स्थापित किए हैं, क्या उन्हें पूरा किया जाता है, उसके पश्चात् ऋण सुविधा को उपलब्ध कराता है। मानदंडों को पूरा करने का अर्थ है कि स्व-सहायता समूह ने ऋण की आदायगी में किसी प्रकार की कमी नहीं की है और उसने आसानी से ऋण का भुगतान कर दिया है। यह संपूर्ण रूप में ऋणदाता से संबंधित है।

मानदंडों के सुझाव निम्न प्रकार से दिए गए हैं–

तालिका 4.1

क्र. सं.	जाँच किए जाने वाले कारक	बहुत अच्छा	अच्छा	संतोषजनक
(1)	समूह का आकार	15 से 20	10-15	10 से कम
(2)	सदस्यों के प्रकार	केवल बहुत ही निर्धन सदस्यों के लिए	2 या 3 निर्धन सदस्य	अधिकतर निर्धन सदस्य नहीं हैं
(3)	बैठकों की संख्या	एक महीने में चार बैठकें	एक महीने में दो बैठकें	एक महीने में दो से कम बैठकें
(4)	बैठकों का समय	रात्रि या सायं 6 बजे के पश्चात्	प्रात: 7 से 9 बजे के मध्य	अन्य समय
(5)	सदस्यों की उपस्थिति	90 प्रतिशत से अधिक	70 से 90 प्रतिशत	70 प्रतिशत से कम
(6)	सदस्यों की भागीदारी	बहुत ही ऊँचा स्तर	मध्यम स्तर	निम्न स्तर
(7)	एक महीने में समूह के अंदर बचत संग्रह	चार गुणा	तीन गुणा	तीन गुणा से कम
(8)	बचत की जाने वाली धनराशि	निश्चित जमाराशि	परिवर्ती राशि	—
(9)	आंतरिक ऋण पर ब्याज	उद्देश्य पर निर्भर	24 से 36 प्रतिशत	36 प्रतिशत से अधिक
(10)	बचतों का उपयोगीकरण	सदस्यों द्वारा ऋण लेने का संपूर्ण उपयोग	सदस्यों द्वारा ऋण लेने का आंशिक प्रयोग	बहुत कम प्रयोग
(11)	ऋण की वापस अदायगी	90 प्रतिशत से अधिक	70 से 90 प्रतिशत	70 प्रतिशत से कम
(12)	बहीखातों का रखरखाव	सभी खातों का नियमित रूप से रखरखाव	केवल अत्यधिक महत्त्व के रजिस्टर बचत ग्रहण	नियमित नहीं (रख-रखाव व रिकॉर्डिंग)
(13)	बचत संग्रहण	5000 रुपए से अधिक	3000-5000 रुपए तक	3000 रुपए से कम

क्र. सं.	जाँच किए जाने वाले कारक	बहुत अच्छा	अच्छा	संतोषजनक
(14)	स्व-सहायता समूह के नियमों की जानकारी	संपूर्ण जानकारी	------	सबकी जानकारी नहीं
(15)	शिक्षा का स्तर	20 प्रतिशत से अधिक सदस्य लिख-पढ़ सकने में समर्थ		20 प्रतिशत से कम सदस्य लिख-पढ़ सकने में समर्थ
(16)	सरकारी या सरकार की जानकारी	सभी को सरकार की जानकारी	अधिकतर को जानकारी	कार्यक्रम के बारे में कोई जानकारी नहीं

समूहों के लिए एक अन्य और सुविधा है जो मानकों को भलि-भाँति पूरा कर लेते हैं तथा गरीबी रेखा से नीचे के सदस्यों से निर्मित होता है उसको सदस्यों का सब्सिडी या अनुदान मिलता है। सरकार द्वारा दी गई सब्सिडी जिसका वापस भुगतान करना आवश्यक नहीं है। यह धनराशि 20,000 से 10,000 रुपए तक की निर्धारित है।

सदस्यों द्वारा की गई बचत, यदि सरकार से सब्सिडी प्राप्त की है, ऋण बैंक पर लिया गया ब्याज यह सब स्व-सहायता समूह की वित्तीय संपत्ति है। जमा की गई धनराशि और ऋण ली गई राशि दोनों ही से स्व-सहायता समूह की वृद्धि होती है। जैसे धनराशि में वृद्धि होती है उसी प्रकार से ऋण राशि में भी वृद्धि होगी जिसे सदस्यों को दी जाएगी। यदि प्रक्रिया सही रूप से चलती रहेगी, उद्देश्य पूरा हो जाएगा।

तृतीय अवस्था (Third stage)–एक बार समूह स्थापित हो जाने के पश्चात् यह स्वयं ही लोगों की संस्थान बन जाती है। बहरहाल, सदस्यों द्वारा धनराशि एकत्रित करना और ऋण देने तक ही सदस्यों की गतिविधियों को सीमित रखा जाता है तथा उनको इस सीमा से बाहर नहीं जाने दिया जाता है।

कुछ गैर-सरकारी संगठनों के उदाहरण दिए जा सकते हैं जिन्होंने अपने स्व-सहायता समूह के सदस्यों के लिए प्रशिक्षण कार्यक्रमों के आयोजन आरंभ किए जैसे कि साक्षरता कक्षाएँ, स्वास्थ्य संबंधी कक्षाएँ इत्यादि। अनेक उदाहरण हैं कि जब स्व-सहायता समूह के सदस्य एक साथ मिलकर प्राधिकारियों के समक्ष अपनी माँगों रखा और उनकी सक्रियता से अपनी माँगों को मनवाने में सफल भी रहे हैं। उदाहरण के लिए स्व-सहायता समूह के सदस्यों ने राज्य में कुछ प्रतिबंधों को लेकर आंदोलन किया और माँग की कि जिस तरह से केंद्र सरकार ने प्रतिबंध लगाएँ हैं, उन्हें राज्य में भी लागू किया जाए। और इस तरह की माँग सरकार द्वारा मानी गई है।

स्व-सहायता समूह के संघ भी बनाए गए हैं, यह स्व-सहायता समूह को और अधिक शक्तिशाली बनाने की एक रणनीति है जिसे अनेक स्थानों पर आरंभ किया जा चुका है।

स्व-सहायता समूह कुछ समूहों में एकत्रित हुए तथा समूह स्तर पर स्व-सहायता समूह की एसोसिएशन बनाई गई और इनके माध्यम से समूहों का संघ बनाया गया। अतः स्व-सहायता समूह के सदस्य लधु समूह से बड़े समूह के हिस्से या भाग बने और अपनी सक्रियता तथा कार्यों से वे दबाव समूह के रूप में कार्यों से पहचाने जाने लगे।

प्रश्न 3. स्व-सहायता समूहों से प्राप्त होने वाले लाभों का वर्णन कीजिए?

उत्तर– स्व-सहायता समूह ने यह सिद्ध कर दिया है कि यह सभी धारकों के लिए बहुत ही उपयोगी है। स्व-सहायता समूह से जुड़े सभी लोग अथवा संस्थाएँ इससे लाभांवित होती हैं चाहे वह स्व-सहायता समूह के सदस्य हों, ऋण देने वाली संस्थाएँ हों या सरकार/सभी इससे लाभ प्राप्त करती है।

(1) लोगों के लिए लाभ

(क) **बचत (Saving)**–बचत द्वारा जमा की गई राशि गरीबों के जीवन में एक बहुत ही महत्त्वपूर्ण भूमिका निभाती है जो अन्य लोगों से भिन्न होती है। जमाराशि से आप जो भी छोटे या बड़े उद्यमी में निवेश कर सकते हैं। यह ठीक है कि समूह सदस्य के लिए इस लघु पूँजी से बड़ा उद्यम आरंभ करना बहुत ही कठिन है, क्योंकि उसके लिए बड़ी पूँजी की आवश्यकता होती है।

जमा की गई राशि विभिन्न माध्यमों से आगे बढ़ सकती है। सदस्य प्रायः अपनी जमापूँजी से निम्नलिखित स्रोतों में जमा कर के अपनी राशि में वृद्धि कर सकते हैं। निवेश के ढाँचे की पहचान करने के बाद बैंकों और अन्य ऋण देने वाली संस्थाओं से ऋण लेना, संस्थागत ऋण दाताओं में से जैसे कि शाहूकारों से ऋण लिया जा सकता है और सार्वजनिक माध्यमों में अपनी

धनराशि से शेयर खरीद कर तथा डिबंचर्स में धन लगाकर जमापूँजी में वृद्धि की जा सकती है। प्रत्येक व्यक्ति में शक्ति और कमजोरियों होती हैं। बहरहाल, गरीबों के लिए जमाराशि की पूँजी बढ़ाने के स्रोत बहुत ही सीमित हैं।

(ख) **ऋण की सुविधा (Loan Facility)**–गरीब आदमी संस्थागत ऋण दाताओं के पास जाने से झिझकता है। वह स्थानीय साहूकारों के पास जाना ही अधिक पसंद करता है जहाँ पर वह अपनी वस्तुओं को गिरवी रखता है और दलालों या बिचौलियों के मध्य में फंसकर बहुत ही ऊँचे ब्याज पर ऋण प्राप्त करता है।

स्व-सहायता समूह इस प्रकार के स्रोतों का गठन कर लेता है जिससे समय पर सस्ता और जीवनरक्षा ऋण प्राप्त हो जाए और जमापूँजी भी बन जाए। स्व-सहायता समूह अपने सदस्यों में जमाराशि एकत्रित करने के लिए प्रोत्साहित करता है। स्व-सहायता समूह अनुशासित उधार लेना और उसका भुगतान दोनों के समानरूप से प्रोत्साहित करता है। समूह ही निर्णय लेता है कि किस को ऋण दिया जाए और

उससे किस प्रकार वापस भुगतान कराया जाए। बाकी सब सदस्य को समूह सदस्य ऋण और उसके ब्याज को वापस करने के लिए दबाव डालते हैं। **समूह दबाव ही स्व-सहायता समूह की सफलता की प्रमुख चाबी है।** अत: स्व-सहायता समूहों में वापसी भुगतान की दर अन्य बैंकों की दर से बहुत ही कम है।

ऋण के लेनदेन की लागत बहुत ही कम है जैसे कि आने जाने की लागत, फार्म भरना, आवश्यक दस्तावेजों को प्रस्तुत करना तथा बैंक में आवेदन करना जैसे प्रक्रिया का पालन नहीं किया जाता है। समूह के सदस्य ऋण लेने वाले सदस्य की आवश्यकता का आकलन करते हैं तथा मामूली औपचारिकताओं को पूरी करने के पश्चात् ऋण उपलब्ध करा देते हैं। स्व-सहायता समूहों द्वारा वसूल किए जाने वाला ब्याज शाहूकारों से लिए जाने वाली दर से बहुत कम होता है इसलिए वह अपनी जमाराशि को वृद्धि करने में समर्थ होता है। तथा जो ऋण पर ब्याज देता है वह समूह सामान्य धनराशि में जमा होती है, जो निश्चित रूप से किसी बाहर के लोगों के पास नहीं जाता है और वह सदस्यों को ही मिल जाता है।

स्व-सहायता समूहों ने नया समूह व्यापार वेंचर आरंभ किया है जिसके कारण उनके सदस्यों की आय में वृद्धि संभव होती है।

(ग) **महिला सशक्तिकरण (Women's Empowerment)**—नियमित बैठकें, लेखा संरक्षण, बैंक कर्मियों तथा अन्य लोगों के साथ अंत:क्रिया करने से सदस्यों में आत्मविश्वास पैदा होता है वहीं पर महिलाओं का सशक्तिकरण का मार्ग भी प्रशस्त होता है जिसमें स्व-सहायता समूह की भागीदारी ही सबसे महत्त्वपूर्ण है। स्व-सहायता समूह संबंधित गतिविधियों प्राय: भागीदारी के अवसर अनेक ग्रामीण महिलाओं को मिलता है जो बिना किसी पुरुष के हस्तक्षेप और प्राधिकारिता से मुक्त होता है। आय में वृद्धि तथा भागीदारी के परिणामस्वरूप महिलाओं को अपने परिवार और समुदाय में अपना स्तर सुधारने की दिशा में महत्त्वपूर्ण योगदान होता है। यह भी देखा गया है कि जो जागरूकता का स्तर स्व-सहायता समूह के सदस्यों के अंदर होता है वह गैर स्व-सहायता समूहों के सदस्यों में बिल्कुल नहीं होता है।

(2) **संस्थागत ऋण दाताओं के लाभ (Advantages to the Institutional Lenders)**—गरीबों को ऋण देना या उपलब्ध कराना पिछले अनेक वर्षों से सरकार की नीति का एक हिस्सा रहा है। वास्तव में वर्ष 1969 और फिर वर्ष 1980 में बैंक राष्ट्रीयकरण का यह महत्त्वपूर्ण कारण रहा है। बहरहाल, बैंक गरीबों को ऋण देने के लिए अनिच्छुक होते हैं। इस संबंध में कुछ महत्त्वपूर्ण कारण नीचे दिए जा रहे हैं—

गरीब लोगों के पास नाम मात्र की संपत्ति भी नहीं होती है, इसलिए जब वे ऋण दायनी किसी संस्थान के पास जाते हैं तो उनके पास ऋण के बदले सुरक्षा राशियाँ प्रतिशत के लिए कोई साधन नहीं होता है इसलिए उन्हें ऋण नहीं दिया जाता है तथा गरीबों को ऋण देने के लिए बिल्कुल

अनिच्छुक होते हैं। फेरी लगाने वाले तथा बहुत ही छोटे उद्यमियों को जब ऋण की आवश्कता पड़ती है, इनके समक्ष अनेक समस्या उपस्थित हो जाती है और यह ऋण नहीं ले पाते हैं। भारत में ऋण या साख न होने के कारण यह गरीब आदमियों के विकास में बहुत बड़ी बाधा है।

द्वितीय समस्या यह है कि बैंकर और संस्थागत ऋण दाता छोटे और सीमांत जमाकर्त्ताओं से कार्य व्यवहार करने में प्रशिक्षित नहीं होते हैं। इनमें से लोग अशिक्षित या निरक्षर होते हैं, कुछ अर्धशिक्षित होते हैं, इसलिए इनके समक्ष अत्याधिक समस्याएँ इनकी समक्ष आती हैं।

तृतीय, बैंक के लिए लेनदेन की लागत बहुत अधिक होती है यदि ये छोटे तथा सीमांत जमाकर्त्ताओं और ऋण पाने वालों के साथ व्यक्तिगत रूप से कार्य व्यवहार करते हैं। ये जमाकर्त्ता बहुत ही थोड़ी धनराशि जमा करते है, जिसके लिए बहुत सारे दस्तावेज पूरे करने पड़ते हैं।

चतुर्थ, ऋण वापसी की दर बहुत कम होती है और गरीब व्यक्ति अपने ऋण को वापस करने में असमर्थ है और वह ऋण की अदायगी नहीं कर पाता है तथा बैंक की समस्या यह है कि मामूली ऋण राशि की वापसी भुगतान के लिए जो कानूनी और अन्य विकल्प उपलब्ध हैं वे, बहुत ही खर्चे वाले होते हैं जिससे बैंक को लाभ के स्थान पर हानि उठानी पड़ती है।

इस प्रकार की सभी शर्तें ऋणदाताओं के लिए व्यापक समस्याएँ उत्पन्न कर देती हैं जिसके परिणामस्वरूप;

लाभ में कमी आना, जीवन क्षमता में घटाव, प्रबंध संबंधी ब्याज तथा ऋण लेने की लागत अधिक होने के कारण लाभ को हानि पहुँचती है। घटिया निगरानी और कम वापसी भुगतान होता है।

स्व-सहायता समूह ऋण दाताओं की अनेक समस्याओं को हल करते हैं।

(क) ऋण राशि के भुगतान की दर ऊँची हैं तथा सस्ती इसलिए हैं कि ऋण को वापस भुगतान करने के लिए समूह का भारी दबाव होता है और ऋण का भुगतान आसानी से हो जाता है।

(ख) अधिकतर लघु जमाराशि संग्रहित की गई होती है इसलिए बैंक की सेवाओं पर बढ़ती हुई जमाकर्त्ताओं की संख्या के बाद भी बैंक को किसी प्रकार की समस्या नहीं होती है।

(ग) इससे बैंक का सामाजिक कार्य भी पूरा हो जाता है।

(3) **सरकार को लाभ (Advantages to the Government)**—सरकार द्वारा प्रायोजित गरीबी उन्मूलन कार्यक्रम को दशकों बीत गए हैं किंतु अभी तक यह सफल नहीं हुआ है। सरकार का जमाराशि आधारित कार्यक्रम को कोई बहुत अधिक सफलता नहीं मिली है। इन कार्यक्रमों के समक्ष बहुत सारी समस्याएँ थीं–लाभार्थियों की पहचान करना, और बाद में ऋण की वापसी भुगतान। लाभार्थी अपने ऋण की वापसी भुगतान नहीं करते हैं। प्राप्त ऋण की राशि को गैर-उत्पादन कार्यों में खर्च कर देते हैं।

स्व-सहायता समूह का प्रयोग महिलाओं का सशक्तिकरण और गरीबी उन्मूलन के लिए

सरकार की कार्यनीति का एक हिस्सा बन गया है। राज्य सरकारें स्व-सहायता समूह को प्रोत्साहित करती हैं। यहाँ इन्हें विभिन्न नामों से जानते हैं।

प्रश्न 4. स्व-सहायता समूहों के प्रभावों का वर्णन कीजिए?

अथवा

आपदा संबंधित गतिविधियों पर (SHGs) (स्वयं सहायता समूहों) के प्रभाव को समझाइए।

उत्तर– स्व-सहायता समूहों के प्रभाव निम्नलिखित हैं–

- **स्व-सहायता समूह और लक्षित गरीब (SHGs and targeting the poor)**–वर्तमान में स्व-सहायता समूह शहरी एवं ग्रामीण क्षेत्रों में वंचितों मुख्यत: महिलाओं के विकास हेतु एक प्रभावशाली माध्यम बनकर उभरा है। स्व-सहायता समूहों के प्रभाव को हम इस प्रकार समझ सकते हैं–

  स्व-सहायता समूह का मुख्य उद्देश्य गरीबों में से भी गरीब व्यक्ति की सहायता करना। बहरहाल, समुदाय और परिवार में उनके स्तर को सुधारने के प्रयासों का हमेशा विरोध होता है। प्राय: समाज के अत्याधिक गरीब वर्ग के लोग स्व-सहायता समूह को संगठित करने में असमर्थ रहते हैं तथा इसका आरंभ अच्छे लोगों यानी गैर गरीबों के लिए आरंभ किया जाता है। तथापि अध्ययनों से प्रकट होता है कि 51% सदस्य गरीब परिवारों (बी.पी.एल.) से संबंध रखते हैं, जिनमें अधिकतर महिलाएँ अनुसूचित जाति समुदाय से संबंधित होती हैं। (ई.डी.ए. रूरल सिस्टम, प्राइवेट लिमिटेड, 2006)। हार्पर (2003) के अनुसार जिन्होंने अपने अध्ययन द्वारा घोषित किया है कि 77% महिलाएँ स्व-सहायता समूह की सदस्य अनुसूचित जाति की होती हैं।

- **आय पर सदस्यता का प्रभाव (Impact of membership on income)**– अध्ययन यह दर्शाते हैं कि सदस्यों की आय में महत्त्वपूर्ण वृद्धि हुई है। फिर भी कुछ अध्ययन यह प्रकट करते हैं कि यह आय की वृद्धि गरीबी रेखा से उभरने के लिए समुचित वृद्धि नहीं है। (स्वेन, रंजुला एंड फेन यांग बैलेटान इडा रूरल सिस्टम, प्राइवेट लिमिटेड, 2006 तनखा, अजय) इसके अतिरिक्त यह व्यापकता से स्वीकार किया गया है कि आपातस्थिति तथा उत्पादन संपत्तियों के सर्जन के लिए उपलब्ध कराए जाने वाली धनराशि के द्वारा शाहूकारों पर निर्भरता में कमी आई है जिसका श्रेय स्व-सहायता समूहों को ही जाता है। हार्पर अपने अध्ययन में स्पष्ट करते हैं कि जो परिवार पिछले सात वर्षों से इसके सदस्य थे और जो कम-से-कम तीन वर्ष के लिए सदस्य रहे थे उनके परिवारों की संपत्तियों में 37.5% तक वृद्धि है। वे यह भी संकेत देते हैं कि इसका एक कारण स्व-सहायता समूह से ॠण प्राप्त

करने में सफल रहे। वे कहते हैं कि 11 राज्यों में 223 स्व-सहायता समूह के 560 सदस्यों को नाबार्ड का मूल्याकंन दर्शाता है कि स्व-सहायता समूह के सदस्य यह महसूस करते हैं कि उनकी संपत्तियों, आय और रोजगार में वृद्धि हुई है। असेफा का अध्ययन प्रकट करता है कि उन्होंने 95% सदस्यों को अपने अध्ययन में समाहित किया है तथा उनकी वार्षिक आय में 52% की वृद्धि हुई है जो लगभग कुल ₹10,000 से अधिक आँकी गई है। ये अध्ययन सिद्ध करते हैं कि स्व-सहायता समूह के सदस्यों के परिवारों की आय और संपत्तियों में वृद्धि हुई है।

- **सामाजिक स्तर पर सदस्यता का प्रभाव (Impact of membership on social status)**—नाबार्ड मूल्यांकन अध्ययन बताता है कि महिला सदस्यों से प्रकट होता है कि वे सामाजिक बुराइयों और समस्या पूर्ण स्थितियों से निपटने और उनका सामना करने में पहले से अधिक शक्तिशाली और प्रयासरत देखने को मिली।

  करीबन आधे गरीब सदस्य परिवार गरीबी रेखा को पार कर चुके हैं। महिलाओं का सामाजिक स्तर परिवार और समुदाय में बढ़ा है। (अजय तनखा) अभी तक जो अध्ययन हुए हैं, उनसे प्रकट होता है कि स्व-सहायता समूह की सदस्यता का महिलाओं और समाज पर सकारात्मक प्रभाव पड़ा है। उड़ीसा, उत्तरप्रदेश, महाराष्ट्र और कर्नाटक में 72 स्व-सहायता समूह का एक बड़ा अध्ययन किया गया जिसमें 1000 स्व-सहायता समूह सदस्यों को सम्मिलित किया गया (हार्पर इटी ए एल 1998), इसका निष्कर्ष यह निकला की सदस्यों की खुराक, संपत्तियों और शिक्षा में सुधार हुआ है। इसी प्रकार ई.डी.ए. अध्ययन प्रकट करते हैं कि स्व-सहायता समूहों के सदस्य समुदाय में सक्रियता से गतिशील भी थे।

- **महाविपदा से संबंधित क्रियाकलापों पर स्व-सहायता समूहों का प्रभाव (Impact of SHGs on disaster related activities)**—किम विल्सन (2002) के अनुसार महाविपदा से पहले और गैर महाविपदा के पश्चात् की गतिविधियों में जहाँ स्व-सहायता समूह ने कार्य किया वहाँ राहत कार्यों पुनर्वास की लागत को बहुत ही कम कर दिया है। इसका मुख्य कारण यह है कि इनका घनिष्ट सहयोग रहा है, स्व-सहायता समूह समुदाय, पंचायत और राहत एजेंसियों के साथ गहन सहयोग से काम कर सके हैं।

- **स्व-सहायता समूहों द्वारा समाज में सामाजिक पूँजी में वृद्धि करना (SHGs promote social capital in society)**—रोबर्ट पुटनाम (2000) ने सामाजिक पूँजी को समाज में विश्वास पैदा करने के संजाल के रूप में परिभाषित किया है। यह कहते हैं कि एक सार्वजनिक चेहरा होता है और दूसरा निजी चेहरा होता है। निजी चेहरा का अर्थ कि अधिक से अधिक सामाजिक संपर्क करने पर व्यक्ति को लाभ मिलेगा। सार्वजनिक चेहरा सामाजिक लाभों से संशोधित है, क्योंकि इससे

समाज में विश्वास का संजाल स्थापित होता है। पुतनाम से अपने अध्ययन (1992) में देखा है कि सामाजिक पूँजी तथा अच्छे प्रशासन के बीच गहरा सह संबंध है। स्व-सहायता समूह अपनी बचत और ऋण गतिविधियों से समाज में सामाजिक पूँजी को उन्नत करती है, उसका विकास करती है।

प्रश्न 5. सामाजिक क्रिया समूह के लिए क्रियान्वित किए जाने वाले सोपानों का उल्लेख कीजिए?

अथवा

सामाजिक क्रिया समूह के लिए विभिन्न चरणों की चर्चा कीजिए।

उत्तर– सामाजिक क्रिया समूह के लिए सोपान (Steps for social action group) – सामाजिक क्रिया समूह, समूह कार्य से ही संबंधित है। समूह कार्य में दो प्रकार के समूह सम्मिलित होते हैं–(1) उपचार समूह, जिसमें व्यक्तित्व विकास, शैक्षिक, मनोरंजनात्मक सहायता, सहयोग एवं चिकित्सा समूह इत्यादि सम्मिलित होते हैं; तथा (2) कार्य समूह–जिसका मुख्य कार्य दिए गए कार्य अथवा कार्य क्रमशः संपन्न करना होता है। सामाजिक क्रिया समूह कार्य समूह से संबंधित है।

कार्र (2008) के अनुसार सामाजिक क्रिया समूह के निर्माण और उसको बनाए रखने के लिए निम्नलिखित सोपानों को क्रियान्वित किया जा सकता है–

(1) विनियोजन करना (Engaging) – ये वह प्रक्रिया है जिसमें समूह कार्यकर्त्ता लक्ष्य को विनियोजित करता है। यह कोई समस्या या समस्या का आयाम हो सकती है, जैसे एक समुदाय (एक गाँव जहाँ राष्ट्रीय ग्रामीण रोजगार गांरटी योजना, समुचित रूप से लागू नहीं हुई) समाज का वह हिस्सा जिसको अधिकार नहीं मिलते हैं (लैंगिक अल्पसंख्यक), लोगों का समूह जिनके अधिकारों का हनन किया जाता है (कामगार जिन्हें उनकी सेवाओं से गैर-कानूनी रूप से निकाल दिया गया है) समस्या से संबंधित कानूनों, सरकारी नीतियों, सरकारी अधिकारियों से प्राप्त उत्तरों, उपलब्ध अनुसंधान और समाचार लेखों का अध्ययन किया जाना चाहिए। प्रक्रिया में अन्य सोपान मौजूदा समुदाय में नेतृत्व के साथ सौहार्द स्थापित करते हुए उनकी सीमाओं और शक्तियों की जानकारी रखना है।

प्रारंभिक चिंतन-समूह कार्यकर्त्ता को स्थिति को समझना है तथा उन सिद्धांतों की पहचान करनी है जो उसकी क्रिया का मार्गदर्शन करेंगे और उसे लक्ष्य समूह से संबंध स्थापित करना है।

व्यवस्था अवरोधों का आकलन-समूह विभिन्न अवरोधों का आकलन करना चाहिए जो लक्ष्य समूह और इसके उद्देश्यों के बीच में आड़े आते हों। कुछ अवरोध स्थितियों से संबंधित हो सकते हैं (जैसे कि मुद्दों से सरकार सहमत न हों) अथवा लक्ष्य समूह से संबंधित हो सकते है जैसे कि (जानकारी का अभाव) अथवा अन्य मुद्दों से संबंधित हो (समूह का नेतृत्व, पिछली घटना) हो सकते हैं।

साथियों का पता लगाना और उनसे संपर्क करना।

समझदार समूहों के साथ नेटवर्किंग करना, मीडिया और शैक्षिक लोगों के साथ संपर्क स्थापित

करना तथा अन्य समुदायों से सहयोग लेना जैसे समूह नेता के महत्त्वपूर्ण कार्य हैं। भारत में पुलिस नौकरशाहों और व्यावसायिकों (वकीलों, डॉक्टरों) के साथ संपर्क स्थापित करना भी बहुत लाभदायक होता है। इस प्रकार के सहयोग और संपर्क अनेक प्रकार से लाभदायक हो सकते हैं-मूलज्ञान में वृद्धि, व्यावसायिक मार्गदर्शन प्राप्त करना, नए सदस्यों की भर्ती करना, संसाधनों में सहयोग करना, प्रचार की व्यवस्था करना और प्रोत्साहन प्रदत्त करना है।

(2) समूह आरंभ करना (Initiating the Group)–सदस्यों की पहचान करना, समूह में शामिल होने के लिए प्रोत्साहन करने के तरीकों की खोज करना, संसाधनों का पता लगाना और बैठकों का आयोजन करना इत्यादि महत्त्वपूर्ण कार्य हैं जिनको पूरा करना अत्यंत आवश्यक है। यह चरण दबावपूर्ण हो सकता है, क्योंकि लोगों को समूह में शामिल करना एक कठिन कार्य होता है। समूह कार्यकर्त्ता को आगे बढ़ने से पहले समूह निर्माण की समस्या को साथ निपटाने की योग्यता होना आवश्यक है।

भागीदारों की भर्ती करना (Recruiting Participants)–व्यक्ति आरंभ में सहमत हो सकता है और बाद में मना कर सकता है अथवा शामिल होने से पहले वह अनेक बार मना कर सकता है। ऐसे अवसर हो सकते हैं जिसमें व्यक्तिगत और व्यावसायिक सहमति हो सकती है जिसमें समूह को विघटन या समाप्त करने की चुनौती भी दी जा सकती है। यह पता लगा है कि वंचित वर्गों से सदस्यों की भर्ती करना बहुत ही कठिन कार्य है।

स्थान का पता लगाना और आवश्यक सामग्री को प्राप्त करना।

बैठक के लिए सहजता से पहुँचने वाला स्थान हो और आवश्यक सामग्री की व्यवस्था करनी चाहिए। यह बेहतर हो कि उपलब्ध संसाधनों के प्रयोग से ही कार्य चला लिया जाए।

विश्वास पैदा करना (Building Trust)–किसी भी समूह में विश्वास का स्तर होता है और इसके सदस्यों में साख बनी होती है। यह बहुत ही जटिल कार्य हैं। विश्वास के स्तर में वृद्धि की जा सकती है यदि समूह में एक व्यक्ति को अपने विचार और मत रखने का अवसर और वातावरण मौजूद हो। इसी प्रकार से अन्य लोगों में इन विचारों पर प्रतिक्रिया व्यक्त करने की निडर सोच हो तो बिना किसी भय और किसी अन्य सदस्य को किसी भी प्रकार की हानि पहुचाएँ बिना हो।

सहशासन स्थापित करना।

समूह में संपूर्ण रूप से समानता देना संभव नहीं है, क्योंकि समूह में प्राय: व्यक्ति अधिक ज्ञान और कौशलपूर्ण होते हैं। बहरहाल, उसे यह ध्यान रखना चाहिए कि वह समूह के साथ कार्य कर रहा है, न समूह के लिए कार्य कर रहा है। उसके कार्य के उदाहरण से भागीदारी और विनियोग के नियमों के संबंध में समूह के लिए मानक स्थापित करने में सहायता मिलेगी। इसके अतिरिक्त पहले ही उल्लेख किया जा चुका है कि समूह में विभिन्न प्रकार की प्रक्रियाएँ स्वयं ही भागीदारों के लिए अनुभवों को सशक्त बनाने में सहयोग प्रदान करते हैं।

(3) समूह को सुविधा देना (Facilitating the Group)–आधार नियमों की स्थापना प्रत्येक सदस्य द्वारा नियम-विनियमों की स्वीकृति से समूह को सुव्यवस्थित करने में सहायता मिलती

है। ये नियम और विनियम समूह की गतिविधि की संपूर्ण चाल को शासित कर सकती है। समूह चर्चा और अत:क्रिया, निर्णय लेना और समूह की अन्य प्रक्रिया नियमों के विषयानुसार होनी चाहिए।

चेतना पैदा करने में सुविधा देना (Facilitating Consciousness Raising)–समूह में चर्चा करना, समूह सदस्यों में चेतना के स्तर को बढ़ाता है। समूह कार्यकर्त्ताओं को समूह सदस्यों को समस्या के मध्य के संबंधों से अवगत कराना चाहिए जिसकी पहचान व्यक्तिगत और सामूहिक स्तर पर समस्याओं की घोषणा राजनीतिक मुद्दों के आधार पर की है, उसको संबद्ध करना आवश्यक है। (कार्र, 2005)। उदाहरण के लिए समुदाय में परिवारों की गरीबी की चर्चा को आर्थिक संसाधनों और शैक्षिक संसाधनों और शैक्षिक संसाधनों तक पहुँचने में बाधा के रूप में व्यक्त करना चाहिए जिसके कारण राजनीतिक समस्याएँ उत्पन्न होती हैं। चेतना बढ़ाने की प्रक्रियाओं, सदस्यों में व्याप्त अनेक धारणाएँ नष्ट करने और स्थितियों को बदलने के लिए चुनौतियाँ देने जैसे चेतनाओं को सम्मिलित किया जाना चाहिए।

सहयोगपूर्ण क्रिया या कार्यवाही (Supporting Action)–समूह क्रिया को चेतना वृद्धि का पालन करना चाहिए। कार्यवाही या क्रिया उपलब्ध संसाधनों का प्रयोग करने की आवश्यकता को निर्धारित करता है-जो व्यक्ति और समुदाय पर आधारित होता है। समूह द्वारा सहयोग नेटवर्क का निर्माण करना जिसमें व्यक्तिगत संपर्क, समुदाय सदस्यों, संबंधित विद्यार्थियों, कर्मठ कार्यकर्त्ताओं को शामिल किया जाना चाहिए। क्रिया या कार्यवाही के लक्ष्य को निर्धारित करना चाहिए जो संस्थान या व्यक्ति हो सकता है और उसके विरुद्ध कार्यवाही की जानी है। इस लक्ष्य को बहुत ही सावधानीपूर्वक चुनना चाहिए, क्रिया की सफलता इस पर निर्भर करती है कि संस्थान में कितना परिवर्तन लाया जा सकता है और किस प्रकार से बदलाव संपन्न किया जा सकता है।

कार्यान्वयन को प्रोत्साहन देना (Encourage Praxis)–पॉलोफ्रिरे कार्यान्वयन का इस प्रकार वर्णन करते हैं कि "संरचना पर चेतना और क्रिया इस प्रकार से निर्देशित की जाए कि रूपांतरित हो जाए।" अत: प्रत्येक क्रिया का परिणाम, सफलता और असफलता हो सकते हैं। उसमें प्रतिबिंब का अनुसरण करते हुए होना चाहिए। प्रत्येक क्रिया से कुछ न कुछ सीखा जा सकता है यहाँ तक कि समूह अपने लक्ष्य को प्राप्त करने मे असफल रहने के बाद भी सीखा जा सकता है। इन शिक्षाओं के संबंध में सदस्यों से चर्चा करने के बाद विश्लेषण किया जाना आवश्यक है। आपसी विचारों के आदान-प्रदान करने से चेतना के स्तर में वृद्धि होती है। इन शिक्षाओं के आधार पर भावी क्रिया की योजना बनाना, उनको स्वीकार करना तथा प्रक्रिया को चलाते रहना।

(4) शक्तियों को हस्तांतरित करना (Transferring Power)–सशक्तिकरण प्रक्रिया का एक मात्र उद्देश्य सदस्यों को आत्मनिर्भर बनाना है न कि उन्हें कार्यकर्त्ता पर निर्भर करना है। कुछ समय के अंतराल के बाद समूह सदस्य कुछ सीमाओं के अंतर्गत तथा बिना समूह नेताओं की सहायता के बिना कार्य करने में सक्षम हो जाते हैं। समूह कार्यकर्त्ताओं को चाहिए कि वे अपने कौशलों और सूचनाओं को समूह सदस्यों को प्रदत्त कराएँ। सदस्यों की क्षमता निर्माण में किए जाने वाली कुछ प्रणालियों का प्रयोग किया जा सकता है। प्रशिक्षण, सदस्यों को कार्य निष्पादन निकट पर्यवेक्षण के अंतर्गत हो तथा प्राधिकारी प्रतिनिधि नियुक्त किए जा सकते हैं।

सदस्यों को तैयार करना (Wraping up)–समूह कार्यकर्त्ता ठीक समय पर समूह को छोड़ सकते हैं। इस लिए समूह सदस्यों को इसके लिए तैयार किया जाना चाहिए या उनको तैयार रहना चाहिए। सदस्यों में से नेतृत्व तैयार कर प्रशिक्षित किया जाना चाहिए और भविष्य में प्रयोग करने के लिए संसाधनों की पहचान की जानी चाहिए। समूह जो बहुत ही अधिक वंचित वर्गों से संबंधित होते हैं, उन्हें सीखने के लिए अधिक समय की आवश्यकता होती है तब ही वे स्वतंत्र रूप से कार्य कर सकते हैं।

सामाजिक क्रिया समूह लंबे समय तक आने के लिए प्रासंगिक बने रहेंगे। सामाजिक अन्याय का प्रतिरोध करने में उनकी प्रभावकारिता उन्हें सामाजिक परिवर्तन के लिए आदर्श वाहन बना देती है।

प्रश्न 6. आपदा पीड़ितों के साथ किए जाने वाले समूह कार्यों की चर्चा कीजिए?

उत्तर– आपदा वह आकस्मिक घटना होती है जिसमें भारी मात्रा जान-माल की हानि होती है। आपदा में मरने वाले या जरूरी लोग ही पीड़ित नहीं होते, अपितु जीवित रहने वाले भी आपदा पीड़ित होते हैं। वे शारीरिक एवं भावनात्मक दोनों प्रकार से हताहत होते हैं।

टेलर और फ्रेजर ने आपदा पीड़ित लोगों को छः श्रेणियों में वर्गीकृत किया है। (1) प्राथमिक पीड़ित वे होते हैं जो आपदा से सीधे प्रभावित होते हैं। (2) दूसरी श्रेणी में प्राथमिक पीड़ितों के मित्रगण और उनके रिश्तेदार आते हैं। (3) तीसरी श्रेणी में वे लोग आते हैं जिन्हें बचा लिया गया है और उनका इलाज चल रहा है तथा ठीक होने की स्थिति से गुजर रहे हैं। (4) चौथी श्रेणी समुदाय में उनकी होती है जो आपदा कार्यों में संलिप्त हैं। (5) पाँचवी श्रेणी उन लोगों की है जिनके पास आपदा का कोई अनुभव नहीं है किंतु उनको आपदा देखकर बहुत दुख हुआ है। (6) पीड़ितों की छठवीं श्रेणी उन पीड़ितों की है जो पीड़ित हो सकते थे किंतु संयोग से बच गए हैं।

पीड़ितों को निम्नलिखित देखभाल की आवश्यकता होती है–(1) यदि पीड़ितों के मकान ढह गए हैं तो सबसे पहले उन्हें अस्थायी आश्रम और उसके पश्चात् स्थायी मकान (2) भोजन और दवाइयाँ (3) चिकित्सा सहायता यदि घायल हैं। (4) जीवन-यापन के उपाय और क्षतिपूर्ति के दावे के लिए कानूनी सहायता, (5) क्षतिपूर्ति (6) मनोसामाजिक देखभाल और (7) स्व-विश्वास प्रेरित स्व-सहायता।

प्रत्येक कार्यवाही या क्रिया में शामिल समाज कार्यकर्त्ता (Social worker is involved in every action)–समाज कार्यकर्त्ता का महत्त्वपूर्ण और सर्वप्रथम कार्य है पीड़ितों की मनोसामाजिक देखभाल। मनोसामजिक देखभाल का उद्देश्य उन पीड़ित का उपचार करना है जो आघातकारी अनुभवों से गुजर चुकें हैं।

न्यूबर्न (1993) के अनुसार आघातकारी घटनाओं की सामान्य प्रक्रिया निम्न प्रकार से होती है–

- स्वप्नों के माध्यम से अपने अनुभवों को जीवित रखना पूर्ण परिदृश्यों आदि को बताना जिन्हें वे पिछले समय में भुगत चुके हैं। जीवित व्यक्तियों के औसत ये प्रतिक्रियाएँ आघातकारी के पश्चात् दबाव से उनकी स्थिति को बिगाड़ सकते हैं (पी.टी.एस.डी.)

- शोक-संतप्त का गहरा दुख और हानि का अनुभव। मृत व्यक्ति के रिश्तेदार और मित्र अनहोनी तथा स्तब्धकारी घटना का अनुभव करते हैं। जो असहनीय होता है। दूसरे वे अपने आप को दोषी महसूस करते हैं कि जब उनके रिश्तेदार और मित्र ही नहीं फिर वे क्यों, जीवित हैं। तीसरी इस प्रकार की आवश्यकता भी हो सकती है कि आपदा घटना किस प्रकार से होती है।
- आपदा का अनुभव परिवार में रिश्तों के ऊपर भी पड़ता है। कुछ परिवार इसके पश्चात् और अधिक इकाई के रूप में मजबूत हो जाते हैं जबकि अन्य परिवार विघटित हो जाते हैं।
- भयभीत प्रक्रिया होती है जिसमें वे आवाज, सुगंध या बदबू और दृश्यों से भयभीत होने लगते हैं।
- आपदा पीड़ितों का जीवन विभिन्न कार्यों के कारण अस्तव्यस्त हो जाता है जैसाकि क्षतिपूर्ति के लिए जाँच-पड़ताल आदि।
- मीडिया और अन्य लोगों के द्वारा अनाधिकार पूर्ण घुसपैठ करना जो सूचना प्राप्त करना चाहते हैं।
- यह अनुभव भविष्य में कार्यस्थल पर व्यवहार को प्रभावित करता है।

मनोसामाजिक देखभाल के सात मूल सिद्धांत हैं जिन्हें नीचे दिया जा रहा है (सेकार ई.टी. ए.एल., 2005):

- सार्वजनिक विचार-विमर्श करना—आपदा पीड़ितों के साथ जो सबसे महत्त्वपूर्ण कार्य है कि उनके रिश्तेदारों और जीवित बचे लोगों के संबंध में ध्यान से सुनना (नूयबर्न, वही)। सार्वजनिक विचार-विमर्श प्रक्रिया को व्यक्तिगत और समूहों के साथ पूरा किया जा सकता है। समूहों के साथ अनेक लाभ हो सकते है।, इसमें अगले भाग के लिए भी विस्तारित किया जा सकता है।
- परानुभूति
- जीवंत ध्यान से सुनने की प्रक्रिया में निम्न को सम्मिलित किया जाता है। (1) नेत्र संपर्क को व्यवस्थित करना। (2) जब आप सुन रहे हैं तो समय-समय पर अनुक्रिया या उत्तर दें। (3) बाधा डालने या रूकावट करने से बचें। (4) स्वीकार करें और (5) परानुभूति प्रदर्शित करें।
- जीवित बचे व्यक्तियों के हितों को मूर्तरूप प्रदान करने का प्रयास करना जिसका अर्थ है कि जीवित व्यक्ति को उत्पादन कार्यों में व्यस्त करने के लिए प्रोत्साहित करना जिससे वे अपनी स्वयं की संवृद्धि और आत्म प्रतिष्ठा को बढ़ा सकेंगे।
- सामाजिक सहयोग द्वारा लोगों को प्रोत्साहित करें कि वे संवेदनाओं को स्वीकार करें और उनकी संवेदनाओं में सहयोग दें।

- आराम तथा मनोरंजन, योग, खेल और शारीरिक व्यायाम पीड़ितों के स्वास्थ्य होने में सहायता कर सकते हैं।
- पुन: मेल-मिलाप और पुनर्वास के लिए सुविधाएँ उपलब्ध कराना।

आप देख सकते हैं कि सभी सिद्धांत लाभदायक सिद्ध हो सकते हैं यदि इन्हें समूह में लागू किया जाए। पीड़ितों के समूह आधारित उपचार निम्न प्रकार हैं–

- समूह में पीड़ितों के दुख से परिपूर्ण अनुभवों को सुनें जहाँ अन्य पीड़ित भी उपस्थित हों। समूह सत्र में प्रत्येक अन्य समस्या के साथ रखने के अंतर्गत अनुभवों का उसके सार्वजनिकीकरण और पहचान करना। अन्य लोगों के अनुभवों को सुनने व जानने से अपने अनुभवों से तुलना करने का अवसर मिलता है वहीं पर उस स्थिति से निपटने की जानकारी प्राप्त होती है, यह स्थिति पीड़ितों के लिए लाभदायक सिद्ध होती है।
- मनोरंजनात्मक और आरामदायक गतिविधियाँ बहुत ही आनंददायक सिद्ध होती हैं यदि इन्हें समूहों में पूरा किया जाए।
- दलों में उत्पादन कार्यों में व्यस्त करना (उदाहरण के लिए बागवानी, टोकरियाँ बनाना, घर या भवन निर्माण करना) के लिए प्रोत्साहित करना, इन गतिविधियों से नियमित रूप से व्यस्त रहने के लिए आग्रह करें।
- महिलाओं के लिए स्व-सहायता समूहों के गठन के लिए प्रयास किए जाएँ, यह पीड़ितों के पुनर्वास के लिए आरंभ किए जा सकते हैं। पीड़ितों की एक बड़ी संख्या को समूह कार्य का प्रयोग करके उनका उपचार किया जा सकता है। दूसरे महिलाओं और बच्चों के लिए संवेदनशील समूहों के लिए विशेष समूहों का गठन किया जाए इन वर्गों की विशेष आवश्यकताओं की देखभाल की जा सकती है। जब समाज कार्यकर्त्ता और प्रशासन वहाँ पहुँचे तो आपदा पीड़ितों को लंबे समय तक सहयोग और सहायता उपलब्ध कराई जाए।

प्रश्न 7. नशीले पदार्थों का सेवन करने वालों के बीच समूह कार्य पर प्रकाश डालिए?

अथवा

नशीले पदार्थों का दुरुपयोग करने वाले व्यक्तियों के बीच समूह कार्य पर चर्चा कीजिए।

अथवा

मादक द्रव्य का दुरुपयोग करने वालों के मध्य समूह कार्य में महत्त्व की चर्चा कीजिए।

अथवा

देखभाल-कर्त्ता के मध्य समूह कार्य की महत्ता को समझाइए।

उत्तर– नशीले/मादक पदार्थों का सेवन करने वालों के बीच समूह कार्य बहुत ही कारगर होता है। बहुत से विचारकों ने अनेक दृष्टिकोण प्रस्तुत किए हैं जिनके माध्यम से मादक दुरुपयोग और शराब की लत जैसी समस्याओं को हल किया जा सकता है।

फिर के अनुसार (इन ग्रेविन 2004) समूह कार्य समुचित प्रणाली है जिसके माध्यम से व्यसन की समस्या से निपटा जा सकता है–

- समूह, एकाकीपन या अकेलेपन के विचार को कम कर देता है जिसका अनुभव प्राय: मादक द्रव्य दुरुपयोग करने वाले व्यक्ति अनुभव करते हैं, उन्हें यह भी अनुभव होता है कि अन्य लोग भी मेरी तरह ही समान समस्या से संघर्ष कर रहे हैं और इससे उसे उत्साह और राहत मिलती है।
- समूह, यह आशा कर सकते हैं कि व्यक्ति पहले से बेहतर हो गया है जब वह अन्य व्यक्तियों को इसी समस्या से सफलतापूर्वक छुटकारा मिलने और सामान्य होने की स्थिति को देखता है।
- समूह, सदस्यों को यह सीखने का अवसर प्रदान करता है कि मादक द्रव्य दुरुपयोग की समस्या से किस प्रकार से निपटा जाए, तब व्यसनी अन्य लोगों को इसी समस्या से निपटते हुए देखता है तो उसे व्यसन को छोड़ने का साहस मिलता है।
- समूह अपने सदस्यों को नई सूचनाएँ दे सकता है जो उसके सदस्यों को समूह कार्यकर्त्ता, अथिति प्रवक्ता, अध्यापकों और अन्य सदस्यों से प्राप्त होती है।
- उनके गुणों के बारे में सकारात्मक आधार पर सामग्री, अन्य सदस्यों से कौशलों तथा योग्यताओं व क्षमताओं को देखने पर अपनी स्वयं की संकल्पना में सुधार कर सकता है। स्वयं की योग्यता व गुण तथा स्वयं की छवि।
- समूह जैसे कि समूह सदस्य देते हैं, सुधारात्मक (विकल्प) परिवार अनुभवों को उपलब्ध करता है, सहयोग और सहायता देने का आश्वासन देते हैं जो उसके अपने परिवार से कभी नहीं दिए गए हैं। वे नए व्यवहार के लिए प्रयास करते हैं जिन्हें वे अपने परिवार में भी प्रयोग कर सकते हैं।
- समूह अपने सदस्यों को भावनात्मक सहयोग देता है जब समूह से बाहर तनाव व दबाव अनुभव होता है तथा कठिन स्थिति आती है। उत्साह, पुनर्बल तथा कोचिंग की व्यवस्था समूह के अंदर की जा सकती है।
- समूह सदस्यों को सामाजिक कौशलों को प्राप्त करने के लिए सहायता करता है ताकि वे जीवन की कठिन स्थितियों में उनका सामना कर सकें, न कि कठिनाई से निपटने के लिए मादक द्रव्यों पर निर्भर हो जाएँ। सदस्य उन सदस्यों की सहायता, मार्गदर्शन और शिक्षित करते हैं जिनकों इसकी आवश्यकता होती है।

- समूह सदस्य मादक द्रव्य दुरुपयोग के संदर्भ में बहुत ही शक्तिशाली तरीके से एक-दूसरे का विरोध कर सकते हैं। मादक द्रव्य दुरुपयोग में आपसी मुकाबला बहुत महत्त्वपूर्ण होता है, क्योंकि अधिकतर मादक द्रव्य दुरुपयोग कर्त्ताओं का नकारात्मक व्यवहार होता है। दूसरों के साथ विरोध या मुकाबला करने वाले भी इसी संस्कृति में होते हैं, विशेषकर वे भी शक्तिशाली होते हैं।

- समूह एक ही समय में अनेक सदस्यों का प्रभावी लागत के आधार पर इलाज कर सकते हैं।

- समूह कार्य के लाभ समूह से बाहर समूह और लोगों को मिल सकता है जो किसी न किसी रूप में सदस्यों से संबंधित होते हैं, जैसे कि पारिवारिक सदस्य, नियोजक आदि।

(1987) ने समूहों की प्रभावकारिता को बढ़ाने के लिए महत्त्वपूर्ण सिद्धांतों और तकनीकों का सुझाव दिया है, ये निम्न प्रकार हैं–

- मादक द्रव्यों/शराब से परहेज पर दबाव डालना महत्त्वपूर्ण है।

- समूह सदस्य में प्रोत्साहन के न्यूनतम स्तर की आवश्यकता होती है, यह उनके लाभ के लिए समूह अनुभव कार्य का निर्माण करता है। यह आवश्यकता इसलिए भी महत्त्वपूर्ण है, क्योंकि समूह में अनेक रोगियों को उनके परिवार के सदस्य समूह में शामिल होने के लिए जबरन भेजते हैं। अतः समूह सदस्य समूह प्रक्रिया में कोई-कोई सहयोग होता है और न ही वे अनुभवों से लाभ उठाते हैं। उनमें से अनेक सदस्यों को यह विश्वास नहीं होता है कि उनकी उपचार प्रक्रिया में समूह की भूमिका से कोई लाभ होगा।

- अन्य महत्त्वपूर्ण आवश्यकता यह है कि सदस्यों में समूह सदस्यों के रूप में निष्पादन की क्षमता होनी चाहिए। प्रायः यह देखा जाता है कि उनकी शारीरिक और मानसिक स्थिति ऐसी नहीं होती है कि वे समूह में भागीदारी करने के योग्य हों। मादक द्रव्य दुरुपयोग से उसकी क्षमता प्रायः नष्ट या अत्याधिक मंद हो जाती है, यदि व्यक्ति को उपचार के दौरान उसके शरीर के विष से मुक्त करने के लिए दवाइयाँ दी जा रही हैं जिसके कारण उसके शरीर पर औषध शमक प्रभाव पड़ता है। यह देखा जाता है कि अनेक सदस्य सीधे बैठने की स्थिति में भी नहीं होते हैं और न ही वे समूह कार्यकर्त्ता की सुनते हैं।

- मानसिक रोग से पीड़ित सदस्यों को अलग कर दिया जाता है। इस प्रकार के समूह को "उच्च शक्ति" कहा जाता है जिसके कारण उनकी भ्रम की प्रवृत्ति में वृद्धि होगी। (फिर वही)।

- समूह कार्य में प्रथम चरण के अंतर्गत यह होना चाहिए कि वह उच्च संरचित – सुनियोजित और स्पष्ट उद्देश्य हों। कुछ सत्रों के पश्चात् अंतर्गतक्रिया दृष्टिकोण का

प्रयोग किया जा सकता है और सदस्यों को और अधिक स्वतंत्रता दी जा सकती है।

- हमने अधिकतर गतिविधियों पर प्रकाश डाला है और अब हम गतिविधियों, गतिविधि आधारित कार्यक्रम जैसे कि कुछ को शारीरिक संचालन की आवश्यकता होती है, उन्हें ऐसा करने की अनुमति दी जानी चाहिए।
- भूमिका निभाना; समस्या समाधान, आधार सामग्री अपने बारे में बताना, विरोध प्रकट करना, सामाजिक सहयोग नेटवर्क उत्पन्न करना और सूचना उपलब्ध कराना जैसी महत्त्वपूर्ण तकनीकें हैं।

एल्कोहालिक एनोनिमस (Alcoholic Anonymous)–एल्कोहालिक एनोनिमस (ए ए) एक विश्वव्यापी संगठन है जो शराब व्यसन को बंद करने और शराब से परहेज करने के दृष्टिकोण का प्रयोग करता है।

ए ए के अपने अनुभवों की बारह परंपराओं का पालन करता है जिनको पढ़ाना लाभदायक माना जाता है।

- एल्कोहालिक ऐनोनिमस का प्रत्येक सदस्य सामान्य होते हुए भी व एक महान व्यापकता का एक हिस्सा होता है। ए ए सतत् जीवित रहेगा अथवा हम में से बहुत सारे लोग निश्चित रूप से मर जाएँगे। इसलिए हमारा सामान्य कल्याण का कार्य सबसे पहले आता है। परंतु व्यक्तिगत कल्याण बहुत बाद में आता है।
- हमारे समूह उद्देश्य के लिए केवल एक ही व अंतिम प्राधिकारी है- प्रिय ईश्वर जैसा कि वह हमारे समूह चेतना स्वयं निर्देश करे।
- हमारी सदस्यता में वे ही लोग हैं जो शराब के व्यसन से पीड़ित हैं इसलिए हम किसी को भी मना नहीं करते हैं, जो ठीक होना चाहता है। ए ए की सदस्यता कभी भी धन या इस प्रकार की किसी चीज पर निर्भर नहीं करती है। कोई भी दो या तीन व्यक्ति जो शराबी हों एक साथ मिलकर संयम स्थापित कर सकते हैं और अपने आपको ए ए समूह में शामिल कर सकते हैं। ए ए उन्हें समूह घोषित कर देगा, इसमें कोई अन्य सम्मिलित नहीं होगा।
- प्रत्येक ए ए के अपने कार्यों के लिए समूह स्वयं ही जिम्मेदार होता है न कि कोई अन्य पदाधिकारी। उनकी अपनी संचेतना होती है। परंतु जब वे पड़ोसी किसी समूह का हित साधते हैं अथवा उसका कल्याण करने की सोचते हैं, उस समय उससे निश्चित रूप से सलाह करते हैं। कोई समूह, क्षेत्रीय समिति या कोई व्यक्ति किसी प्रकार का कोई कार्यवाही नहीं कर सकता है जिसका प्रभाव ए ए पर पड़ता हो यहाँ तक वे सामान्य सेवा बोर्ड के न्यासी के साथ भी किसी प्रकार का संदर्भ या विनिर्दिष्ट नहीं होते हैं।
- प्रत्येक एल्कोहालिक्स एनोनिमस अपनी आध्यात्मिक छवि को बनाए रखना है परंतु उसका प्रभाव उद्देश्य जो कि वह उन शराब के व्यसनियों के लिए संदेश देना चाहता

है जो अभी भी व्यसन से पीड़ित हैं।

- धन, संपत्ति और प्राधिकार की समस्याएँ हमें हमारे प्राथमिक आध्यात्मिक उद्देश्य से दूर कर सकते हैं, हमारा ध्यान बदल सकते हैं। हम ऐसा सोचते हैं, इसलिए ए ए के वास्तविक प्रयोग में आने वाली किसी संपत्ति का निर्णय अलग से निर्गमत और उसका प्रबंधन किया जाना चाहिए। ए. ए. समूह किसी भी तरह के व्यापार में शामिल नहीं होगा और न ही वह कोई व्यापार स्वयं करेगा।

  दूसरे ए ए के सहायक क्लबों व अस्पतालों व इनमें लगने वाले संपत्ति एवं प्रशासन हेतु लोगों के लिए अलग से निगम की स्थापना की जाती है। इस प्रकार से उसे अलग कर दिया जाता है जिसको वे स्वतंत्र रूप से समूहों के द्वारा त्यागा जा सकता है। इसलिए इस प्रकार की सुविधाओं का प्रयोग ए ए के नाम से नहीं किया जाता है। उनका प्रबंधन का प्रयोग ए ए के नाम से नहीं किया जाता है। ए ए समूह अपने आप में अकेला रहने के लिए प्रतिबंधित है। वह किसी के साथ नहीं होता, उसके साथ कोई नहीं होता।

- ए ए समूह को स्वयं उसके अपने स्वैच्छिक कार्यकर्त्ता अपना योगदान देते हैं, जो सब उसके समूह के सदस्य होते हैं। एल्कोहालिक्स एनोनिमस के नाम पर प्रयोग करने के लिए किसी सार्वजनिक निधि या धन की सार्वजनिक याचना करना बहुत ही खतरनाक माना जाता है। हमारे अनुभव हमको हमेशा चेतावनी देते रहते हैं कि हमारी आध्यात्मिक विरासत को कोई अन्य नष्ट नहीं कर सकता है, यदि कोई नष्ट कर सकता है तो वह है संपत्ति, धन और प्राधिकारिता।

- एल्कोहालिक्स एनोनिमस को हमेशा ही गैर व्यावसायिक बना रहना चाहिए। हम व्यवसाय को उस पेशे से परिभाषित करते हैं जिसमें शराब के व्यसनी को परामर्श देने के बदले में शुल्क या किराया व धन वसूल करते हैं। प्रायः ए ए के "12 चरण" में कार्य करने वालों को हम कभी भी किसी सेवा का भुगतान नहीं करते हैं।

- प्रत्येक ए ए समूह को कम से कम संभावित समूह की आवश्यकता होती है। चक्रवार या बारी-बारी से नेतृत्व करना बेहतर रहता है। एक छोटा समूह अपने एक सचिव का चुनाव करता है, तथा बड़ा समूह चक्रानुक्रम वाली समिति बनाता है, महानगरों के क्षेत्र वाले बड़े समूह अपने केंद्रिय या अंतःसमूह समिति बनाते हैं जो प्रायः पूर्णकालिक सचिव की नियुक्ति करते हैं। सामान्य सेवा बोर्ड के ट्रस्टी हमारे ए ए सामान्य सेवा समिति को प्रभावित करते हैं। वे हमारे ए ए के अभिरक्षक होते हैं। परंपरा और ए ए के स्वैच्छिक कार्यकर्त्ता इसके प्राप्तकर्त्ता होते हैं।

  इस सहयोग से हम अपने ए ए का प्रबंधन करते हैं। इसका सामान्य सेवा कार्यालय न्यूयार्क में स्थित है। उन्हें समूहों द्वारा हमारे सभी जनसंपर्कों को संचालन करने के लिए प्राधिकृत किया हुआ है, और वे हमारे प्रमुख समाचारपत्र ए ए ग्रपविन के माध्यम एक निष्ठ एकीकृत करने की गारंटी प्रदान करते हैं। इस प्रकार के सभी

प्रतिनिधियों को सेवानिष्ट के आधार पर मार्ग दर्शन किया जाता है ताकि वे ए ए के वास्तविक नेता के रूप में अपना कार्य कर सकें परंतु सब मिलाकर संपूर्ण कर्मचारीगण निष्ठावान और अनुभवी होते हैं। वे अपने शीर्षक वे वास्तविक प्राधिकारिता का संचालन नहीं करते और न ही वे किसी प्रकार का शासन करते हैं। सार्वभौमिक आदर सम्मान ही उनकी उपयोगिता की मुख्य चाबी होती है।

- किसी भी ए ए समूह या सदस्य को इस प्रकार से ए ए से संलिप्तता नहीं दिखानी चाहिए। न ही किसी भी प्रकार विवादित मत, विचार या मुद्दे पर विवादित मत व्यक्त करना चाहिए। विशेषकर यदि वे मुद्दे राजनीति, नसबंदी सुधार या किसी धार्मिक पंथ से जुड़े हों। एल्कोहाल्कि एनोनिमस समूह किसी का विरोध नहीं करते हैं। कोई भी इस प्रकार के मामले में अपने विचार व्यक्त नहीं कर सकता है।
- सार्वजनिक लोगों के साथ हमारे संबंध में व्यक्तिगत गुमनामी की विशेषता होनी चाहिए। हमारा विचार है कि ए ए को संवेदनशील प्रचार से बचना चाहिए। हमारे नाम और चित्र ए ए के सदस्य के रूप में प्रसारित चित्रित या सार्वजनिक रूप से मुद्रित नहीं होने चाहिए। हमारा जनसंपर्क उन्नयन के स्थान पर आकर्षण के रूप में होना चाहिए। हमें अपने कार्यों की किसी प्रकार की सराहना की आवश्यकता नहीं होनी चाहिए। हम इसी में अच्छा अनुभव करें कि हमारे मित्र हमारी सिफारिशें करें, यही हमारे लिए समुचित है।
- और अंत में हम कह सकते हैं कि एल्कोहालिक्स एनोनिमस विश्वास करता है कि गुमनामी का सिद्धांत महत्त्वपूर्ण अध्यात्मिक शक्ति है। यह हमको याद दिलाती है कि व्यक्तियों के समक्ष हम अपने सिद्धांत रखते हैं कि हम वास्तव में ही समूची मानवता के लिए कार्य व्यवहार या अभ्यास करते हैं।

ए ए की सफलता को लाखों लोगों के अंदर देखा जा सकता है जो इस कार्यक्रम से लाभ उठा चुके हैं। इसकी स्वीकार्यता इस बात में देखी जा सकती है, कि अन्य समस्याओं के लिए भी इसी सिद्धांत पर समूहों का निर्माण किया गया है जैसे कि एकाकीपन, माता-पिता, वयस्कों द्वारा बच्चों पर अत्याचार या दुरुपयोग, अधिक भोज्यपदार्थ का सेवन इत्यादि सम्मिलित हैं। इनमें से कुछ समूह जिस दृष्टिकोण को अपनाते हैं, वे ए ए के सिद्धांतों से मामूली अलग होते हैं परंतु फिर भी ए ए एक प्रसिद्ध आदर्श या मॉडल है जो समान जीवन परिवर्तन के माध्यम से समस्याओं को हल करता है और स्व समूहों के निर्माण की दिशा कार्य करता है।

देखभालकर्त्ताओं में समूह कार्य (Group work among the caregivers)–देखभाल करने वाले लोगों के बीच भी समूह कार्य की आवश्यकता पड़ती है। देखभालकर्त्ता वे व्यक्ति होते हैं जो रोगियों और पीड़ितों (आपदा में पीड़ित) की देखभाल करने की प्राथमिक जिम्मेदारी लेते हैं। देखभाल कर्त्ताओं के बीच समूह कार्य निम्नलिखित कारणों से किया जाता है–

(1) जिस व्यक्ति को इसकी आवश्यकता होती है यानी जिसे देखभाल की आवश्यकता है, जिसमें लंबा समय लगता है, इस स्थिति में देखभालकर्त्ता (स्त्री-पुरुष) के पास व्यक्तिगत और

व्यावसायिक मुद्दों के लिए समय में कभी आती है, उसके पास समय नहीं बचता है। (2) व्यक्ति का व्यवहार देखभालकर्त्ता को हतोत्साहित अथवा खिन्न कर सकता है। (3) रोगी का हतोत्साहपन और खिन्नता एक अच्छे-भले देखभालकर्त्ता को मानसिक रूप से विचलित कर सकता है (4) देखभाल करने की शारीरिक माँग होती है जो शारीरिक दबाव को पैदा करती है। (5) कुछ रोगों में जैसे कि एड्स की देखभालकर्त्ता को रोगी के साथ रहने से (स्त्री-पुरुष) से कलंकित भी होना पड़ सकता है (6) देखभालकर्त्ता अपनी जानकारी के आधार पर यह जानता है कि रोगी की देखभाल करने से लाभ नहीं हो रहा है और प्रक्रिया जीवनपर्यन्त चलती रहेगी। (7) देखभालकर्त्ता को प्राय: अपनी आशाओं और आकांक्षाओं की बलि देनी पड़ती है, क्योंकि उसका प्राथमिक कार्य देखभाल करना है। (8) देखभालकर्त्ता को वित्तीय हानि उठानी पड़ती है, जैसे कि उसकी आय का बंद होना तथा उसे रोगी की चिकित्सा संबंधी लागत पर भी खर्च करना पड़ सकता है।

देखभालकर्त्ता को प्राय: विरोधात्मक संवेदनाओं का अनुभव होता है। एक और वह जानता/जानती है कि व्यक्ति को देखभाल की आवश्यकता है तथा दूसरी और वह भी जानता/जानती है कि उस पर एक भार होने के कारण वह रोगी को पसंद करना छोड़ दे। इन सब मुद्दों से उसको सामना करना पड़ता है। यदि देखभालकर्त्ता प्रभावकारी है तथा इस समय उसे स्वयं को मनोसामाजिक स्वास्थ्य को भी सुरक्षित रखने की अत्यंत आवश्यकता होती है। अत: देखभालकर्त्ता समूह एक प्रमुख अनुसंधान का मुद्दा होती है (कैम्पबेल इन ग्रेविन, 2004)।

समूहों को निम्न प्रकार से वर्गीकृत किया गया है (1) मनोशैक्षिक समूह जो कि समस्याओं और संवेदनात्मक स्वास्थ्य में सुधार मुख्य रूप से हतोत्साह या खिन्नता से निपटने के संबंध में सूचनाओं पर प्रकाश डालना। (2) मनोचिकित्सा समूह को एकाकीपन, निराशा और अपने साथी के खो जाने से पीड़ित लोगों के साथ कार्य करना होता है। (3) सहयोग समूह जिसमें मुख्य रूप से अनुभवों और समस्याओं को सुनना या समझना शामिल होता है।

प्रश्न 8. समुदाय में युवा लोगों के साथ समूह कार्य पर प्रकाश डालिए?

उत्तर— भारतीय युवाओं के साथ समूह कार्य अति महत्त्वपूर्ण है। युवाओं की कई समस्याएँ हो सकती हैं तथा समस्याओं के कई प्रकार हो सकते हैं। ये उनकी विभिन्न स्थितियों के कारणों पर निर्भर करेंगी। ये वो कारक है, जो उनके व्यवहार को प्रभावित करते हैं–

- परिवार का प्रकार
- पड़ोसी
- क्या अध्ययनशील है या नहीं।
- शैक्षिक योग्यताएँ
- विद्यालय का प्रकार
- परिवार की आय का स्तर

- वैयक्तिक इतिहास

समूहों के कई प्रकार होते हैं जिन्हें युवाओं के लिए आयोजित किया जा सकता है। ये हैं–

- **शैक्षिक समूह (Educational Group)**–जो उन्हें सामाजिक कौशलों की शिक्षा देंगे। जीवन की कठिन स्थितियों और अभिवृत्तियों को विकसित करने व कठिनाइयों से निपटने में सहायता प्रदान करेंगे।
- **मनोरंजनात्मक समूह (Recreational Group)**–ये अपने सदस्यों को आनंद मनाने का अनुभव उपलब्ध कराएँगे और जोखिम के व्यवहारों से दूर रखेंगे और स्वस्थ जीवन-शैली विकसित करने में सहयोग देंगे।
- **व्यक्तित्व विकास समूह (Personality Development Group)**–जो उन्हें उनके स्वयं की छवि और उनमें आत्मविश्वास का स्तर सुधारने में सहयोग प्रदान करेगा।

कोरे एंड कोरे ने निम्नलिखित विषयों को अपनाया है–

- शराब और मादक द्रव्य का दुरुपयोग करने वालों के साथ कार्य करना।
- तनाव, गलती महसूस करना, कठिनाई, क्रोध, त्यागना, विरोधी कार्य और एकाकीपन को महसूस करने पर उस पर काबू पाने के लिए सीखना।
- घर में द्वंद्व की खोज करना।
- विद्यालय के पश्चात् योजना और जीविका।
- प्रेम और घनिष्ठता से संबंधित मामलों पर चर्चा करना यदि सांस्कृतिक उपयोगी है।
- लैंगिक भूमिका की परिभाषा करना।
- पहचान के मुद्दों की खोज करना।
- स्वायंत और निर्भरता से संबंधित मुद्दों का निर्धारण करना।
- माता-पिता के साथ द्वंद्व और किस प्रकार से उनकी प्रशंसा की जाए।

भारतीय स्थिति में निम्नलिखित विषयों की जानकारी के संबंध के लिए प्रयास किए जा सकते हैं।

- शैक्षिक निष्पादन
- मीडिया का प्रभाव और इससे किस प्रकार से निपटा जाए।
- बच्चों के अधिकार
- पर्यावरण संबंधी चिताएँ।

युवा लोगों के साथ व्यवहार करना।

- युवा लोग समूह कार्यकर्त्ता से प्रासांगिक विषय के लिए प्रतिरोक कर सकते हैं और

उसमें भी लेखों को प्राथमिकता देने का अनुरोध कर सकते हैं। जबकि समूह का स्वयं निर्णय समूह कार्य में बहुत महत्त्वपूर्ण होता है, समूह कार्यकर्त्ता स्वयं ही उन मार्गों व साधनों की तलाश करता है। जिसमें सदस्यों को अलग किए बिना लक्ष्य तक पहुँचा जा सके। ये प्रयास उद्देश्यों की गतिविधियों से संबंधित होंगे। उदाहरण के लिए खेल के पश्चात् व्यवहार का आकलन तथा इसकी व्याख्या पर चर्चा की जा सकती है। वह समूह सदस्यों के साथ समझौता कर सकता है, वह कह सकता है कि हम खेल खेल सकते हैं, बशर्तें वे विशेष मुद्दे के संबंध में कुछ जानकारी प्राप्त करें।

- समूह कार्यकर्त्ता अपने कार्यों में सदस्यों में अपना विश्वास जमा करता है जिसमें समूह कार्य नहीं करेगा। इसलिए उसे समूह सदस्यों के साथ खुला और ईमानदार सिद्ध करना होगा। वह अपने स्वयं के अनुभवों के संबंध में सूचनाएँ प्रकट कर सकता है। जैसे कि बच्चे और युवा के संदर्भ में जैसा भी सहज समझें उसी स्तर पर सूचनाएँ दे सकता हैं। इसके लिए व्यावसायिक संबंधों का कड़ाई से पालन करने की आवश्यकता नहीं है।
- समूह सदस्य को स्वयं ही हमेशा यह ध्यान रखने की आवश्यकता है कि यह समूह सदस्यों के लाभ के लिए है, इसके लिए ही समूह कार्य का संचालन किया गया है न कि उसके व्यक्तिगत हित के लिए हमारे जैसे समाज में जहाँ पदानुक्रम प्रचलित हैं, इसमें समूह कार्यकर्त्ता यह सोचता है कि सदस्यों से वह अच्छा या बेहतर जानता है। अधिकतर वह कुछ जानता भी नहीं और न ही वह जानने या समझाने का प्रयास ही करता है।
- उन सदस्यों के साथ व्यक्तिगत बैठकें की जानी चाहिए जो सहयोग नहीं दे रहे हैं, या समूह के कार्यों में बाधा उत्पन्न कर रहें हैं।
- समूह कार्यकर्त्ता के सदस्यों को कार्य करने के लिए दिया जाना चाहिए, जब यह जान लिया जाए कि वह इस कार्य को अपनी क्षमता से पूरा कर सकता है। काम करते समय यदि सदस्यों द्वारा किसी प्रकार की गलती होने की स्थिति में इस सीखने की प्रक्रिया समझ कर गलती को टाल देना चाहिए या उस पर ध्यान नहीं देना चाहिए।
- समूह के लिए यह बहुत ही महत्त्वपूर्ण है कि समूह का निर्माण समान लिंग और समान आयु वर्ग के सदस्यों से किया जाना चाहिए। भारत में विषम या असम समूह शायद ही कहीं काम करते होंगे।

प्रश्न 9. बाल कल्याण के लिए किए जाने वाले समूह कार्य पर प्रकाश डालिए?

अथवा

बाल कल्याण के क्षेत्र में समूह कार्य पर चर्चा कीजिए।

अथवा

बाल-कल्याण अभिकरणों में समूह कार्य की चर्चा कीजिए।

उत्तर– समूह कार्य अपने आप में बहुत व्यापक है तथा इसका प्रयोग कहीं भी किया जा सकता है। यहाँ तक की संस्थागत *स्थापनी* जैसे बाल कल्याण, वृद्धों की देखभाल, मनोचिकित्सीय स्थापनों इत्यादि में भी इसका प्रयोग बहुतायत से होता है।

बाल कल्याण का कार्य यह सुनिश्चित करना है कि कार्यकर्त्ता संगठित अत्याचारों की घटनाओं का मूल्याकंन कर रहे हैं, दुरुपयोग और उपेक्षाओं के लिए जोखिम वाले बच्चों का पर्यवेक्षण करना, अत्याचारों की पुनर्घटनाओं को कम करने के लिए प्रभावी सेवाओं को विकसित करना तथा उन बच्चों को छोड़ना जिनको यह विश्वास हो जाए कि वे सुरक्षित हैं, भारत में बाल कल्याण कार्यक्रम संविधान और पंचवर्षीय योजना में समाहित है।

भारत में विभिन्न सरकारी मंत्रालय और विभाग बाल कल्याण के कार्यों की देखभाल करते हैं।

समूह कार्य को विभिन्न संस्थाओं में अनेक बच्चों की समस्याओं से निपटने के लिए प्रभावी प्रयोग किया गया है। समाज कार्यकर्त्ता बच्चों की समस्याओं को हल करने के लिए अधिवक्ताओं, चिकित्साओं, बाल मनोवैज्ञानिक और लोक अधिकारियों के साथ कार्य करते हैं।

बाल कल्याण एजेंसियों में समूह कार्य के उद्देश्य निम्न प्रकार हैं–

- उन्हें विकल्प व्यवहार ढाँचे के तहत प्रशिक्षण प्रदान करना। अनेक बच्चे अकार्यात्मक परिवारों से संबंध रखते हैं तथा परिवार में समुचित आदर्श भूमिका का अभाव होता है। इन बच्चों के साथ कुंठाग्रस्त, क्रोध और अव्यवस्थित अवस्था में होने के कारण इनसे निपटना अत्यंत कठिन कार्य होता है, क्योंकि इसकी प्रतिक्रिया हानिकारक दिशा में होती है।
- जीवित रहने के लिए कौशलों – संबंधों को बनाए रखना, सहायता लेना, आजीविका को बनाए रखने आदि में प्रशिक्षण प्रदान करना।
- संकट, तनाव, आघात के पश्चात् दबाव, अव्यवस्था, मादक द्रव्य दुरुपयोग तथा कमजोर अंतर्वैयक्तिक संबंधों से संबंधित लक्षणों के लिए उपचार करना। गली में बहुत से आवारा बच्चे स्मैक, तरल पदार्थों और मादक द्रव्यों के व्यसनी हो जाते हैं जिनका इलाज करना आवश्यक होता है। मनश्चिकित्सीय समस्याओं की घटनाएँ भी बहुत अधिक हैं।
- व्यक्तित्व विकास विशेषकर आत्मविश्वास तथा आत्मप्रतिष्ठा का निर्माण करना, सार्वजनिक वार्तालाप और व्यक्तिगत साक्षात्कारों का सामना करने की क्षमता निर्माण कराने में प्रशिक्षण देना।
- खाली समय के दौरान-खेल समूहों आदि में मनोरंजनात्मक गतिविधियों का संचालन करना।

किशोर आश्रमों में समूह कार्य (Group Work in Juvenile Homes)–किशोर

न्याय अधिनियम 2000 के अनुसार दो प्रकार के बच्चों के अंत:करण की आवश्यकता होती है। (1) देखभाल और संरक्षण की आवश्यकता वाले बच्चे और (2) कानून के साथ द्वंद्व वाले बच्चे या वे बच्चे जो कानून के विरुद्ध कार्य करते हैं। प्रथम श्रेणी में वे बच्चे आते हैं जो बाल श्रमिक हैं, इन्हें आप भीख माँगते हुए या गलियों में आवारा घूमते हुए देखेंगे तथा दूसरी श्रेणी में वे बच्चे आते हैं, जो अपराध करते हैं परंतु उन पर सामान्य न्यायालयों में कार्यवाही नहीं होती है, क्योंकि इनके लिए कानून (18 वर्ष की आयु से पूर्व) यहाँ केस चलाने की इजाजत नहीं देता है।

किशोर अपराध केंद्रों में समूह कार्य करने के निम्न प्रयोजन हो सकते हैं।

- **केंद्र में सुविधा समायोजन करने का प्रयास करना (It seeks to facilitate adjustment in the center)**–समूह एजेंसी के बारे में अपने साथियों में सकारात्मक प्रवृत्तियों को विकसित करने के लिए प्रयोग करना। साथी लोग जीवन के अपरिहार्य दबावों को स्वीकार करना सीखेंगे तथा उपलब्ध अवसरों का प्रयोग करना सीख सकेंगे।

- **इसके अतिरिक्त नैदानिक आपसी समझ की खोज करना या जानकारी प्राप्त करना (It seeks to further diagnostic understanding)**–समूह स्थिति में व्यक्ति का व्यवहार समाज कार्यकर्त्ता को अपने सहयोगियों के आँकड़े एकत्रित करने में सहयोग करता है। यह आँकड़े वर्तमान स्थिति को समझने तथा भविष्य की योजना बनाने में सहयोग प्रदान करते हैं।

- **उपचार प्रक्रिया के आरंभ से सहयोग की आवश्यकता (It sought to contribute to the beginning of the treatment process)**–समूह स्थिति में फिर से आवश्यकता है कि अन्य के साथ साथियों के संबंधों की प्रक्रिया का आकलन किया जाए। मूल्य प्रणाली के संबंध में साथी या सहयोगियों को समझना चाहिए और इसके परिणामों का जानना आवश्यक है। समूह प्रक्रिया के माध्यम से अपने व्यवहार के संबंध में सहयोगी आधार सामग्री प्राप्त करते हैं तथा अपने व्यवहार को बेहतर बनाने में इसका लाभ उठाते हैं। व्यापक स्व-जानकारी साथियों के लिए आरंभ में बहुत ही लाभदायक हो सकती है।

- **सामान्य विकास आवश्यकताओं को पूरी करने की आवश्यकता (It sought to meet normal growth needs)**–साथी सहयोगी अपने जीवन में एक बहुत महत्त्वपूर्ण विकास के चरण के अनुभवों से गुजर रहे होते हैं, तथा एजेंसी के प्रतिरोध उनको हतोत्साहित कर सकते हैं। चयन करने, स्वयं अभिव्यक्ति, नेतृत्व का प्रदर्शन तथा क्रियाकलापों में भागीदारी उनके व्यक्तित्व और स्वस्थ विकास में सहयोग प्रदान कर सकेगी।

- **संस्थागत वातावरण को प्रभावित करने की आवश्यकता (It seeks to influence the institutional milieu)**–साथियों के मत जानना, आधार सामग्री तथा विचारों को जानने से एजेंसी के वातावरण में सुधार होता है।

गली के बच्चों के साथ समूह कार्य (Group work with street children)—एक अंतर्राष्ट्रीय गैर-सरकारी संगठन सप्ताह के अंत में आवारा बच्चों के लिए शिविर लगाता है। आवारा बच्चों में अधिकतर खुले आसमान के नीचे से आते हैं अर्थात् उनका आश्रय नहीं होता है इसलिए आवारा बच्चों के लिए आश्रय बिना किसी पाबंदी या नियम और विनियमों के बिना होता है। बच्चे जब चाहें इन आश्रय स्थलों में आ सकते हैं और चाहें इसे छोड़ सकते हैं। इन आश्रय स्थलों में इनको सोने, नहाने तथा टीवी देखने की सुविधाएँ उपलब्ध कराई जाती हैं। अनेक बच्चे इन एजेंसियों और स्टाफ सदस्यों के साथ संबद्ध हो जाते हैं। आपस में सौहार्द स्थापित होते हैं। स्टाफ सदस्य बच्चों के विभिन्न तरीकों से प्रभावित करने का प्रयास करने लगते हैं, जैसे कि जीवन कौशलों और जीवित रहने के कौशलों का प्राय: प्रयोग करते हैं। इसमें विभिन्न साधनों का प्रयोग किया जाता है, इसमें सभी कार्यकलाप मुख्य रूप से समूह आधारित होते हैं जैसे कि खेल, क्रीड़ा, चल-चित्र दिखाना इत्यादि हो सकते हैं।

आवारा बच्चों की शिक्षा में एक महत्त्वपूर्ण तत्त्व है वार्षिक शिविर का आयोजन करना। शहर से दूर एकांत स्थान में तीन दिवस का वार्षिक शिविर लगाया जाता है। बहुत कम बाधाओं के अनौपचारिक स्थिति में शिविर स्थापित करना। एक ही समय में विभिन्न कार्यकलापों का निश्चित करना और बच्चों को एक-दूसरे के प्रति टकराव की अनुमति नहीं होती है। अन्यथा बच्चों को मुक्त रूप से घूमने-फिरने की अनुमति होती है तथा उन पर किसी प्रकार की पाबंदी नहीं होती है। शिक्षण सत्र वहाँ पर आयोजित किए जाते हैं। जहाँ पर विभिन्न मुद्दों के संबंध में सूचनाएँ उपलब्ध हों। मुद्दे सीधे ही आवारा बच्चों के जीवन से संबंधित होते हैं। एच आई वी/एड्स, मादक द्रव्य दुरुपयोग और व्यावसायिक प्रशिक्षण जैसे मुद्दों पर चर्चा की जाती है। प्रोत्साहन कर्त्ता जो कौशलपूर्ण इन सत्रों को लक्ष्य समूहों के अनुसार संचालित करता है। विषयों को बहुत ही सरल और अनौपचारिक तरीके से प्रस्तुत किया जाता है। विषय से संबंधित प्रश्नों को श्रोताओं के समक्ष खुले रूप में रखा जाता है तथा उनके उत्तर देने के लिए उन्हें उत्साहित किया जाता है। जब आवश्यकता समझी जाती है तो स्पष्टीकरण भी प्रस्तुत किया जाता है। सत्र शिविर में भाग लेने वालों के लिए लाभदायक सिद्ध होते हैं। इस सत्र की अवधि में भाग लेने वाले अपना समय फिल्म देखने और खेलने में भी बिता सकते हैं। कुछ बच्चे नारियल के पेड़ों पर चढ़ जाते हैं और वहाँ से नारियल तोड़कर खाते हैं। इनमें से कुछ अन्य बच्चे ऐसे भी हो सकते हैं जो आदतन स्मैक और सिगरट का सेवन भी कर लेते हैं।

एजेंसी इस प्रकार की कार्यनीति का पालन करती है जिससे सबसे अधिक संबेदनशील तथा इसके साथ ही उन बच्चों के वर्गों को शामिल किया जाता है जो पहुँच से बाहर होते हैं, उन्हें इसमें शामिल किया जाता है। आवारा बच्चों को गालियों में बहुत ही गंभीर आघातों का अनुभव रहा होता है, इसलिए वे संस्थाओं के बंधनों से अपने आप का मुक्त मानते हैं तथा वे मुक्त रहना अधिक पसंद करते हैं। अत: एजेंसी अपने संस्थागत दृष्टिकोण को मुक्त दृष्टिकोण के तहत परिवर्तित कर देती है।

इस दृष्टिकोण के साथ ही समूह कार्य में संशोधन किया जाता है। लंबे समय तक समूह कार्यकर्त्ता को पूर्ण निश्चित स्थान और नियमित समय पर समूह की बैठकों के लिए दबाव नहीं

दिया जाता है। बहरहाल, इस दृष्टिकोण में समूह कार्य के अनेक सिद्धांतों को देखा जा सकता है। उपयुक्त संसाधनों के साथ स्वीकार्यता, समूह स्व-निर्धारण, कार्यात्मक लचीलापन, आयोजन जैसे सिद्धांतों का प्रयोग किया जाता है। स्व-सहायता और आपसी सहायता पर जोर दिया जाता है। सदस्यों को परस्पर सहायता और सीखने के लिए उत्साहित किया जाता है। सहायता, प्रणाली के रूप में परिवारों के लिए बच्चों के नेटवर्क के अंतर्गत अनुपूरकर्त्ताओं को प्रोत्साहित किया जाता है। वरिष्ठ आवारा बच्चों के द्वारा छोटे बच्चों की निगरानी का कार्य उद्देश्यपूर्ण संपन्न किया जाता है।

एजेंसी के दृष्टिकोण के संस्थागत स्थापनों में समूह कार्य में नवीनीकरण के रूप में देखा जा सकता है। इसके समूह कार्य के स्वीकारिता को सृजन के रूप में देखा जा सकता है, और इसका प्रयोग अन्य एजेंसियों में किया जा सकता है।

मानसिक रूप से विकलांग बच्चों के माता-पिता के साथ समूह कार्य (Group work with parents of mentally challenged children)–एक गैर सरकारी संगठन में मानसिक रूप से पीड़ित बच्चों के माता-पिता के लिए सहायता समूह का आयोजन किया जाता है। एजेंसी के स्टाफ सदस्यों का कहना है कि ऐसे बच्चों के माता-पिता का उपचार करना भी उतना ही आवश्यक है जितना उन बच्चों करना आवश्यक है। नए नामांकित माता-पिता को इस मौजूदा समूहों में सम्मिलित होने के लिए प्रोत्साहित किया जाता है। इन समूहों को इन सत्रों में भाग लेना और सीखना होता है। प्रायः माता-पिता अपने बच्चों की स्थिति को स्वीकार करने की स्थिति में नहीं होते हैं। वे यह नहीं समझते उनके साथ तथा उनके बच्चों के साथ यह घटना क्यों घटी है। माता-पिता के बच्चों के भविष्य के संबंध में तनाव और संकटपूर्ण स्थिति में बनें रहते हैं। वे यह नहीं समझते हैं कि अन्य बच्चों की तरह उनके बच्चे वे कार्य करने में क्यों असमर्थ हैं अथवा वे उनकी तरह ही कार्यकलाप संपन्न क्यों नहीं करते हैं। अधिकतर इन समस्याओं के उत्तर समूह भागीदार जानकारी और अन्य माता-पिता के अनुभवों से प्राप्त होते हैं। समूह अनुभवों के सार्वभौमिकीकरण की प्रक्रिया और आशा को स्थापित करने की सुविधाएँ उपलब्ध कराता है।

प्रश्न 10. वृद्धों की देखभाल के लिए किए जाने वाले समूह कार्य की चर्चा कीजिए?

उत्तर– भारतीय समाज में परिवारों के विघटन, एकाकी परिवारों का उदय, शहरीकरण तथा शहरों में आवासों की कमी जैसे कारणों की वजह से वृद्धों की देखभाल एक चुनौतीपूर्ण कार्य बन गया है। कोरे एंड कोरे (1982, 348) के अनुसार वृद्धावस्था की कुछ प्रमुख विशेषताएँ हैं, जिन्हें नीचे दिया जा रहा है–

- गहन अकेलापन तथा सामाजिक अलगाव, हानि, गरीबी, त्यागे जाने की भावना, जीवन में साधन उपलब्ध करने का संघर्ष, निर्भरता, किसी काम का न रहने की भावना का पनपना, निराशापन तथा अकेला रह जाना, मृत्यु का भय व मरने का डर, अन्य लोगों की मृत्यु होने पर संताप इत्यादि है।
- वृद्धावस्था में पहुँचने में कठिनाई तथा परामर्श और अंतःक्षेप में अत्यधिक बाधाएँ।
- लघु दूरी पर ध्यान स्थिर रहना।

- ध्यानावस्था करने में एकाग्रता की समस्या।
- घटिया वास्तविक नवीनीकरण।
- समूह सत्रों पर ध्यान देने की कमी आना।
- विरोध के स्थान पर सहायता और उत्साह की आवश्यकता।
- सुनने और समझने की अत्यंत आवश्यकता।

वृद्धों के लिए आयोजित किए जाने वाले समूहों के प्रकार हैं–

- **सहायता समूह (Support group)**–इस प्रकार के समूह सदस्यों को मनोसामाजिक सहायता प्रदान कर सकते हैं जिससे उनके सामाजिक अलगाव और एकाकीपन की समस्याओं का समाधान होगा। वृद्ध बहुत कम एक साथ रहते हैं परंतु यदि रहते हैं तो भी उनकी अंत:क्रिया बहुत कम होती है समूह सदस्यों को एक साथ लाने का प्रयास करते हैं और उनमें अंत:क्रिया करने का प्रयास करते हैं। प्राय: उनकी चर्चा का केंद्र बिंदु निराशावाद, अलग होना, पिछली घटनाओं पर पछतावा इत्यादि होता है। (सुसन राइस इन ग्रीफ एंड इफ्रेंस, 2005,152)।

  अनेक समूह कार्यकलाप सुझाव देते हैं कि अन्य सदस्यों के साथ सुंदर स्थलों पर जाना, वहाँ से नये नाम के साथ आना तथा उनके कुछ साधनों की खोज करना, अपने चित्र बनाना और अपने परिवार के चित्र तैयार करना तथा बीते समय के सुखद अनुभवों का वर्णन करना (कोरे एंड कोरे, 1982, 343)। समपर्ण करना वृद्ध लोगों के लिए एक महत्त्वपूर्ण प्रक्रिया है तथा उनके लिए लाभदायक सिद्ध हो चुकी है। यह मौखिक या लिखित रूप में हो सकती है। बटलर स्मरण या याद करने को प्राकृतिक घटना, बीते समय के अनुभवों की चेतना का वापस आने की प्रगति के द्वारा सार्वजनिक मानसिक प्रक्रिया विशिष्टकृत होती है और विशेष कर अनुसुलझे विवाद का पुनरुत्थान व साथ-साथ और सामान्यत: इन अनुभवों का पुनरीक्षण करना, संघर्ष जीवित रखे जा सकते हैं। और उन्हें फिर से संबद्ध किया जा सकता है। (कोटिड इन कैम्पबेल इन ग्रविन ईटी ए एल, 2004, 281)। बहरहाल, कैम्पबेल ने यह भी उल्लेख किया है कि सबके लिए पूर्व अनुभवों का पुनरीक्षण करने की आवश्यकता नहीं होती है, बल्कि वृद्धों की अपनी आवश्यकताओं और उनकी इच्छा या तकनीकों के आधार पर प्रयोग किया जाना चाहिए। अन्य तकनीक सदस्यों के जीवन से संबंधित विभिन्न वस्तुओं या नगों की सूची बनानी चाहिए और उसी के अनुसार तकनीकों का प्रयोग किया जाना चाहिए। अत्यधिक दबाव वाली स्थिति, व्यक्तित्व में पहलू एक परिवर्तन चाहता है तथा अन्य वह स्वयं उसे व्यक्त करना चाहता है। (कोरे - 354 वही)।

- **मनोरंजनात्मक समूह (Recreational group)**–इन समूहों का प्रयोग वृद्ध लोगों के मन-बहलाव अथवा आमोद-प्रमोद के तरीके से समय व्यतीत करने के योग्य बनाने के लिए प्रयोग करना है। इन कार्यकलापों में समूह खेलों को सम्मिलित किया जा सकता है जिसमें समूह के सभी सदस्यों को प्रत्यक्ष भागीदारी या फिर टीम

के रूप में शामिल किया जाएगा। यह शारीरिक और मानसिक स्थिति पर निर्भर करता है कि कौन से खेल का चयन किया जा सकता है।

- **चिकित्सीय समूह (Therapeutic groups)**–चिकित्सीय समूह में मानवीकृत और गैर मानवीकृत चिकित्साओं को सम्मिलित किया गया है। मानवीकृत चिकित्सा में वार्तालाप संबंधी व्यवहार चिकित्सा और संज्ञाना संबंधी व्यवहारात्मक चिकित्सा आते हैं जबकि गैर-मानवीकृत चिकित्सा में गैर-संरचनात्मक साधनों का प्रयोग किया जाता है जिसमें सदस्यों और जीवन समीक्षा भावनात्मक स्थितियों पर गैर-संरचनात्मक साधनों से ध्यान केंद्रित किया जाता है। अध्ययनों से स्पष्ट होता है कि यह चिकित्साएँ बहुत ही महत्त्वपूर्ण सिद्ध हुई हैं। इन समूह अनुभवों से सदस्यों का सशक्तिकरण किया जाता है। उनका एकाकीपन दूर किया जाता है और उनके जीवन में अत्यधिक नियंत्रण और उसके अर्थों को ग्रहण किया जाता है।

समूह कार्यकर्त्ता जो वृद्धों के साथ कार्य करते हैं उन्हें पता चलता है कि अधिकतर वृद्धों के संबंध में जो सूचना है, वे गलत है और गलत अवधारणाओं पर आधारित हैं। इनमें से कुछ गलत धारणाएँ दी गई हैं। (1) अच्छा करने के लिए वृद्धों में परिवर्तन लाना संभव नहीं (2) अन्य लोगों के लिए भला करने में सकारात्मक संयोग की क्षमता (3) समूह कार्यों में भाग लेने में वृद्धों की इच्छाशक्ति। इसके विपरीत यह पाया गया है कि वृद्धजनों के समूह लाभकारी होते हैं।

प्रश्न 11. मनोचिकित्सीय स्थापनों में किए जाने वाले समूह कार्यों का वर्णन कीजिए?

अथवा

'Rostov' (रोस्टॉव) द्वारा दिए गए मनो-चिकित्सा परिवेश में समूह कार्यकर्त्ता के कुछ लक्ष्य कौन से हैं?

अथवा

रोस्टॉव द्वारा दिए गए मनोरोग परिवेश में समूह कार्य के लक्ष्य क्या हैं?

उत्तर– मनोचिकित्सकीय समाज कार्य वास्तविक समाज कार्य का एक महत्त्वपूर्ण क्षेत्र है जिसमें समाज कार्यकर्त्ता मनोसामाजिक समस्याओं की उत्पत्ति की रोकथाम तथा उसका निदान व उपचार करता है। वह रोगी को प्रदान की जा रही चिकित्सकीय सेवाओं का अधिकतम लाभ उठाने में उसकी मदद करता है जिससे वह शीघ्र स्वस्थ हो सके। स्वस्थ होने के पश्चात् वह उसे पुनर्स्थापित होने में सहायता करता है।

गंभीर मानसिक रोग की कुछ विशेषताएँ नीचे दी गई हैं–

- अधिकतर बहु-समस्याओं से पीड़ित होते हैं-मादक द्रव्य दुरुपयोग अथवा शराब की लत के साथ मानसिक रोग।
- अनेक मानसिक रोग, तनावपूर्ण स्थितियों में दबाव और समुचित कार्य निष्पादन करने की क्षमता को कम देता है।

- वे दैनिक कार्यों को निपटाने में असमर्थ होते हैं।
- उनके व्यवहार के संबंध में कुछ भी नहीं कहा जा सकता है कि वे कब क्या कर बैठें, ऐसी स्थिति में परिवार के सदस्यों और अन्य लोगों को अनेक कठिनाइयों का सामना करना पड़ता है।
- बेघर और गरीबी की दर बहुत ऊँची है।
- इनमें से कुछ लोगों ने मादक द्रव्य दुरुपयोग और शराब पीना त्याग दिया है। जिसके कारण उनका व्यवहार आक्रमक और विद्रोही बन जाता है। जिसके कारण समाज कार्यकर्त्ताओं और व्यावसायिक लोगों के समक्ष इनका प्रबंधन करने में बहुत बड़ी चुनौती का सामना करना पड़ता है।

रोस्टोव के अनुसार मनश्चिकित्सीय स्थापना में समूह कार्य के लक्ष्य निम्न प्रकार हैं–

- संतोषजनक सामाजिक संबंधों का निर्माण, अन्य लोगों की जानकारी स्थापित करना, सामाजिक कौशलों को सीखना और पुन: सीखना सहित सामाजिकता स्थापित करना।
- अहम् सहयोग देना तथा अहम सशक्तिकरण को विकसित करने के साथ व्यापक पसंद का दिलचस्पी, गतिविधियों के क्षेत्रों का विकास, आत्मविश्वास, स्व-प्रतिष्ठा, स्वयं श्रेष्ठता, ठोस व वास्तविक चीजों को प्राप्त करना तथा स्वीकार्यता के कार्य करना।
- जाँच तथा संबंधों के कारण तथा प्रभाव को देखना।
- जिम्मेदारी में वृद्धि करें, अच्छा निर्णय करना विकसित करें तथा स्वयं नियंत्रण और समूह की मौजूदा समस्याओं से निपटना सीखें।
- सकारात्मक तरीके से एक-दूसरे को प्रभावित करें, अच्छे चरित्र का निर्माण करें तथा समूह शत्रुता को चुनौती दें।
- महसूस करें तथा एक व्यक्ति के भविष्य पर नियंत्रण करने का प्रयास करें।
- जीवन के नए स्वरूपों के साथ समायोजन करना, गिरावट की प्रक्रिया की रोकथाम करना, संस्थागत जीवन के अध:पतन का प्रतिकार करना।
- रोगी को छोड़ने के लिए तैयारी और जाँच करना तथा सामुदायिक जीवन में वापस करना।
- आंतरिक दृष्टिकोण विकसित करना, समस्याओं और भावनाओं पर समुचित परिप्रेक्ष्य विकसित करना, निष्कासित तथा तनाव के स्रोतों को बंद करना है।
- व्यक्ति के रोग को स्वीकार कीजिए तथा उसके लिए तैयारी करें, इसे व्यक्ति का प्रयोग और सकारात्मक रूप से अन्य चिकित्साओं का प्रयोग करें।
- स्टाफ के द्वारा अवलोकन तथा निदान के लिए अवसरों में वृद्धि करना।

गारविन ने कुछ सिद्धांतों का सुझाव दिया है जो इस प्रक्रिया में लाभदायक है।

- समूह सत्र जन मानसिक रोगी के साथ किया वह बहुत ही उच्च श्रेणी का ढाँचागत होना चाहिए। इसका अर्थ है, समूह कार्यकर्त्ता को गतिविधि नियोजित करते हुए सत्रों का नियंत्रण करना चाहिए। सामान्यत: रोगी की स्थिति कुछ स्तरों से अधिक सत्रों का आरंभ और अंशदान करने की अनुमति नहीं देती है। इसलिए यह सब समूह कार्यकर्त्ता पर निर्भर करेगा कि वह किस प्रकार से सूचना से साझीदार होगा, समस्या की पहचान करना और विभिन्न मुद्दों को हल करने, अपने आपको प्रदर्शित करने में समर्थ होता है।

- नए कौशल का सदस्यों को प्रशिक्षण देना, उपचार प्रशिक्षण में महत्त्वपूर्ण घटक होता है जिसमें संभावित विस्तार के साथ आत्मविश्वासी बनने की क्षमता में वृद्धि है जिसमें संभावित विस्तार के साथ आत्मविश्वासी बनने की क्षमता में वृद्धि करना है तथा उनके आत्मविश्वास को भी बढ़ाना होता है।

- प्रत्येक क्षेत्र में कम-से-कम एक अवसर ऐसा प्रदान किया जाना चाहिए जो सदस्यों को कुछ खुशियाँ, आनंद तथा आमोद-प्रमोद का अवसर प्राप्त कराए। हो सकता है, सत्र में शामिल होने से पहले रोगी बहुत ही तनावपूर्ण स्थिति में हो तथा जब तक उसे सत्रों की प्रक्रिया मनोविनोद पूर्ण नहीं लगेगी वह पुन: सत्रों में शामिल नहीं होना चाहेगा। खेल, क्रीड़ा, नाटक, संगीत अथवा हस्तकला कार्य आदर्श गतिविधियाँ हो सकती हैं।

- समूह कार्यकर्त्ता के सदस्यों में कार्य संपादन और उपलब्धि की विचार शक्ति पैदा करने की क्षमता रखना अत्यंत आवश्यक है जिसे सामाजिक कौशल का शिक्षण अथवा मौजूदा कौशलों में सुधार करके पूरा किया जा सकता है।

- समूह कार्यकर्त्ता को चाहिए कि वह चिंता पैदा करने वाली घटनाओं से सावधान रहें तथा उनके विरुद्ध कार्यवाही करने से बचें तथा इस प्रकार की घटनाओं से निपटने के लिए तैयार रहें। उदाहरण के लिए किसी एक सदस्य के असामान्य व्यवहार जैसे कि मतिभ्रम वाला व्यक्ति अन्य लोगों के अंदर भय पैदा करेगा। सदस्यों के समक्ष इस प्रकार के व्यवहार का स्पष्ट किया जाना चाहिए, यदि संभव हो तो या फिर पूरी तरह से उसकी उपेक्षा की जानी चाहिए।

प्रश्न 12. अस्पताल में किस प्रकार के समूह कार्य करते हैं?

उत्तर– चिकित्सकीय समाज कार्य व्यावसायिक समाज कार्य का एक विशिष्ट क्षेत्र है जो व्यावसायिक सहायता प्रदान करता है तथा रोगियों को निवारक, निदानात्मक व उपचारात्मक सुविधाओं का अधिकतम उपयोग करने के लिए सहायता प्रदान करता है।

सेवार्थियों में सूचना पहुँचाने में समूह कार्य एक सस्ता, सरल और प्रभावकारी माध्यम है। अस्पतालों में कार्य करने वाले समूहों के निम्नलिखित प्रकार हैं–

- **शैक्षिक समूह (Educational Groups)**—ये समूह रोग के संबंध में सूचना प्रसारित करते हैं और इसका सीधा प्रभाव रोगियों पर पड़ता है। रोग एवं उसके उपचार को लेकर जागरूकता फैलाने हेतु वे लोगों को रोग के कारणों के संबंध में बताते हैं तथा इसके शरीर पर प्रभाव, इसके फैलने का ढाँचा और इसके प्रभाव का कम करने के संबंध में बताते हैं। वे लोगों को प्रशिक्षित करते हैं कि इस तरह के व्यवहार के ढाँचे की उपेक्षा करें तो रोगी की स्थिति को भयंकर बना देगी। उपचार प्रक्रिया के साथ संबद्ध हो जाना, जैसे कि औषधियाँ लेना और आवश्यक जाँच कराने जैसी प्रक्रियाओं के संबंध में रोगियों को सिखाना या शिक्षा देना है। उदाहरण के लिए टी.बी. से प्रभावित व्यक्ति को टी.बी. के संबंध में जानकारी और इसके इलाज के संबंध में सही सूचना उपलब्ध कराना। सूत्र के समय में समूह सदस्यों को टी.बी. के विभिन्न पक्षों और इसके प्रभावों के संबंध में शिक्षित करना। समय से पूर्व मृत्यु का भय, दर्द और शरीर का विखंडन होना जैसे विषयों पर चर्चा करना। रोगी अपने शरीर और बातों पर रसायन चिकित्सा के प्रभावों से भयभीत रहते हैं, उनसे इस संबंध में चर्चा की जानी चाहिए। उनकी शंकाओं को दूर करना तथा व्यापक स्पष्टीकरण प्रस्तुत करना आवश्यक है। प्राय: समूह कार्यकर्त्ता के स्थान पर सदस्य स्वयं ही होते हैं जो समूह सदस्यों के लिए सूचनाएँ उपलब्ध कराते हैं। समूह में अन्य लोगों की सहायता से अपने अनुभवों का एक-दूसरे से बाँटना भी एक महत्त्वपूर्ण कार्य है।

  अनुभवों और सूचना को मुक्त रूप से बाँटना एक बहुत ही प्रभावी साधन होता है जबकि अन्य प्रणालियों से रोगी को शिक्षित करने के स्थान यह अधिक कारगार सिद्ध होता है।

- **सहायता समूह (Support groups)**—सहायता समूह को आवश्यक सामाजिक और भावनात्मक सहयोग उपलब्ध कराते हैं। प्राय: जाने माने अनुभव बताते हैं कि संभावित जीवन के रोग की चुनौती मिलने से बैचेन हो जाता है।

  वैसमैन कैंसर रोगियों में रोग का सामना करने के लिए 15 कार्यनीतियों का परिभाषित करते हैं। परंतु यही सामना करने वाले ढाँचे रोगियों के अन्य प्रकार पर भी लागू होते हैं। (बीलिगंटान बारबरा: 1985)—प्रासंगिकीकरण, अतिरिक्त सूचना प्राप्त करने का प्रयास करना अन्य के साथ अपनी चिंताओं को बाँटना या उन्हें बताना, विस्थापन, प्रतिरोध, भाग्यावाद की क्रियाओं से बाहर निकालना, पूर्ण व्यवहार को दोहराना, तनाव कम करने वाला व्यवहार जैसे कि शराब का सेवन करना, सामाजिक बिछोह का अलगाव, दूसरों को दोष देना, पर पीड़िक को त्यागना और प्राधिकारियों के आदेशों का पालन करना चाहिए। इनमें से बहुत से सारे सामना की जाने वाली कार्यनीतियाँ, रोगियों की मनोसामाजिक स्वास्थ्य पर नकारात्मक प्रभाव डालती हैं।

  समूह कार्य रोगियों को समुचित सामना करने वाली तकनीकें उपलब्ध करा सकता है, ऐसा करते समय उन्हें व्यक्ति की आवश्यकताओं और पर्यावरण को ध्यान में रखने की आवश्यकता है। इसका परिणाम जीवन की बेहतर गुणवत्ता और उपचार

कार्यक्रम के साथ जुड़ना बेहतर होगा। अन्य के साथ अनुभव और पहचान करने के सार्वजनिकीरण करना महत्त्वपूर्ण प्रक्रिया है जिसे समूह में स्थान मिलना या देना आवश्यक है। नए आने वाले रोगियों का जिनका हाल ही में कैंसर रोग निदान हुआ है, ऐसे लोगों का उन लोगों से मिलाना आवश्यक है जो लोग पहले से ही कैंसर से पीड़ित हैं। और वे सफलतापूर्वक कैंसर से संघर्ष करते हुए जी रहे हैं। क्वीकेल और बेहर (1999) ने कैंसर रोगियों में अंत:श्रेय का अध्ययन किया है जिसमें उनका निष्कर्ष है कि उपचार के चरण में समूह अंत:क्षेप महत्त्वपूर्ण सहायता प्रदान करता है।

- **प्रशिक्षण समूह (Training groups)**–प्रशिक्षण समूह रोगियों के नए सामाजिक कौशलों के पढ़ाने पर ध्यान केंद्रित करता है जो कि उनके अस्पताल से छुट्टी मिलने के पश्चात् उनकी सहायता करेगा।

स्वास्थ्य स्थापनों में अभ्यास सिद्धांत (Practice principles health settings)–डास्टे और रोस (इन ग्रीफ एंड रोस; 2005) ने कुछ निम्न सुझाव दिए हैं–

- स्वास्थ्य स्थापना में समूह कार्य को यह समझना अत्यंत आवश्यक है कि रोग के कारण तथा प्राय: उनके उपचार के कारण रोगी दर्द और थकान से पीड़ित होता है। इसलिए उसे (स्त्री-पुरुष) चाहिए कि वह रोगी को बैठक में शामिल होने के लिए उत्साहित करें किंतु ध्यान रहे कि अत्यधिक दबाव का प्रयोग न किया जाए।
- समूह कार्यकर्त्ता को समूह के प्रति अपना लचीला दृष्टिकोण अपनाना चाहिए। उपचार का जो चक्र है वह व्यक्ति से व्यक्ति में भिन्न प्रकार का होता है तथा इसलिए समूह सत्रों में उपस्थिति की समय अवधि विशिष्ट प्रकार से निर्धारित नहीं हो सकती है।
- रोगियों का वैयक्तिकीकरण एक और महत्त्वपूर्ण पहलू है, रोगी की रोग की अवस्थाएँ, परिवार में सामाजिक सहयोग की उपलब्धता समुदाय और कार्यस्थल तथा मनोवैज्ञानिक स्थिति की शर्तों भिन्नता होने के कारण, उसकी अलग विशेषताएँ होंगी। मृत्यु का भय, रोग की पुनर्रावृत्ति का डर, उपचार से संबंधित समस्याएँ, (दर्द छवि में परिवर्तन थकान) संबंधों में परिवर्तन आना, और आर्थिक मुद्दे (आय भविष्य के रोजगार का परिप्रेक्ष्य उपचार की लागत या उसका खर्च) इत्यादि महत्त्वपूर्ण चिंताएँ होती हैं, जिनका समूह कार्यकर्त्ता को धन रखने की अत्यंत आवश्यकता होती है।

प्रश्न 13. वाईर्स द्वारा प्रतिपादित समूहों के प्रकारों का वर्णन करें? जिनका प्रयोग शैक्षिक स्थापनों में समूह कार्यों के लिए किया जा सकता है?

उत्तर– वर्तमान आधुनिक शिक्षा प्रणाली का उद्देश्य विद्यार्थियों को व्यापक विकास प्रदान करना है। बेहतरीन सुविधाओं के बावजूद वर्तमान विद्यार्थी कई प्रकार के तनाव से घिरे हुए हैं। ऐसे तनाव के माहौल में या तो वे हिंसात्मक हो जाते हैं या हीनभावना के शिकार हो जाते हैं। ऐसी परिस्थितियों से निपटने के लिए शैक्षिक संस्थानों में नियुक्त परामर्शदाता एवं समाज कार्यकर्त्ता कई प्रकार के समूह कार्यों का प्रयोग करते हैं।

बाईर्स पाँच प्रकार के समूहों के निर्माण का सुझाव देते हैं–

- **एकत्रित समूह (Cluster groups)**–इन समूहों का उस समय प्रयोग किया जाता है जब एक या दो अलग हो जाते हैं या बलि का बकरा बन जाता है, उस समय इन्हें समूह कार्यकर्त्ता के पास भेजा जाता है। इस प्रकार के विद्यार्थियों की संख्या बहुत कम होती है इसलिए एक समय में इन ***लघू समह*** के लिए समूह संचालन किया जा सकता है और यह भी संभव नहीं हो सकता है कि विभिन्न विद्यालयों के बच्चों को एक साथ किया जा सके। इसका एक ही हल हो सकता है कि इसमें एकत्रित दृष्टिकोण को लागू किया जाए जिसमें भेजे गए विद्यार्थियों को समूह में शामिल होने के लिए भेजा जिसमें कि अन्य सदस्य विद्यार्थी अपना कार्य सामान्य रूप से कर रहे थे। समूह सत्रों को इस प्रकार से बनाया जाए जिसमें अकार्यात्मक विद्यार्थी या दुष्क्रिया वाले विद्यार्थी को इसकी आवश्यकता हो, उसकी समस्या का वर्णन किया जाए, विद्यार्थी के विचारों को सबके सामने रखा जाए तथा अन्य सदस्यों की राय या मत को जाना जाए और उस पर चर्चा की जानी चाहिए। अकार्यात्मक विद्यार्थियों की सहायता के लिए आने वाले सदस्यों को उत्साहित किया जाना चाहिए। सदस्यों और अकार्यात्मक विद्यार्थियों के बीच अंत:क्रिया करने में विद्यार्थी के व्यवहार में परिवर्तन आना संभव हो सकता है।
- **कक्षा समूह (Classroom groups)**–कक्षा समूह का प्रयोग उस समय किया जाता है जब वह पता चलता है, कि वह व्यक्तिगत नहीं है अथवा विद्यार्थियों का समूह जो अकार्यात्मक है परंतु संपूर्ण कक्षा ही अकार्यात्मक है। इसलिए संपूर्ण कक्षा को ही एक समूह के रूप में माना जाए और उनके उपचार की आवश्यकता होती है। इन समस्याओं के कारण अध्यापकों के साथ सहज न होना, बलि का बकरा बनाए जाने पर गलती या कुंठा महसूस करना, विद्यार्थियों के साथ अत्यधिक संलिप्तता जिनको पीड़ित किया गया है, कक्षा के अंदर समूह के बीच संघर्ष और आशाओं के अनुकूल योग्यता प्रदर्शित न कर पाना, आदि हो सकते हैं। समस्या के कारण कुछ विद्यार्थियों में झूठे हो सकते हैं और संपूर्ण कक्षा में भी यह झूठे हो सकते हैं। समूह कार्यकर्त्ता संपूर्ण कक्षा को एक समूह के रूप में स्वीकार करेगा तथा समस्या के लिए समूह चर्चा तथा भूमिका प्रदर्शन करेगा।
- **विच्छिन्न समूह (Splinter groups)**–ये समूह संदिग्ध बच्चों से बनाया जाता है जिन्हें अलग करके उपचार नहीं किया जा सकता है। एकत्रित समूह तथा इस समूह के बीच अंतर यह है कि इस समूह में भिन्न दृष्टिकोण अपनाया जाता है। इस समूह में अकार्यात्मक सदस्यों की पहचान कर ली जाती है और उसकी पहचान को प्रकट कर दिया जाता है। उसका चयन कक्षा के एक छोटे समूह से किया जाता है और सदस्यों से निर्मित किया जाता है। तब समूह कार्यकर्त्ता समूह के समक्ष समस्या का वर्णन करते हैं तथा इसके प्रभाववित विद्यार्थियों को बताया जाता है। कुछ कार्यकलाप ऐसे किए जाते हैं जिससे अधिक से अधिक विद्यार्थी छोटे समूह

की ओर आकर्षित होते हैं और उनके साथ अधिक-से-अधिक विद्यार्थी छोटे समूह की ओर आकर्षित होते और उनके साथ अंत:क्रिया करते हैं।

- **दूरदर्शी समूह (Telescopic groups)**—वह समूह होता है जो कि अल्पसमय में 5 या 6 बार मिलता है। तात्कालिक समस्या को प्रमुख मुद्दे के रूप में उठाया जाता है। उदाहरण के लिए अनुपस्थिति और सदस्यों के द्वारा समूह निर्माण जो सबसे अधिक अनुपस्थित रहते हों। इस समूह का सदस्य होने के लिए सदस्यों को कारणों की जानकारी दी जाती है। समूह के लिए योजना बनाई जाती है। जिसमें ऐसी गतिविधियों को शामिल किया जाता है जिससे उनकी श्रेष्ठता का प्रदर्शन एवं अहम का समर्थन किया जाता है।

- **सामाजिक शैक्षिक समूह (Socio educational groups)**—इन समूह में अन्य पणधारियों को सम्मिलित किया जाता है, जैसे कि माता-पिता तथा विद्यालय के कार्यों में सुधार के लिए स्टाफ के सदस्यों को शामिल किया जाता है, उदाहरण के लिए उपयुक्त माता-पिता अपनी आवश्यकताओं पर निर्भर करते हैं, और वे समूह के सदस्यों के रूप में अपना कार्य व्यवहार और अभिरुचि प्रदर्शित करते हैं। उन्हें सूचित किया जाता है कि समूह का उद्देश्य माता-पिता के रूप में आपके कार्यनिष्पादन, जिसमें उन्हें नए कौशल और ज्ञान व जानकारी उपलब्ध कराई जाती है। चलचित्र, वक्तव्य या भाषण, भूमिका अभिनय तथा सदस्यों द्वारा इन्हें प्रदर्शित किया जाता है, जिसका लाभ सबको समान रूप से मिलता है।

प्रश्न 14. समूह कार्य के प्रयोजन किस प्रकार समूह कार्यकर्त्ता की भूमिका को निर्धारित करते हैं?

उत्तर— समूह का चुनाव समूह कार्यकर्त्ता के लिए एक बहुत बड़ी चुनौती होती है। समूह कार्यकर्त्ता का दृष्टिकोण निवेश अवस्थिति तथा शैली इत्यादि निम्नलिखित बातों पर निर्भर करती है—

- क्या यह स्वैच्छिक समूह है या गैर-स्वैच्छिक समूह।
- समूह का निर्माण सोच-समझकर किया गया है अथवा अकस्मात् सहज भाव से निर्मित हो गया है।
- क्या समूह मुक्त ध्येय का है जिसमें सदस्यता का प्रभाव बना रहता है अथवा विशेष अवधि और निश्चित सदस्यता के साथ सदस्यता बंद किस किस्म का है।
- क्या समूह का निर्माण बच्चों, वयस्कों, स्पष्ट-पुष्ट या विभिन्न कुशल लोगों से बनाया गया है।
- क्या सह सहयोगी समूह, स्वसहायता समूह, सामाजिक अनुक्रिया समूह, अभिरुचि समूह या उपचार समूह है?

मस्तिष्क में उसके निर्माण की भूमिका को ध्यान में रखते हुए, कार्यकर्त्ता को विभिन्न भूमिकाओं संयोजित रूप से निभाने के लिए आमंत्रित किया जा सकता है, जिसमें विभिन्न प्रकार के दबाव और परिप्रेक्ष्यों का सम्मिलिन हो सकता है।

अनैच्छिक समूहों में सदस्यता अनिवार्य रूप से भागीदारी करनी होती है–जैसे कि परिवीक्षाधीन या अपराधी युवाओं के समूह–कार्यकर्त्ता को समुचित समय देने की आवश्यकता होती है तथा उद्देश्य को स्पष्ट करने के प्रयास करना और सदस्यों का विश्वास जीतना होता है। कार्यकर्त्ता को समझ लेना चाहिए कि वह एक शक्ति के साथ स्थापित हो चुका है, इसलिए उनके व्यवहार तथा प्रतिक्रियाओं का पर्यवेक्षण करना है, इन सबका रिकॉर्ड संरक्षित करके इसकी रिपोर्ट प्राधिकारियों को प्रस्तुत करनी होती है, यह कार्य बहुत ही कठिन है तथा गहन और स्पष्ट समन्वयन की आवश्यकता होती है। कार्यकर्त्ता को आंतरिक द्वंद्व से निपटना, सुरक्षित और दबाव मुक्त संरचना एवं मानकों की स्थापना करने में सहयोग देना एवं अभिरुचि–आधारित कार्यक्रमों की विषय वस्तु के लिए उत्साहित करना है। इस प्रकार के समूहों में एक कार्यकर्त्ता की व्यापक अंत:क्षेपीय भूमिकाओं के सहयोग के प्रावधानों के साथ चुनौतीपूर्ण और द्वंद्वात्मक, व्याख्यात्मक तथा आत्मप्रतिष्ठा का निर्माण करने जैसी जिम्मेदारियों का निष्पादन करना होता है।

मुक्त–ध्येय समूहों में कार्यकर्त्ता की यह जिम्मेदारी है कि वह समूह में मौजूदा सदस्यों की नए सदस्यों को स्वीकार करने के लिए सहायता करें, इसके पश्चात् समूह के ढाँचे को समझने और भागीदारी के नियमों की जानकारी प्राप्त करें तथा समूह के उद्देश्यों या प्रयोजनों के परीक्षण करने में सदस्यों की यथायोग्य सहायता करें। समूह के निर्माण के समय से ही महत्त्वपूर्ण तरीके से समूह पर दबाव बनाए रखना चाहिए कि समूह सक्रिय बना रहे इस तरह कार्यकर्त्ता का एक द्वारपाल की तरह से काम करना बहुत ही महत्त्वपूर्ण होता है। मुक्त ध्येय समूह एक अन्य समूह नेतृत्व के लिए चुनौती बन जाता है चाहे यह फिर व्यावसायिक हो अथवा देशी किस्म का हो–जैसे कि समूह का आकर जो कि किसी भी दिए गए समय में निर्धारित किया जा सकता है। कार्यक्रम के प्रकार जैसे कि समूह चाहता है कि बेशक समूह का विस्तार हो चुका है किंतु इसकी सीमाएँ पूर्ववत बनी रहें चाहे समूह अत्यधिक छोटा हो गया है, इस तरह से कौशलों में परिवर्तन करने की आवश्यकता होगी। कार्यकर्त्ता में यह साम्यर्थ होनी चाहिए वह स्थितियों का तुरंत ही आकलन कर सकें और यह समूह सदस्यों को इस योग्य बना दे कि वे गर्व स्थितियों को स्वीकार करते हुए इन्हें अपना लें, इस तरह से वे उप समूहों में कर सकते हैं या फिर कार्यक्रमों में परिवर्तन कर उन्हें स्थिति के अनुकूल बनाए जा सकते हैं।

सहायक समूहों में कार्यकर्त्ता की भूमिका एक सुविधा प्रदाता, सहायक सदस्यों के उनके समान की (सदस्यों की) संभावित सेवा करने के लिए तैयार करना आदि। कार्यकर्त्ता की भूमिका **स्वसहायता समूहों** में दृश्य की पृष्ठभूमि में गतिविधियों सम्मिलित होती हैं जैसे कि भर्ती करना, दूसरे समूहों के सदस्यों के साथ समूह सदस्यों को संबध्य करना और उनकी पद्धतियों से अवगत कराना के साथ कुछ सीमित भूमिकाएँ भी होती हैं, जैसे कि समूह में सुविधा प्रदत्तदाता के रूप में परामर्श के रूप में कार्य करना होता है। वास्तव में समूह की गतिविधियों में कार्यकर्त्ता की सक्रिय भूमिका होती है।

कार्यकर्त्ता का उन पर समुचित नियंत्रण होता है जिन्हें **चिकित्सा समूह** में शामिल होने के लिए आमंत्रित किया जाता है। चिकित्सा समूह व्यक्तिगत विकास या उत्थान प्रस्तुत करता है तथा एक व्यावसायिक चिकित्सक के साथ सदस्यों में संबंध स्थापित के माध्यम से उनमें परिवर्तन करता है। व्यावसायिक प्रणाली का प्रयोग करते हुए, चिकित्सक उत्साहित करता है और उसकी "यहाँ और अब" के रूप में घटना की व्याख्या करता है, सदस्यों की आंतरिक चेतना जागृत करना है और परिवर्तन संभव करता है। कार्यकर्त्ता प्राय: निर्धारित समूह संरचना और समूह मानकों के अंतर्गत सदस्यों की सहायता के लिए भूमिका निभाता है जहाँ तक अनर्वेयक्तिक संबंधों से संबंधित मामले हैं वहाँ पर एक कार्यकर्त्ता एक नेता से अधिक इलेबलर के रूप में कार्य करता है। बहरहाल, कार्यकर्त्ता उपचार लक्ष्यों को प्राप्त करने के लिए समूह संरक्षण और व्यक्तिगत उत्थान के कार्यों के सदस्यों को उत्साहित करना व साधन के रूप में सदस्यों की पहचान तथा सकारात्मक कार्यक्रम विषय-वस्तु का भरपूर उपयोग करना होता है।

कार्यसमूह का कार्य विशिष्ट कार्य को पूरा करने पर ध्यान केंद्रित होता है। जबकि कार्य से संबंधित जिम्मेदारी कार्यकर्त्ता की होती है। इसके लिए वह पूर्व किए गए दो अन्य कार्यों का सहारा लेता है, जिनके नाम हैं, व्यक्तिगत विकास और समूह संरक्षण, इसके पश्चात् अन्य चीजें इतनी आवश्यक नहीं रह जाती हैं, क्योंकि यह सब सकारात्मक समूह अनुभवों के साधनों के माध्यम से निष्पादित हो जाता है और कार्य का लक्ष्य प्राप्त कर लिया जाता है। यह सदस्यों के कौशलों के स्तर और क्षमताओं पर निर्भर करता है और समूह-समूह में अनुभव किया जाता है कि कार्यकर्त्ता सभी तीनों घटकों को एक साथ करके अपनी भूमिका को निभाता है। मनोरंजनात्मक या आमोद-प्रमोद समूहों को समूह अनुभव के विषयों को रखने से समूह सहयोग के विकास की आवश्यकता को महसूस करता है तथा उसमें सदस्यों की प्रसन्नता और उनके संतुष्टिकरण का ध्यान रखते हुए, अपने लक्ष्य के विषयों में सम्मिलित करता है। जी.पी.एच. की पुस्तकों का मुख्य उद्देश्य ज्ञान के साथ-साथ अच्छे नम्बर दिलाना है।

प्रश्न 15. समूह विकास के विभिन्न चरणों में समूह कार्यकर्त्ता की भूमिका की विभिन्नताओं पर प्रकाश डालिए?

अथवा

समूह के विकास के विभिन्न चरणों का वर्णन कीजिए।

उत्तर– समाज समूह कार्य में एक समूह प्रक्रिया संदर्भ का ढाँचा होता है तथा उसकी सीमाएँ तथा केंद्र-बिंदु समूह कार्यकर्त्ता के प्रयासों को ही दर्शाते हैं। एक समूह के अंदर विश्वास तथा संयोजन समूह कार्यक्रम में सदस्यों की भागीदारी की प्रकृति तथा उसका स्तर एवं अत:क्रिया संबंध तथा संचार ढाँचे की गुणवत्ता में गतिशीलता एवं परिवर्तन होता रहता है। इन सब परिवर्तनों को समझना तथा उसके साथ-साथ स्वयं में परिवर्तन लाना एक कार्यकर्त्ता के लिए आवश्यक होता है।

समूह पूर्व या पूर्व-संबद्धता चरण में कार्यकर्त्ता एक स्वप्नदृष्टा के रूप में कार्य करता है जो समूह के आरंभ की आवश्यकता और इसमें लचीलेपन को स्थापित करता है और इसके

पश्चात् वह समूह के संभावित सदस्यों को भर्ती करने के लिए प्रोत्साहक का कार्य करता है। जब सदस्य सदस्यता प्राप्त कर लेते हैं और सदस्य एक साथी हो जाते हैं इसके पश्चात् कार्यकर्त्ता की भूमिका में परिवर्तन हो जाता है। आरंभिक चरण या अवस्था में विभिन्न प्रकार के पदानुक्रमों का पालन किया जाता है, जैसे सम्मिलित करना, निर्माण करना, नवीनीकरण करना, संबद्धता की विभिन्न अवस्थाओं का निष्पादन करना, ऐसे समय में सदस्य निर्देशन संरचना, अनुमोदन तथा कठिन समय में सहायता के लिए कार्यकर्त्ता पर निर्भर रहते हैं। कार्यकर्त्ता इस समय बहुत ही सक्रिय रहता है जब सदस्य कार्यकर्त्ता पर निर्भर रहते हैं। कार्यकर्त्ता सभी सदस्यों का स्वागत करता है, तथा उसके साथ जुड़ी कठिनाइयों तथा सदस्यों को अपने संप्रेषण एक-दूसरे के साथ बाँटना, उन्हें बताना, प्रायोजनों का स्पष्टीकरण करना, सदस्यों के बीच आपसी संबंध स्थापित करना आदि में सहायता करता है और संभावित समूह संरचना और मानकों का निर्धारण करना जो कि समूह सत्रों और सदस्यों की भागीदारी के लिए नियम होते हैं। कार्यकर्त्ता से यह आशा की जाती है कि वह सदस्यों के साथ उनका पालन-पोषण तथा मार्गदर्शन को अस्थितियों को अपने कार्यों से संपन्न करेगा।

मध्य चरण या अवस्था के आरंभ में पहले के मित्रवत् सदस्य नकारात्मक विचार-व्यक्त कर सकते हैं। यहाँ पर सदस्य अपनी व्यक्तिगत भूमिका निभाने की माँग करने लग सकते हैं। यहाँ शक्ति नियंत्रण, द्वंद्व विकास की तीव्र या शक्ति लेने के लिए प्रतिस्पर्धा होती है जिसका वर्णन किया जा चुका है। इसमें व्यक्ति अपनी स्वयतत्ता की तलाश करता है। यदि इस स्थिति को ठीक से न संभाला जाए तो सदस्य समूहों छोड़ कर जा सकता है। कार्यकर्त्ता को इस द्वंद्व को एक सामान्य परिघटना के रूप में देखना चाहिए और समूह संरचना तथा समूह के मानकों को फिर से संसोधित करने में सहायता करनी चाहिए। नए मानकों का विकास करते समय सदस्यों के साथ उनके विचारों और उनकी भावनाओं जो कि वे एक समूह से आशा करते हैं तथा वे किस प्रकार समूह कार्य चाहते हैं इन सब की जानकारी के साथ सदस्यों को निर्णय लेने में शामिल करना सुनिश्चित करना चाहिए। सदस्यों को पूरा अवसर दिया जाए जिससे वे अपनी भावनाओं और विचारों को व्यक्त कर सकें। कार्यकर्त्ता समूह संरक्षण के लिए व्यापक भूमिका निभाते हैं। वह सदस्यों को सौहार्दपूर्ण वातावरण, आपसी सहमति, मानक स्थापित करने तथा समूह की भावनाओं को व्यक्त करने के लिए उत्साहित किया जाना चाहिए। इसके साथ ही उसे इस बात का विश्वास दिलाया जाए की व्यक्तिगत लक्ष्यों का समूह लक्ष्यों में बदला नहीं जाएगा। उसे यह भी सुनिश्चित कराया जाए कि प्रत्येक सदस्य के अपने विचारों और भावनाओं को व्यक्त करने का पूर्ण अवसर उपलब्ध कराया जाए। कार्यकर्त्ता जबकि सुविधा प्रदाता और इनेबलर की भूमिका निभाता है उस समय वह समूह प्रक्रिया पर अपना नियंत्रण बंद नहीं करेगा। चुनौतियों तथा द्वंद्वों तथा मुद्दों के विशेष स्पष्टीकरण से सदस्यों के ठीक परिक्षेपण में कार्य करने के लिए सदस्यों की सहायता करता है। उसका अंत:क्षेप सदस्यों को समूह के अंदर संबंधों की घनिष्टता को और अधिक ठोस बनाने की दिशा में गतिशील बनाता है। मानकों की स्थापना करने (मानक बनाने या समझौता की स्थिति या चरण भी कहा जाता है); तथा देशक नेतृत्व के उद्गम से समूह के विकास के अगले स्तर पर पहुँचा देता है। जो सदस्य द्वंद्व समाधान लक्ष्यों भूमिकाओं और कार्य निष्पादन में व्यस्त रहते हैं, उन्हें पद दिए जाते है और उनको स्वीकृत किया जाता है। समूह परंपराएँ सशक्त होती हैं। मानक विकास व्यक्तिगत

संलग्नता तीव्र होती है, समूह संयोजन अधिक शक्तिशाली होते हैं और सदस्य सूचनाओं और अपने विचारों का आदान-प्रदान बहुत स्वेच्छा व मुक्तरूप से करते हैं। (जॉहनसन, पृ0 207)

नियंत्रण मुद्दों का समाधान करने के पश्चात् समूह अब स्थापित हो जाता है और वह अपने कार्यों और लक्ष्यों को पूरा करने के कार्यों में व्यस्त हो जाता है। चाहे फिर व्यक्तिगत समस्याएँ हों या सदस्यों की कठिनाइयाँ अथवा कार्यों का संपन्न करने का कार्य हो, जिसके लिए उसकी स्थापना की जाती है। इसको अनेक प्रकार से स्पष्ट किया है, जैसे कि निष्पादन करना, कार्यात्मक या संबद्धता चरण अथवा स्थिति, ऐसी स्थिति में कार्यकर्त्ता की भूमिका कम सक्रिय हो जाता है और सुविधा प्रदाता या परामर्श की भूमिका अधिक हो जाती है। कार्यकर्त्ता सहयोग देता है अथवा प्रासंगिक सूचना उपलब्ध कराता है। अब सदस्य एक साथ अपना कार्य अधिक प्रभाव से संपन्न करते हैं। यहाँ योजना नियोजन की क्षमता में वृद्धि होती है तथा परियोजनाओं के लक्ष्य के प्रयोजन को प्राप्ति के लिए समुचित रूप से संचालन किया जाता है। यह एकीकृत और सुसंगठन की उच्च श्रेणी होती है। कार्यकर्त्ता की केंद्रीय भूमिका में कमी आने लगती है। कार्यकर्त्ता समूह के कार्यों की निगरानी करता है, और समूह को आधार सामग्री उपलब्ध कराता है फिर चाहे वह प्रयोजन और समूह कार्यक्रमों के बीच संबद्धता का कार्य ही क्यों न हो। यहाँ कार्यकर्त्ता का प्रभाव बहुत अधिक अप्रत्यक्ष होता है और प्रत्यक्ष से बहुत ही सूक्ष्म होता है। समूह यह आशा करेगा कि कार्यकर्त्ता कठिनाई या कुछ संकट आने के समय उपस्थित रहे और उन्हें आवश्यक निवेश, सहयोग और सहायता करें। वह सदस्यों को अपनी राय बनाने के लिए अभिरुचियों का निर्माण करने और गतिविधियों को पोषित करने के लिए तथा अन्य कार्यों को संपन्न करने के लिए उत्साहित करें ये सब कार्य कार्यकर्त्ता उस समय करता है जब समूह की स्थिति परिपक्व हो जाती है।

समापन करना, विखंडन, अलग होना, अंतकाल अथवा आखिरी स्थिति कार्यकर्त्ता से एक भिन्न प्रकार के निवेश की आशा करता है। बेनसन के अनुसार (पृ0 155) कार्यकर्त्ता अब फिर से इस स्थिति में और अधिक शक्तिशाली बन जाता है और वह मिश्रित पोषण, मार्गदर्शन और संरक्षण तथा सहयोग की भूमिका को निभाने के लिए तैयार रहते हैं। कार्यकर्त्ता अलग होने के भौतिक तथ्यों का सामना करता है, वह कठिनाई का अनुभव करता है। वह अपने सदस्यों को बौद्धिक परस्पर समय की सुविधा प्रदान करता हैं तथा वह यह भी निष्कर्ष निकालना चाहता है कि समूह अनुभवों के माध्यम से उनको क्या मिला? कार्यकर्त्ता समूह सदस्यों को उनके द्वारा प्राप्त समूह अनुभवों का आकलन करने के लिए समूह की सहायता करता है और उन मार्गों की पहचान करता है जिससे उन्होंने समूह सदस्य के रूप में जो कुछ अनुभव प्राप्त किया है वह उसे स्थायी रूप दें तथा वे तत्त्व स्थायित्व में बने रहें।

✦ ✦ ✦

प्रश्न पत्र

सामाजिक समूह कार्य: समूहों के साथ कार्य करना: एम.एस.डब्ल्यू-008
दिसम्बर, 2015

नोट: (i) सभी पाँच प्रश्नों के उत्तर दीजिए।
(ii) सभी प्रश्नों के अंक समान हैं।
(iii) प्रश्न सं. 1 और 2 का उत्तर (प्रत्येक) 600 शब्दों से अधिक नहीं होने चाहिए।

प्रश्न 1. समूह विकास क्या है? समूह विकास की अवस्थाओं को उल्लेखित कीजिए।
उत्तर– देखें अध्याय-2, प्रश्न सं.-3, 4

अथवा

सामाजिक समूह कार्य में जीवन कौशल शिक्षा की प्रासंगिकता की चर्चा कीजिए।
उत्तर– देखें अध्याय-3, प्रश्न सं.-7

प्रश्न 2. ट्रैकर द्वारा दी गई समूह कार्य की कुशलताओं एवं प्रविधियों को उल्लेखित कीजिए।
उत्तर– देखें अध्याय-3, प्रश्न सं.-4

अथवा

सामाजिक समूह कार्य की विभिन्न सिद्धांतों को समझाइए।
उत्तर– देखें अध्याय-2, प्रश्न सं.-10

प्रश्न 3. निम्नलिखित प्रश्नों में से किन्हीं दो प्रश्नों का उत्तर (प्रत्येक लगभग 300 शब्दों में) दीजिए:

(a) समूह निर्माण को प्रभावित करने वाले कारकों को समझाइए।
उत्तर– देखें अध्याय-2, प्रश्न सं.-6

(b) चिकित्सीय परिवेश में समूह कार्य की चर्चा कीजिए।
उत्तर– देखें अध्याय-1, प्रश्न सं.-11

(c) स्वतंत्रता पूर्व भारत में समूह कार्य के विकास की संक्षेप में चर्चा कीजिए।
उत्तर– देखें अध्याय-1, प्रश्न सं.-10

(d) नेतृत्व में संचार एवं निर्णय निर्धारण की महत्ता को प्रकाशित कीजिए।
उत्तर– देखें अध्याय-3, प्रश्न सं.-3(i)(ii)

प्रश्न 4. निम्नलिखित प्रश्नों में से किन्हीं चार प्रश्नों का उत्तर (प्रत्येक लगभग 150 शब्दों में) दीजिए:

(a) नशा-मुक्ति केंद्र में समूह कार्य की चर्चा कीजिए।

उत्तर– देखें अध्याय-1, प्रश्न सं.-11

(b) समूह कार्य की उपचारात्मक प्रारूप को समझाइए।

उत्तर– देखें अध्याय-2, प्रश्न सं.-2

(c) समूह कार्य में सामाजिक कार्यकर्त्ता के कोई पाँच भूमिकाओं को सूचीबद्ध कीजिए।

उत्तर– देखें अध्याय-4, प्रश्न सं.-14

(d) समूह कार्य में रिकॉर्डिंग (अभिलेखन) के प्रकारों को विस्तार से समझाइए।

उत्तर– देखें अध्याय-3, प्रश्न सं.-10

(e) समूह के क्या लाभ हैं?

उत्तर– देखें अध्याय-1, प्रश्न सं.-5

(f) समूह के प्रकारों की व्याख्या कीजिए।

उत्तर– देखें अध्याय-1, प्रश्न सं.-3

प्रश्न 5. निम्नलिखित में से किन्हीं पाँच पर (प्रत्येक लगभग 100 शब्दों में) संक्षिप्त टिप्पणी लिखिए:

(a) समूह की विशेषताएँ

उत्तर– देखें अध्याय-1, प्रश्न सं.-1

(b) कार्यक्रम नियोजन के सिद्धांत

उत्तर– कार्यलापों के कार्यक्रम उपलब्ध करना समूह के प्रमुख कार्यों में से एक है। पहले से ही समूह के कार्यकलापों का नियोजन करने के परिणाम स्वरूप समूह का कार्य सहजता से संचालित होता है क्योंकि:

- सदस्य समझ जाते हैं और वे अपनी जिम्मेदारियाँ स्वीकार कर लेते हैं।
- संसाधनों का अधिकतम उपयोग किया जाता है।
- उद्देश्यों को संपन करने में समूह सदस्यों एजेंसी और कार्यकर्त्ता के बीच अच्छा संयोजन व सहयोग बन जाता है।

समूह कार्य में कार्यक्रम तब ही प्रभावों हो सकते हैं जब समूह की प्रभावकारिता अच्छी हो, इसलिए वह उसके कार्यक्रमों पर निर्भर करता है। कार्यक्रम नियोजन समूह और कार्यकर्त्ता के हाथों में साधन या औजार होता है और इसके प्रभावी होने के परिणामस्वरूप हमें एक व्यावहारिक एवं सुविचारित कार्यक्रम मिलता है। समाज समूह कार्य में कार्यक्रम नियोजन के कुछ सिद्धांत टेकर (1955) मे 'प्रभावकारिता के आयाम' शब्दों में निर्धारित किए है जो निम्न प्रकार हैं:

• कार्यक्रम व्यक्ति जो समूह को बनाते है की आवश्यकताओं और अभिरूचियों के आधार पर तैयार किया जाना चाहिए।

• कार्यक्रम में समूह सदस्यों की आयु, सांस्कृतिक पृष्ठभूमि तथा अर्थिक भिन्नताओं का ध्यान रखा जाना चाहिए।

• कार्यक्रम में व्यक्ति को अनुभवों और अवसरों को उपलब्ध कराया जाना चाहिए जिन्हें कि वे स्वेच्छा से चयन करते है तथा जिन्हें वे विरासत में मिले मूल्य के कारण पाना चाहते हैं।

• कार्यक्रम आवश्यकताओं और अभिरुचियों की विभिन्नताओं को संतुष्ट करने वाले वाले लचीले होने चाहिए तथा इनमें क्षमतानुसार भागीदारी के लिए अधिकतम अवसरों का उपलब्ध कराया जाना चाहिए।

• कार्यक्रम के बढ़ने की प्रक्रिया सरल से जटिल की तरफ जानी व यह गति समूह विकास की योग्यता व तैयारी के परिणाम स्वरूप आती है। यह गति शुरूआत में व्यक्तिगत फिर सामाजिक एवं सामुदायिक अभिरुचियों को अंतिम उद्देश्य मान कर निर्धारित होती है व हमारा कार्यक्रम व्यापक सामाजिक महत्त्व रखता है।

(c) संबंध और रिश्ते

उत्तर– देखें अध्याय-3, प्रश्न सं.-3(iii)

(d) अभिलेखन की युक्तियाँ

उत्तर– अत: कार्यकर्त्ता के लिए रिकार्डिंग कौशल में व्यक्तिगत सदस्यों तथा समूहों के बीच और किस प्रकार से समूह संयोजन का निर्माण किया जाए इसकी समझ के साथ संबंधों की सक्रियता के आंकलन को अभिरुचि की आवश्यकता होती है। कार्यकर्त्ता को बहुत ही ध्यान से समूह के कार्यों में अपने सहयोग को लिखना चाहिए।

रिकार्डिंग करना कठिन नहीं है, किंतु विचार करना और विश्लेषण या समीक्षा करना इत्यादि वास्तविक लेखन के कठिन कार्य है। यहाँ समाज समूह कार्य में रिकार्डिंग के लिए विशिष्ट संकेत (टिप्स) या उपाय दिए जा रहे हैं:

• लिखने से पहले सार, विषय तथा चीजों की संक्षिप्त रुपरेखा बनाए रखना, इससे मुख्य मुद्दे को चयन करने में सूचना और तथ्यों को एकत्रित करने में सुविधा होगी।

• सभी रिकार्ड तारीख, स्थान तथा निश्चित समय को सम्मिलित करते हुए तैयार करने चाहिए।

- सभी दस्तावेजों में स्पष्ट भाषा, छोटे-छोटे सटीक, वाक्य, उपयुक्त शीर्षक के साथ लगातार अनुच्छेद या पैराग्राफ बनाना, इससे बाद में आंकलन करने में सहायता प्राप्त होती है।
- सभी प्रविष्टियों की तारीखें लिखना बहुत ही महत्त्वपूर्ण होता है क्योंकि इससे सततता प्रदर्शित की जा सकती है।
- व्यक्ति और समूह की प्रगति का नियमित संकलन करना बहुत महत्त्वपूर्ण होता है, जिससे समूह के विकास का मूल्यांकन निर्धारित होता है।

(e) विद्यालयी बच्चों के लिए जीवन कौशल शिक्षा कार्यक्रम की अंतर्वस्तु

उत्तर– ग्रामीण भारतीय विद्यालयों के बच्चों के लिए जीवन कौशल शिक्षा कार्यक्रम के विषयों की सूची नीचे दी गई है:

- समाज के संबंध में शिक्षा ग्रहण करना
- परिवार पर ध्यान केंद्रित करना
- प्रजनन स्वास्थ्य और संबंधित सूचना
- पर्यावरण
- तत्कालीन प्रवृत्तियों-सामाजिक और आर्थिक वास्तविकताओं में परिवर्तन
- अन्य से संबंधित
- स्व या आत्मविकास

सत्रों का संयोजन इस प्रकार से किया गया है कि इस संपूर्ण सिद्धांत में लिंग संबंधी विषय को केंद्र में रखते हुए उस पर व्यापकता से चर्चा की गई है। कार्यक्रम की अभिरचना इस प्रकार से की गई है कि विद्यालयों के बच्चे स्वयं जिस दुनिया में रहते हैं उसके बारे में व्यापकतापूर्ण समीक्षा करते हुए विचार निर्मित करने का अभ्यास करें। इस कार्यक्रम का मुख्य लक्ष्य यह है कि बच्चों की सोच में यह विचार बैठ जाना चाहिए कि वे स्वयं अपने जीवन के मालिक एवं निर्माण कर्त्ता है। वे चाहते हैं कि वे अपने में आत्म दर्शन करते हुए आत्म मंथन करें ताकि वे अपने के बारे जाने, उस पर विचार करें। इस कार्यक्रम के अंत में प्रशिक्षकों को सूचना परामर्श और विद्यार्थी जनसंख्या में जानकारी की गहरी समझ होना अत्यंत आवश्यक है।

(f) स्प्लिन्टर (Splinter) समूह

उत्तर– देखें अध्याय-4, प्रश्न सं.-13

(g) मनोवैज्ञानिक नाटक (Psychodrama)

उत्तर– मनोनाट्य बच्चों, किशोरों तथा युवाओं के लिए उपचार का अत्यधिक विकसित साधन है। नाटक भागीदारी और समीक्षकों को शिक्षण अनुभव उपलब्ध कराने के लिए प्रयोग किया जाता है। बोह्म तथा बाह्म समुदाय नाटक के सात अवस्थाएँ या स्थितियाँ प्रस्तुत करते है।

- समुदाय सदस्यों के समूह की स्थापना की जाए जो इस विचार को साकार रूप दे।

- समुदाय और अभिनेताओं के जीवन मे मुद्दे समस्याएँ, और द्वंदों की सामुहिक चर्चा की जाए।
- समुदाय में सामग्री एकत्रित करना (उदाहरण के लिए लेख, चित्र, रिकार्डिंग)।
- समूह द्वारा नाटक की रचना और लिखना।
- नाटक का निर्माण और अभ्यास, इस तरह से इसका अभिनय करने के लिए तैयारी करना (समुदाय के अन्य सदस्यों को सहायता से जैसे कि मंच को तैयार करना, दृश्यों का निर्माण और इसके लिए टिकटों की बिक्री करना)।
- समुदाय तथा अन्य स्थान पर दर्शकों से वार्तालाप करते हुए नाटक का को अभिनीत करना।
- समूह के अंदर नेतृत्व विकसित करना और नाट्यशाला या रंगशाला के बाहर सामाजिक राजनीतिक प्रभावों को प्रयोग करने के लिए सामान्य प्रयास करना।

(h) किशोर गृहों में समूह कार्य

उत्तर— देखें अध्याय-4, प्रश्न सं.-9

✧✧✧

सामाजिक समूह कार्य: समूहों के साथ कार्य करना: एम.एस.डब्ल्यू-008
जून, 2016

नोट: (i) सभी पाँच प्रश्नों के उत्तर दीजिए।
(ii) सभी प्रश्नों के अंक समान हैं।
(iii) प्रश्न संख्या 1 और 2 के उत्तर (प्रत्येक) 600 शब्दों से अधिक नहीं होने चाहिए।

प्रश्न 1. भारत में सामाजिक समूह कार्य के इतिहास का पता लगाइए।
उत्तर– देखें अध्याय-1, प्रश्न सं.-7

अथवा

समूह कार्य के विभिन्न प्रारूपों की विस्तृत चर्चा कीजिए।
उत्तर– देखें अध्याय-2 प्रश्न सं.-2

प्रश्न 2. स्वयं सहायता समूहों के निर्माण की प्रक्रिया एवं अवधारणा को समझाइए।
उत्तर– देखें अध्याय-4, प्रश्न सं.-1, 2

अथवा

सामाजिक समूह कार्य के विभिन्न सिद्धांतों की संक्षेप में चर्चा कीजिए।
उत्तर– देखें अध्याय-2, प्रश्न सं.-10

प्रश्न 3. निम्नलिखित प्रश्नों में से किन्हीं दो प्रश्नों का उत्तर (प्रत्येक लगभग 300 शब्दों में) दीजिए:

(a) समूह के प्रकारों की विस्तृत चर्चा करें।
उत्तर– देखें अध्याय-1, प्रश्न सं.-3

(b) सामाजिक समूह कार्य के मूल्यों की व्याख्या कीजिए।
उत्तर– देखें अध्याय-2, प्रश्न सं.-9

(c) समूह कार्य के उद्देश्य को प्रकाशित कीजिए।
उत्तर– देखें अध्याय-1, प्रश्न सं.-13

प्रश्न 4. निम्नलिखित में से किन्हीं चार प्रश्नों का उत्तर (प्रत्येक लगभग 150 शब्दों में) दीजिए:

(a) समूह गतिकी के सिद्धांत को समझाइए।
उत्तर– देखें अध्याय-2, प्रश्न सं.-1

(b) नेतृत्व शैलियों की व्याख्या कीजिए।
उत्तर— देखें अध्याय-3, प्रश्न सं.-1

(c) जीवन कौशल शिक्षा क्या है?
उत्तर— देखें अध्याय-3, प्रश्न सं.-5

(d) सामाजिक समूह कार्य में अभिलेखन के प्रकारों को समझाइए।
उत्तर— देखें अध्याय-3, प्रश्न सं.-10

(e) समूहों के क्या लाभ हैं?
उत्तर— देखें अध्याय-1, प्रश्न सं.-5

(f) समूह निर्माण को प्रभावित करने वाले कारकों को विस्तार से समझाइए।
उत्तर— देखें अध्याय-2, प्रश्न सं.-6

प्रश्न 5. निम्नलिखित में से किन्हीं पाँच पर (प्रत्येक लगभग 100 शब्दों में) संक्षिप्त टिप्पणी कीजिए:

(a) सुधारात्मक संस्थाओं में समूह कार्य
उत्तर— देखें अध्याय-1, प्रश्न सं.-11

(b) कुडुम्बश्री
उत्तर— देखें अध्याय-1, प्रश्न सं.-12(3)

(c) योजनाबद्ध समूह निर्माण का सिद्धांत
उत्तर— देखें अध्याय-2, प्रश्न सं.-10

(d) नेवृत्व एवं सत्ता
उत्तर— देखें अध्याय-3, प्रश्न सं.-3(iv)

(e) जीवन कौशल शिक्षा की सामान्य कुशलताएँ सूचीबद्ध कीजिए।
उत्तर— देखें अध्याय-3, प्रश्न सं.-6

(f) भारत में सामाजिक क्रिया समूह
उत्तर— देखें अध्याय-4, प्रश्न सं.-5

(g) आपदा पीड़ितों के साथ समूह कार्य
उत्तर– देखें अध्याय-4, प्रश्न सं.-6

(h) भारतीय युवा संगठन
उत्तर– एक अल्पविकसित क्षेत्र में अस्थायी रूप से कुछ समय के लिए आवास शिविर स्थापना करना बहुत महत्त्वपूर्ण है। (स्कैवर्टज)। शिविर लगाने का उद्देश्य लोगों को घर से बाहर जाने का अवसर देना और मनोरंजनात्मक उद्देश्य के लिए प्राकृतिक पर्यावरण का आनंद उठाना है। अनेक संगठन शिविर इसलिए लगते है कि युवा लोगों के दिमाग को और अधिक विकसित किया जा सके। शिविर लगाने के अनुभव उद्देश्य निम्नलिखित लक्ष्यों पर आधारित होता है। सदस्यों में सामुहिक कार्य कौशलों का विकास करना, अन्य लोगों के व्यवहार और अपने व्यवहारों को अच्छी तरह से समझने के लिए सदस्यों को सहायता करना, संचार कौशलों में सुधार करना, उसकी (स्त्री-पुरुष) नेतृत्व और गुणवत्ता को बेहतर बनाना है।

✢✢✢

सामाजिक समूह कार्य: समूहों के साथ कार्य करना: एम.एस.डब्ल्यू.-008
दिसम्बर, 2016

नोट: (i) सभी पाँच प्रश्नों के उत्तर दीजिए।
(ii) सभी प्रश्नों के अंक समान हैं।
(iii) प्रश्न संख्या 1 और 2 के उत्तर (प्रत्येक) 600 शब्दों से अधिक नहीं होने चाहिए।

प्रश्न 1. सामाजिक समूह कार्य के मूल्यों एवं सिद्धांतों की चर्चा उदाहरण के साथ कीजिए।

उत्तर– देखें अध्याय-2, प्रश्न सं.-9, 10

अथवा

समूह गतिकी को उपयुक्त उदाहरण के साथ समझाइए।

उत्तर– देखें अध्याय-2, प्रश्न सं.-1

प्रश्न 2. सामाजिक समूह कार्य की अवस्थाओं को उपयुक्त क्षेत्र उदाहरणों के साथ व्याख्या कीजिए।

उत्तर– देखें अध्याय-2, प्रश्न सं.-5

अथवा

नेतृत्व के सिद्धांतों को प्रकाशित कीजिए।

उत्तर– देखें अध्याय-3, प्रश्न सं.-1

प्रश्न 3. निम्नलिखित में से किन्हीं दो प्रश्नों के उत्तर (प्रत्येक लगभग 300 शब्दों में) दीजिए:

(a) स्वयं सहायता समूह क्या है? उदाहरणों के साथ समझाइए।

उत्तर– देखें अध्याय-4, प्रश्न सं.-1

(b) समूह कार्य परिवेश के लक्षणों की चर्चा कीजिए।

उत्तर– देखें अध्याय-1, प्रश्न सं.-11, 12

(c) समूह कार्य में कार्यक्रम नियोजन की प्रासंगिकता को समझाइए।

उत्तर– देखें अध्याय-3, प्रश्न सं.-8

(d) सामाजिक क्रिया समूहों की प्रक्रिया की व्याख्या कीजिए।

उत्तर– देखें अध्याय-4, प्रश्न सं.-5

प्रश्न 4. निम्नलिखित में से किन्हीं चार प्रश्नों के उत्तर (प्रत्येक लगभग 150 शब्दों में) दीजिए:

(a) समूह कार्य में अभिलेखन के सिद्धांत को समझाइए।

उत्तर– देखें अध्याय-3, प्रश्न सं.-10

(b) सामाजिक वैयक्तिक कार्य से सामाजिक समूह कार्य कैसे भिन्न है।

उत्तर– देखें अध्याय-1, प्रश्न सं.-6

(c) सामाजिक समूह कार्य के कोई एक प्रारूप को समझाइए।

उत्तर– देखें अध्याय-2, प्रश्न सं.-2

(d) विभिन्न प्रकार के समूहों की गणना कीजिए। इनमें से किसी एक को समझाइए।

उत्तर– देखें अध्याय-1, प्रश्न सं.-3

(e) समूह कार्य में कुशलताओं के सूचीकरण की क्या प्रासंगिकता है?

उत्तर– देखें अध्याय-3, प्रश्न सं.-4

(f) सामाजिक समूह कार्यकर्त्ता द्वारा सामना की जाने वाली कठिनाइयों पर प्रकाश डालिए।

उत्तर– सामाजिक समूह कार्यकर्त्ता द्वारा सामना की जाने वाली कठिनाइयाँ निम्नलिखित है–

(1) समूह निर्माण– समूह कार्यकर्त्ता को समूह निर्माण करते समय कई कठिनाईयों का सामना करना पड़ता है क्योंकि किसी की समूह में अलग अलग जातियों, धर्म, विभिन्न भाषाओं को बोलने वाले लोग होते है जिससे सभी की आवश्यकताओं की पूर्ति करना मुश्किल हो जाता है।

(2) समूह आरंभ करना (Initiating the Group)– सदस्यों की पहचान करना, समूह में शामिल होने के लिए प्रोत्साहन करने के तरीकों की खोज करना, संसाधनों का पता लगाना और बैठकों का आयोजन करना इत्यादि महत्त्वपूर्व कार्य हैं जिनकों पूरा करना अत्यंत आवश्यक है। यह चरण दबावपूर्ण हो सकता है, क्योंकि लोगों को समूह में शामिल करना एक कठिन कार्य होता है। समूह कार्यकर्त्ता को आगे बढ़ने से पहले निर्माण का समस्या से निपटना पड़ता है।

(3) भागीदारी की भर्ती करना (Recruiting Participants)–व्यक्ति आरंभ में सहमत हो सकता है और बाद में मना कर सकता है अथवा शामिल होने से पहले वह अनेक बार मना कर सकता है। ऐसे अवसर हो सकते हैं जिसमें व्यक्तिगत और व्यावसायिक सहमति हो सकती है जिसमें समूह को विघटन या समाप्त काने का चुनौती भी दी जा सकती है। यह पता लगा है कि वंचित वर्गों से सदस्यों की भर्ती करना बहुत ही कठिन कार्य है।

(4) स्थान का पता लगाना और आवश्यक सामग्री को प्राप्त करना।

बैठक के लिए सहजता से पहुँचने वाला स्थान हो और आवश्यक सामग्री की व्यवस्था करनी चाहिए। यह बेहतर हो कि उपलब्ध संसाधनों के प्रयोग से ही कार्य चला लिया जाए।

विश्वास पैदा करना (Building Trust)—किसी भी समूह में विश्वास का स्तर होता है और इसके सदस्यों में साख बनी होती है। यह बहुत ही जटिल कार्य है।

प्रश्न 5. निम्नलिखित में से किन्हीं पाँच पर संक्षिप्त टिप्पणी (प्रत्येक लगभग 100 शब्दों में) लिखिए:

(a) जीवन कौशल शिक्षा
उत्तर— देखें अध्याय-3, प्रश्न सं.-5

(b) समूह निर्माण
उत्तर— देखें अध्याय-2, प्रश्न सं.-6

(c) समूह कार्यकर्त्ता की भूमिका
उत्तर— देखें अध्याय-2, प्रश्न सं.-5

(d) SHG निर्माण की प्रक्रिया
उत्तर— देखें अध्याय-4, प्रश्न सं.-2

(e) समूह जीवन चक्र
उत्तर— देखें अध्याय-1, प्रश्न सं.-4

(f) समूह कार्य अभिलेखन के प्रकार
उत्तर— देखें अध्याय-3, प्रश्न सं.-10

(g) समूह कार्यकर्त्ता की कुशलताएँ
उत्तर— देखें अध्याय-3, प्रश्न सं.-4

(h) मादक पदार्थ सेवकों के मध्य समूह कार्य
उत्तर— देखें अध्याय-4, प्रश्न सं.-7

❖❖❖

सामाजिक समूह कार्य: समूहों के साथ कार्य करना: एम.एस.डब्ल्यू-008
जून, 2017

नोट: (i) सभी पाँच प्रश्नों के उत्तर दीजिए।
(ii) सभी प्रश्नों के अंक समान हैं।
(iii) प्रश्न संख्या 1 और 2 के उत्तर (प्रत्येक) 600 शब्दों से अधिक नहीं होने चाहिए।

प्रश्न 1. सामाजिक समूह कार्य को परिभाषित कीजिए। इसकी विशेषताओं को समझाइए।
उत्तर– देखें अध्याय-1, प्रश्न सं.-1

अथवा

विभिन्न प्रकार के समूहों की उपयुक्त उदाहरणों के साथ चर्चा कीजिए।
उत्तर– देखें अध्याय-1, प्रश्न सं.-3

प्रश्न 2. सामाजिक समूह कार्य के किन्हीं दो प्रारूपों को समझाइए।
उत्तर– देखें अध्याय-2, प्रश्न सं.-2

अथवा

स्वयं सहायता समूह (SHG) क्या है? SHGs की विशेषताओं को समझाइए।
उत्तर– देखें अध्याय-4, प्रश्न सं.-1

प्रश्न 3. निम्नलिखित में से किन्हीं दो प्रश्नों के उत्तर (प्रत्येक लगभग 300 शब्दों में) दीजिए।

(a) सामाजिक समूह कार्य के सिद्धांतों की चर्चा कीजिए।
उत्तर– देखें अध्याय-2, प्रश्न सं.-10

(b) समूह जीवन चक्र को समझाइए।
उत्तर– देखें अध्याय-1, प्रश्न सं.-4

(c) सामाजिक समूह कार्यकर्त्ता की क्या कुशलताएँ हैं?
उत्तर– देखें अध्याय-3, प्रश्न सं.-4

(d) समूह कार्य अभिलेखन के प्रकारों की व्याख्या कीजिए।
उत्तर– देखें अध्याय-2, प्रश्न सं.-10

प्रश्न 4. निम्नलिखित में से किन्हीं चार प्रश्नों के उत्तर (प्रत्येक लगभग 150 शब्दों में) दीजिए:

(a) SHGs के निर्माण की प्रक्रिया को समझाइए।
उत्तर– देखें अध्याय-4, प्रश्न सं.-2

(b) सामाजिक क्रिया समूहों के क्या चरण हैं?
उत्तर– देखें अध्याय-4, प्रश्न सं.-5

(c) सामाजिक समूह कार्य में जीवन कौशल शिक्षा की प्रासंगिकता की व्याख्या कीजिए।
उत्तर– देखें अध्याय-3, प्रश्न सं.-7

(d) सामाजिक समूह कार्य की मूल्यों की चर्चा कीजिए।
उत्तर– देखें अध्याय-3, प्रश्न सं.-4

(e) सामाजिक समूह कार्य में समूह कार्यकर्त्ता की भूमिका की गणना कीजिए।
उत्तर– देखें अध्याय-2, प्रश्न सं.-5

(f) समूह निर्माण क्या है?
उत्तर– देखें अध्याय-2, प्रश्न सं.-6

प्रश्न 5. निम्नलिखित में से किन्हीं पाँच पर संक्षिप्त टिप्पणियाँ (प्रत्येक लगभग 100 शब्दों में) लिखिए:

(a) मादक पदार्थ सेवकों के मध्य समूह कार्य
उत्तर– देखें अध्याय-4, प्रश्न सं.-7

(b) समूह कार्य में अभिलेखन का सिद्धांत
उत्तर– देखें अध्याय-3, प्रश्न सं.-10

(c) कार्यक्रम नियोजन की अवस्थाएँ
उत्तर– देखें अध्याय-3, प्रश्न सं.-9

(d) श्रवण कुशलताएँ
उत्तर– देखें अध्याय-3, प्रश्न सं.-4

(e) नेतृत्व के सिद्धांत
उत्तर— देखें अध्याय-3, प्रश्न सं.-1

(f) समूह गतिकी
उत्तर— देखें अध्याय-2, प्रश्न सं.-1

(g) सामाजिक समूह कार्य की अवस्थाएँ
उत्तर— देखें अध्याय-2, प्रश्न सं.-5

(h) समूह कार्य परिवेश
उत्तर— देखें अध्याय-1, प्रश्न सं.-11, 12

✦✦✦

सामाजिक समूह कार्य: समूहों के साथ कार्य करना: एम.एस.डब्ल्यू-008
दिसम्बर, 2017

नोट: (i) सभी पाँच प्रश्नों के उत्तर दीजिए।
(ii) सभी प्रश्नों के अंक समान हैं।
(iii) प्रश्न संख्या 1 और 2 के उत्तर 600 शब्दों (प्रत्येक) से अधिक नहीं होने चाहिए।

प्रश्न 1. सामाजिक समूह कार्य के प्रारूपों की चर्चा कीजिए।
उत्तर— देखें अध्याय-2, प्रश्न सं.-2

अथवा

विभिन्न सिद्धांतकारों द्वारा दिए गए समूह विकास की अवस्थाओं का वर्गीकरण समझाइए।
उत्तर— देखें अध्याय-2, प्रश्न सं.-3

प्रश्न 2. विभिन्न नेतृत्व सिद्धांतों की संक्षेप में वर्णन कीजिए।
उत्तर— देखें अध्याय-3, प्रश्न सं.-1

अथवा

वृद्धावस्था देखभाल में समूह कार्यकर्त्ता की भूमिका की चर्चा कीजिए।
उत्तर— देखें अध्याय-4, प्रश्न सं.-10

प्रश्न 3. निम्नलिखित में से किन्हीं दो प्रश्नों का उत्तर लगभग 300 शब्दों (प्रत्येक) में दीजिए:

(a) विभिन्न प्रकार के समूहों को सूचीबद्ध कीजिए।
उत्तर— देखें अध्याय-1, प्रश्न सं.-3

(b) समूह के मूल्यांकन के मुख्य सूचकों का विश्लेषण कीजिए।
उत्तर— देखें अध्याय-2, प्रश्न सं.-4

(c) 'समूह में कार्य करना ही महत्त्वपूर्ण जीवन कुशलता है' चर्चा कीजिए।
उत्तर— देखें अध्याय-3, प्रश्न सं.-7

(d) सामाजिक क्रिया समूह को बनाने एवं संजोये रखने के जरूरी कदमों पर प्रकाश डालिए।
उत्तर— देखें अध्याय-4, प्रश्न सं.-5

प्रश्न 4. निम्नलिखित में से किन्हीं चार प्रश्नों का उत्तर लगभग 150 शब्दों (प्रत्येक) में दीजिए:

(a) सामाजिक समूह कार्य के अभ्यास में समूह की समझ कैसे महत्त्वपूर्ण है?
उत्तर– देखें अध्याय-1, प्रश्न सं.-6

(b) सामाजिक समूह कार्य के आधारभूत मूल्यों पर एक संक्षिप्त लेख लिखिए।
उत्तर– देखें अध्याय-1, प्रश्न सं.-13

(c) जीवन कौशल शिक्षा में समूह कार्यकर्त्ता की भूमिकाओं का वर्णन कीजिए।
उत्तर– देखें अध्याय-3, प्रश्न सं.-5

(d) समूह नेता के रूप में समूह कार्यकर्त्ता की अवधारणा को समझाइए।
उत्तर– समूह कार्यकर्त्ता सामाजिक एजेंसी के साथ उसके रोजगार के संबंध में नेता का पद् प्राप्त करता है, जिसमें कार्यकर्त्ता के कुछ कार्य तथा उद्देश्यों को पूरा करने का अधिकार दिया जाता है जिसका आधार व्यवसायिक ज्ञान तथा कौशल हो सकते हैं। एक नेता के रूप में कार्यकर्त्ता समूह मे एक 'मुख्य व्यक्ति' होता है, प्राय: यह व्यक्ति समूह का निर्माण करता है, और सबसे अधिक संचार का संचालन अथवा किसी भी व्यक्ति से अधिक सूचनाएँ प्रदान करता है। समूह निर्माण का प्रारंभिक अवस्था में कार्यकर्त्ता सदस्यता, संरचना और समूह सत्रों को संचालित करने के नियमों के संबंधों में निर्णय लेता है यहाँ तक इसके बाद भी यदि सदस्यों समुचित रूप में विश्वास में नही है, कार्यकर्त्ता समूह संरचना मानक और विभिन्न सदस्यों द्वारा निष्पादित किए जाने वाले कार्यों के संबंध में आवश्यक निर्णय लेने के लिए सदस्यों का मार्गदर्शन करने में एक सक्रीय भूमिका निभा सकता है।

(e) समूह कार्य के लाभों को सूचीबद्ध कीजिए।
उत्तर– देखें अध्याय-1, प्रश्न सं.-13

(f) अपने क्षेत्र कार्य से जनतांत्रिक समूह स्वयं-निर्धारण सिद्धांत की चर्चा कीजिए।
उत्तर– देखें अध्याय-2, प्रश्न सं.-10(6)

प्रश्न 5. निम्नलिखित में से किन्हीं पाँच पर लगभग 100 शब्दों (प्रत्येक) में संक्षिप्त टिप्पणियाँ लिखिए:

(a) नशा मुक्ति केंद्र में समूह कार्य
उत्तर– देखें अध्याय-1, प्रश्न सं.-11

(b) समझौता आंदोलन
उत्तर– देखें अध्याय-1, प्रश्न सं.-7

(c) समूह नियोजन के घटक
उत्तर– देखें अध्याय-2, प्रश्न सं.-7

(d) समूह निर्माण को प्रभावित करने वाले कारक
उत्तर– देखें अध्याय-2, प्रश्न सं.-6

(e) क्लस्टर समूह
उत्तर– देखें अध्याय-4, प्रश्न सं.-13

(f) स्वयं सहाय समूह
उत्तर– देखें अध्याय-1 प्रश्न सं.-12(2)

(g) सूचना शक्ति
उत्तर– देखें अध्याय-3, प्रश्न सं.-3(iv)

(h) संघर्ष समाधान के कौशल
उत्तर– देखें अध्याय-3, प्रश्न सं.-4

✦✦✦

सामाजिक समूह कार्य: समूहों के साथ कार्य करना: एम.एस.डब्ल्यू.-008
जून, 2018

नोट: (i) सभी पाँच प्रश्नों के उत्तर दीजिए।
(ii) सभी प्रश्नों के अंक समान हैं।
(iii) प्रश्न संख्या 1 और 2 के उत्तर 600 शब्दों (प्रत्येक) से अधिक नहीं होने चाहिए।

प्रश्न 1. स्वतंत्र भारत समूह कार्य के ऐतिहासिक विकास का पता लगाइए।

अथवा

सामाजिक समूह कार्य के विभिन्न प्रारूपों की संक्षेप में चर्चा कीजिए।

प्रश्न 2. ट्रेकर द्वारा सामाजिक समूह कार्य के लिए निर्दिष्ट कुशलताओं का उल्लेख कीजिए।

अथवा

मनश्चिकित्सा परिवेश में समूह कार्य की भूमिका का वर्णन कीजिए।

प्रश्न 3. निम्नलिखित में से किन्हीं दो प्रश्नों का उत्तर लगभग 300 शब्दों (प्रत्येक) में दीजिए :
(a) सामुदायिक परिवेश में समूह कार्यकर्त्ता की भूमिका पर प्रकाश डालिए।
(b) सामाजिक समूह कार्य के बुनियादी मूल्यों पर संक्षिप्त में एक निबंध लिखिए।
(c) सामाजिक समूह कार्य में कार्यक्रम नियोजन क्या है? कार्यक्रम नियोजन को कौन से कारक प्रभावित करते हैं?
(d) समूह विकास की अवस्थाओं एवं उसकी प्रत्येक अवस्था में सामूहिक कार्यकर्त्ता की भूमिका की संक्षेप में चर्चा कीजिए।

प्रश्न 4. निम्नलिखित में से किन्हीं चार प्रश्नों का उत्तर लगभग 150 शब्दों (प्रत्येक) में दीजिए :
(a) सामाजिक वैयक्तिक कार्य एवं सामाजिक समूह अभ्यास के मध्य अंतर स्पष्ट कीजिए।
(b) समूह में बराबर की सदस्यता पाने के लिए कार्यकर्त्ता कौन सी कसौटी अपनाता है?
(c) सामाजिक समूह कार्य में रिकॉर्डिंग के कोई दो सिद्धांतों का उल्लेख कीजिए।
(d) सामाजिक समूह कार्य में एक सामाजिक कार्यकर्त्ता द्वारा निभायी जाने वाली भूमिकाओं का संक्षेप में वर्णन कीजिए।

(e) समूह कार्य की हानियों को सूचीबद्ध कीजिए।
(f) मूल्यांकन के सिद्धांतों को अपने क्षेत्र कार्य से उदाहरण देते हुए समझाइए।

प्रश्न 5. निम्नलिखित में से किन्हीं पाँच पर लगभग 100 शब्दों (प्रत्येक) में संक्षिप्त टिप्पणियाँ लिखिए:

(a) युवा कल्याण के लिए समूह कार्य
(b) समूह के लाभ
(c) समूह संरचना के घटक
(d) पारस्परिक आकर्षण
(e) कक्षा समूह
(f) सामाजिक कार्यकर्त्ता की भूमिकाएँ
(g) जीवन कौशल शिक्षा
(h) समूह सामंजस्य निर्माण की कुशलताएँ

+++

सामाजिक समूह कार्य: समूहों के साथ कार्य करना: एम.एस.डब्ल्यू-008
दिसम्बर, 2018

नोट: (i) सभी पाँच प्रश्नों के उत्तर दीजिए।
(ii) सभी प्रश्नों के अंक समान हैं।
(iii) प्रश्न संख्या 1 और 2 के उत्तर (प्रत्येक) 600 शब्दों से अधिक नहीं होने चाहिए।

प्रश्न 1. संस्थागत परिवेश में समूह कार्य की चर्चा करें।

अथवा

संक्षेप में सामाजिक समूह कार्य के मॉडलों की व्याख्या करें।

प्रश्न 2. विभिन्न नेतृत्व सिद्धांतों का संक्षेप में वर्णन करें।

अथवा

नियोजित समूह निर्माण में किन कारकों पर विचार किया जाना चाहिए?

प्रश्न 3. निम्नलिखित में से किन्हीं दो प्रश्नों का उत्तर (प्रत्येक) लगभग 300 शब्दों में दीजिए :
(a) सामाजिक समूह कार्य के लिए Tracker द्वारा निर्दिष्ट कौशलों का उल्लेख करें।
(b) सामाजिक समूह कार्य के मूल मूल्यों पर संक्षेप में निबंध लिखें।
(c) कार्यक्रम नियोजना को प्रभावित करने वाले कारकों की सूची बनाएँ।
(d) मनोरोग परिवेश में समूह कार्य की व्याख्या करें।

प्रश्न 4. निम्नलिखित में से किन्हीं चार प्रश्नों का उत्तर (प्रत्येक) लगभग 150 शब्दों में दीजिए :
(a) समूह कार्य के लाभ क्या हैं?
(b) समूह विकास प्रक्रिया में कार्रवाई चरण के विशिष्ट लक्षणों पर प्रकाश डालें।
(c) भावनात्मक बुद्धि के पाँच अवयवों की सूची बनाएँ।
(d) कार्रवाई समूह की सीमाओं का उल्लेख करें।
(e) नियोजित समूह निर्माण के सिद्धांतों की व्याख्या करें।
(f) बाल कल्याण एजेंसी में समूह कार्य के उद्देश्यों की सूची बनाएँ।

प्रश्न 5. निम्नलिखित में से किन्हीं पाँच के उत्तर (प्रत्येक) 100 शब्दों में दीजिए :
(a) उपचार बनाम कार्य समूह

(b) समझौता आंदोलन
(c) स्वास्थ्य परिवेश में देखभाल करने वाला
(d) सामाजिक समूह कार्य में सुधारात्मक मॉडल
(e) समूह के विकास को प्रभावित करने वाले कारक
(f) संबंध और रिश्ते
(g) जीवन कौशल शिक्षा में समूह कार्यकर्त्ता की भूमिका
(h) स्वयं सहायता समूह की विशेषताएँ

+++

सामाजिक समूह कार्य: समूहों के साथ कार्य करना: एम.एस.डब्ल्यू-008
जून, 2019

नोट: सभी पाँच प्रश्नों के उत्तर दीजिए। सभी प्रश्नों के अंक समान हैं। प्रश्न संख्या 1 और 2 के उत्तर (प्रत्येक) 600 शब्दों से अधिक नहीं होने चाहिए।

प्रश्न 1. समुदाय परिवेश में समूह कार्य की व्याख्या कीजिए।

अथवा

सामाजिक समूह कार्य के सिद्धांतों की सूची बनाइए।

प्रश्न 2. "समूह में काम करना अपने आप में महत्त्वपूर्ण जीवन कौशल है।" चर्चा कीजिए।

अथवा

विभिन्न प्रकार के समूह कार्य क्या हैं?

प्रश्न 3. निम्नलिखित में से किन्हीं दो प्रश्नों का उत्तर प्रत्येक लगभग 300 शब्दों में दीजिए :

(a) समूह के निर्माण को कौन-से कारक प्रभावित करते हैं?

(b) उन प्रमुख सिद्धांतों और परिप्रेक्ष्यों की संक्षेप में व्याख्या कीजिए जो लोगों को समूह में शामिल होने पर प्रकाश डालते हैं।

(c) कार्यक्रम योजना क्या है? बुनियादी विचारों का उल्लेख कीजिए जो कार्यक्रम के निर्णय पर असर डालते हैं।

(d) अस्पताल परिवेश में समूह कार्य की व्याख्या कीजिए।

प्रश्न 4. निम्नलिखित में से किन्हीं चार प्रश्नों का उत्तर प्रत्येक 150 शब्दों में दीजिए :

(a) समूह कार्य की हानियाँ क्या हैं?

(b) समूह के मूल्यांकन के प्रमुख संकेतकों का विश्लेषण कीजिए।

(c) समूह नेतृत्व एक कौशल कैसे है?

(d) समूह के साथ काम करने वाले सामाजिक कार्यकर्त्ता की भूमिका को परिभाषित कीजिए।

(e) युवा लोगों के बीच समूह कार्य का अभ्यास कैसे किया जाए?

(f) बाल कल्याण अभिकरण में समूह कार्य उद्देश्यों को बताइए।

प्रश्न 5. निम्नलिखित में से किन्हीं पाँच पर संक्षिप्त टिप्पणी प्रत्येक लगभग 100 शब्दों में दीजिए :

(a) समूह जीवन चक्र
(b) विद्यालयों में समूह कार्य
(c) सामाजिक समूह कार्य में मूल्य
(d) Turckman का सामाजिक समूह कार्य मॉडल
(e) समूह विकास के संकेतक
(f) नेतृत्व और शक्ति
(g) सामाजिक समूह कार्य में रिकॉर्डिंग
(h) स्वयं सहायता समूह की अवधारणा

+++

सामाजिक समूह कार्य: समूहों के साथ कार्य करना: एम.एस.डब्ल्यू-008
दिसम्बर, 2019

नोट: सभी पाँच प्रश्नों के उत्तर दीजिए। सभी प्रश्नों के अंक समान हैं। प्रश्न 1 और 2 के उत्तर 600 शब्दों से अधिक नहीं होने चाहिए।

प्रश्न 1. समूह को परिभाषित कीजिए। समूहों के विभिन्न प्रकारों का वर्णन कीजिए।

अथवा

समूह विकास के विभिन्न चरणों के माध्यम से सामाजिक समूह कार्यकर्त्ता की भूमिका पर एक संक्षिप्त निबंध लिखिए।

प्रश्न 2. समूह कार्य के कौशल और तकनीकों का उल्लेख कीजिए।

अथवा

स्वयं सहायता समूहों की निर्माण प्रक्रिया की व्याख्या कीजिए।

प्रश्न 3. निम्नलिखित में से किन्हीं दो के उत्तर (प्रत्येक) लगभग 300 शब्दों में दीजिए :
(a) समुदाय परिवेश में समूह कार्य की व्याख्या कीजिए।
(b) समूह का मूल्यांकन करने के मुख्य संकेतों का विश्लेषण कीजिए।
(c) जीवन कौशल शिक्षा से आप क्या समझते हैं?
(d) नशीले पदार्थों के सेवन के बीच समूह कार्य के महत्त्व पर प्रकाश डालिए।

प्रश्न 4. निम्नलिखित में से किन्हीं चार के उत्तर (प्रत्येक) लगभग 150 शब्दों में दीजिए :
(a) समूह कार्य और वैयक्तिक कार्य के बीच भेद कीजिए।
(b) निर्देशित समूह बातचीत में सामाजिक समूह कार्यकर्त्ता की भूमिका क्या है?
(c) कुछ नेतृत्व शैलियों का उल्लेख कीजिए।
(d) सफल नेता के गुणों की सूची बनाइए।
(e) समूह के विभिन्न प्रकारों की गणना कीजिए।
(f) बुढ़ापे (Geriatric) के परिवेश में समूह कार्य के महत्त्व की व्याख्या कीजिए।

प्रश्न 5. निम्नलिखित में से किन्हीं पाँच पर (प्रत्येक) लगभग 100 शब्दों में लघु टिप्पणियाँ लिखिए :

(a) समूह कार्य के लाभ
(b) अस्पताल में समूह कार्य
(c) पारस्परिक आकर्षण परिप्रेक्ष्य
(d) समूह विकास को प्रभावित करने वाले कारक
(e) भावनात्मक समझ
(f) एक समूह के नेता के लिए आदेश
(g) सामाजिक समूह कार्य में रिकॉर्डिंग के प्रकार
(h) समूह कार्य में कार्यक्रम नियोजन

✦✦✦

'गुल्लीबाबा' नाम क्यों?

'गुल्लीबाबा' दो महत्त्वपूर्ण शब्दों के मेल से बना है–'गुल्ली' तथा 'बाबा'। 'गुल्ली' शब्द प्राचीन भारतीय खेल गुल्ली-डंडा से आया है। यह खेल 'एकाग्रता' तथा 'बल' का एक अच्छा प्रतीक है। 'बाबा' शब्द 'आदर' और 'सम्मान' को बताता है। 'एकाग्रता', 'बल' और 'दूसरों के प्रति सम्मान' जीवन में सफलता की ऊँचाइयों को छूने के लिए आवश्यक हैं। अतः शिक्षा के क्षेत्र में अच्छी उपलब्धि प्राप्त कराने तथा सबको आदर और सम्मान देने के लिए ही 'गुल्लीबाबा' नाम रखा गया है।

और अधिक जानकारी के लिए देखें
GullyBaba.com/why-name-gullybaba.html

Feedback is the breakfast of Champions.

Ken Blanchard

You can Help other students.
"Inform any error or mistake in this book."

We and Universe
will reward you for Your Kind act.

Email at : feedback@gullybaba.com
or
WhatsApp on 9350849407

www.ingramcontent.com/pod-product-compliance
Lightning Source LLC
LaVergne TN
LVHW021821060526
838201LV00058B/3467
9789385533051